ゴーマニズム宣言SPECIAL

新天皇論

小林よしのり

小学館

新天皇論

ゴーマニズム宣言
SPECIAL

はじめに

この書は『天皇論』（小学館）『昭和天皇論』（幻冬舎）につづく天皇論シリーズの新編であるとともに、100年後の「新天皇」についての論でもある。

明治以前の日本人は天皇の存在なんか知らなかったという意見がある。

ではなぜ幕末に尊王攘夷に命を賭ける志士が続出したのかと反論すれば、幕末になって下級武士に突然天皇は利用されたが、江戸時代を通して庶民は知らなかったと言い張る。そのような意見の真偽は本書を読めばわかる。

現在、「皇位継承問題」というものがあるということを知らない人も多い。

皇位は「男系」で継ぐべきと言い張る者がいたり、わしのように「直系」であれば女性天皇が誕生しても構わないと言う者もいる。このような論争があること自体も国民の大多数は知らない。

国民の大多数は「女性が天皇になっても構わない」と素朴に答える。

一方で、次世代は皇太子殿下から秋篠宮《あきしののみや》殿下へ、そして悠仁《ひさひと》さまへと、皇室典範の規定通りに皇位は継承されていくのだろう、何の問題もないと思っている人が圧倒的多数でもある。

わしが「皇位は直系継承が望ましい。したがって愛子さまが天皇になられるのがよい」と言うと、「男系派」はいまだに「悠仁親王殿下がいらっしゃるのに、なぜ直系の内親王にこだわるのか？」と反発する。

だが現在の皇位継承順位のままに放置しておけば、将来、皇統は絶える。2000年以上続いた皇室の伝統、天皇という奇跡的なシステムが消滅する。日本に天皇がいなくなるのはもう明白な事実なのだ。

なぜそのような危機が訪れているのかという解答も本書に描いている。

皇統が絶えてもいいじゃないかと思える人は仕方がない。

それは日本のアイデンティティーを失うことになる。いやそれどころか、日本の未来にとてつもない災いを招くことになるとわしは考える。天皇がいなくなる日本は、共和制に移行することになる。そうなれば独裁者も出てくるし、革命も起こる国になる。
　子々孫々に災いを招かないように、現在を生きる責任が、我々にはあるとわしは思っている。
　最近わしが奇妙だと思うことに「大阪都構想」というのがある。
　大阪府の橋下徹知事が「大阪都構想」を春の統一地方選の争点に掲げようとしているというのだ。これは天皇陛下に遷都してもらうという案か？　府民を対象にした朝日新聞の世論調査では、都構想について賛成が43％、反対が28％だという。大阪府民のほぼ半分が大阪を「都」にしたいと言う。
　東京都が「都」なのは、そこに皇居があるからだ。
　奈良から京都へ、そして明治維新で東京へと、天皇は遷都してこられた。「都」というのは天皇が居を構える地だというのが、日本の歴史の常識ではないのか？　大阪府と大阪・堺両市を広域行政体にして、東京23区のような特別区に再編したいのなら、「都」ではなく、別の名称にすべきだろう。
　法令上は「都」は首都にしか使えないとする学説と、法令上も許されるという学説が対立しているようだが、天皇に関わる伝統的な日本語の使い方をこのように混乱させていいはずがない。
　しかしこのような伝統破壊の無知な意見を、いわゆる尊皇派を自称する者たちが全然気づかず、批判もしないというのはどういうことなんだろうか？
　最近の人々は、「都」という言葉の意味も知らず、大臣の「臣」という言葉が天皇の臣下という意味であることも知らない。過去から現代に繋がる、天皇に関連する用語も知らないのだから、外国人に「日本とはどんな国か？」と尋ねられても、その核心を答えられる日本国民がほとんどいないという始末になってしまっている。
　本書はまさに「日本はどんな国か？」という問いに答えられる、真の日本人を育てるために描いたものである。分厚い本になったが、どうしても日本の未来のために必要だと確信するから、情熱を込めて描き上げた。
　どうぞ完全読破に挑戦していただきたい。

小林よしのり

新天皇論　目次

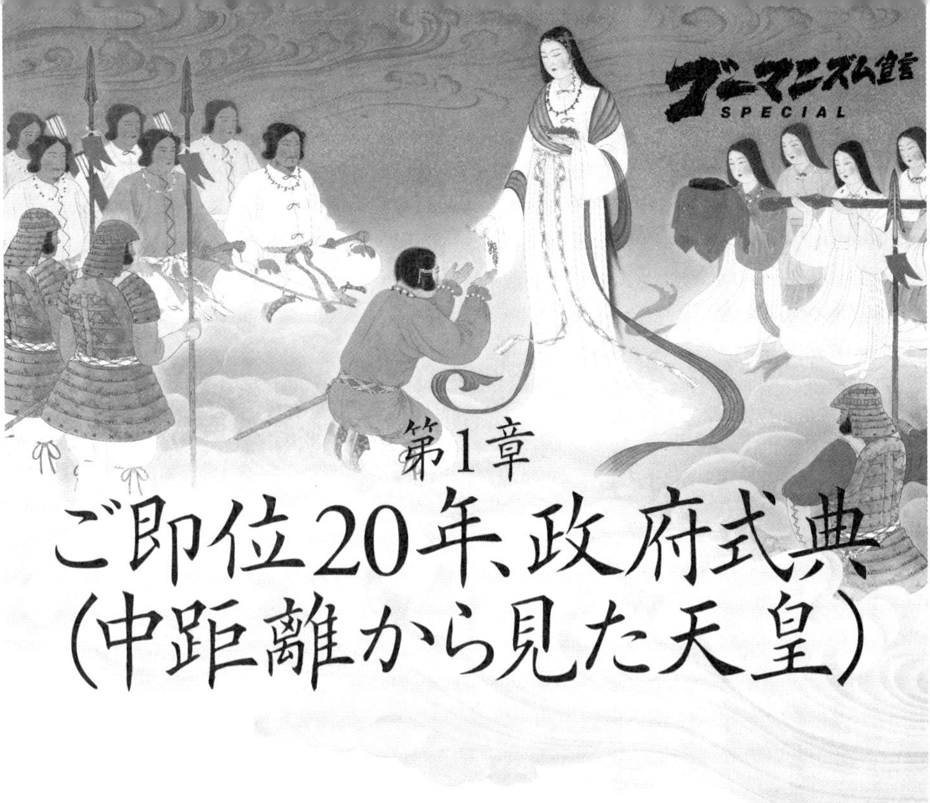

ゴーマニズム宣言
SPECIAL

第1章
ご即位20年、政府式典（中距離から見た天皇）

平成21年11月12日、「天皇陛下ご即位20年」の日である。
政府主催式典と、皇居前広場での国民の祭典に参加することになった。
政府式典の招待状はなんと鳩山由紀夫から来た。
政権交代したために、わしが批判している内閣から招待されたのだ。
鳩山 由紀夫
ううむ…日本の政治情勢は複雑怪奇なり！
東京・半蔵門の国立劇場で行なわれる政府式典は、翌日のオバマ大統領訪日が重なって、交通規制が厳しく、集合場所に30分遅れ、最後のバスに、わしを含め3人しか乗ってなかった。

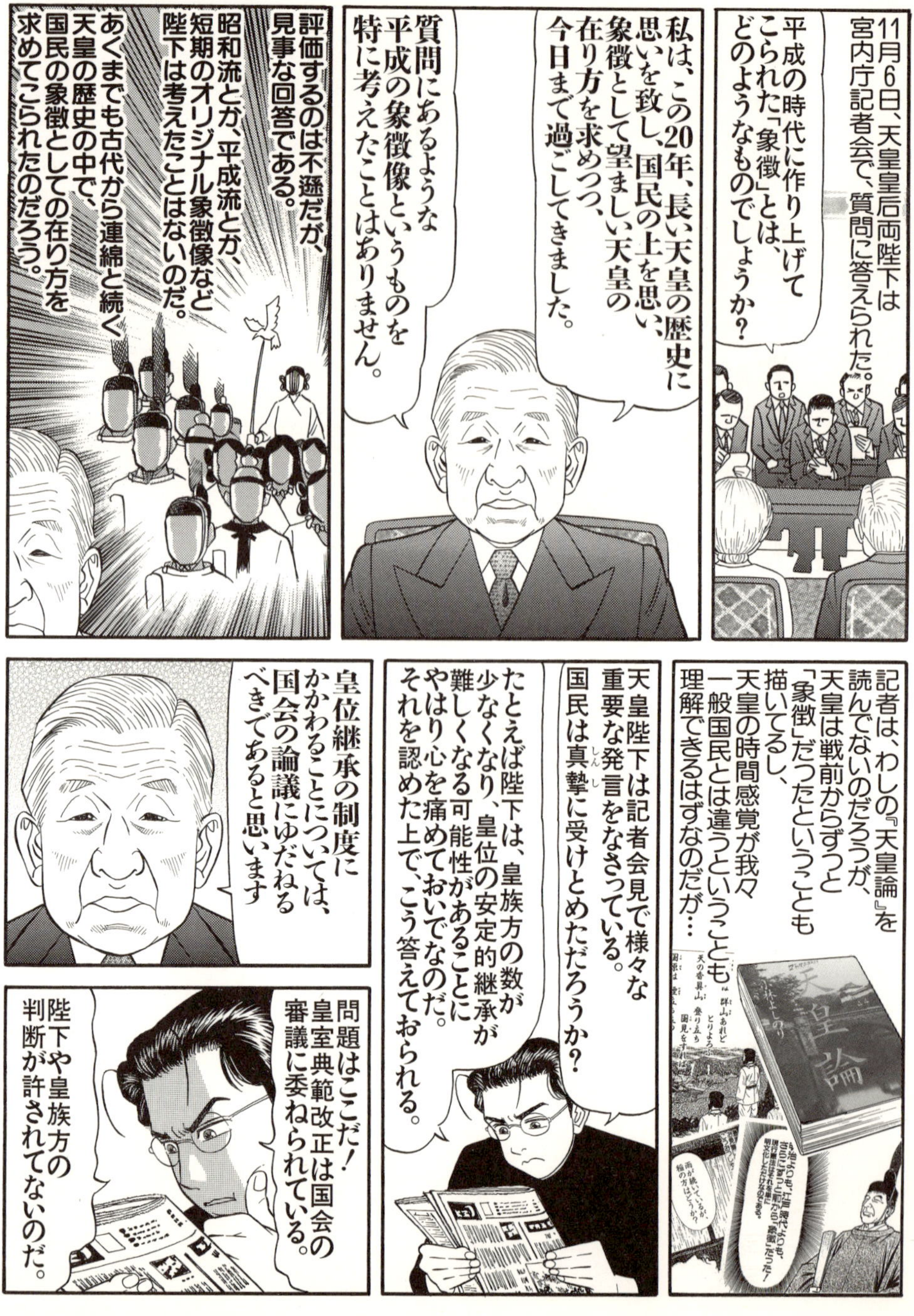
11月6日、天皇皇后両陛下は宮内庁記者会で、質問に答えられた。
平成の時代に作り上げてこられた「象徴」とは、どのようなものでしょうか？
私は、この20年、長い天皇の歴史に思いを致し、国民の上を思い、象徴として望ましい天皇の在り方を求めつつ、今日まで過ごしてきました。
質問にあるような平成の象徴像というものを特に考えたことはありません。
評価するのは不遜だが、見事な回答である。
昭和流とか、平成流とか、短期のオリジナル象徴像など陛下は考えたことはないのだ。
あくまでも古代から連綿と続く天皇の歴史の中で、国民の象徴としての在り方を求めてこられたのだろう。
記者は、わしの『天皇論』を読んでないのだろうが、天皇は戦前からずっと「象徴」だったということも描いてるし、天皇の時間感覚が我々一般国民とは違うということも理解できるはずなのだが…
天皇陛下は記者会見で様々な重要な発言をなさっている。
国民は真摯《しんし》に受けとめただろうか？
たとえば陛下は、皇族方の数が少なくなり、皇位の安定的継承が難しくなる可能性があることにやはり心を痛めておいでなのだ。それを認めた上で、こう答えておられる。
皇位継承の制度にかかわることについては、国会の論議にゆだねるべきであると思います
問題はここだ！皇室典範改正は国会の審議に委ねられている。
陛下や皇族方の判断が許されてないのだ。

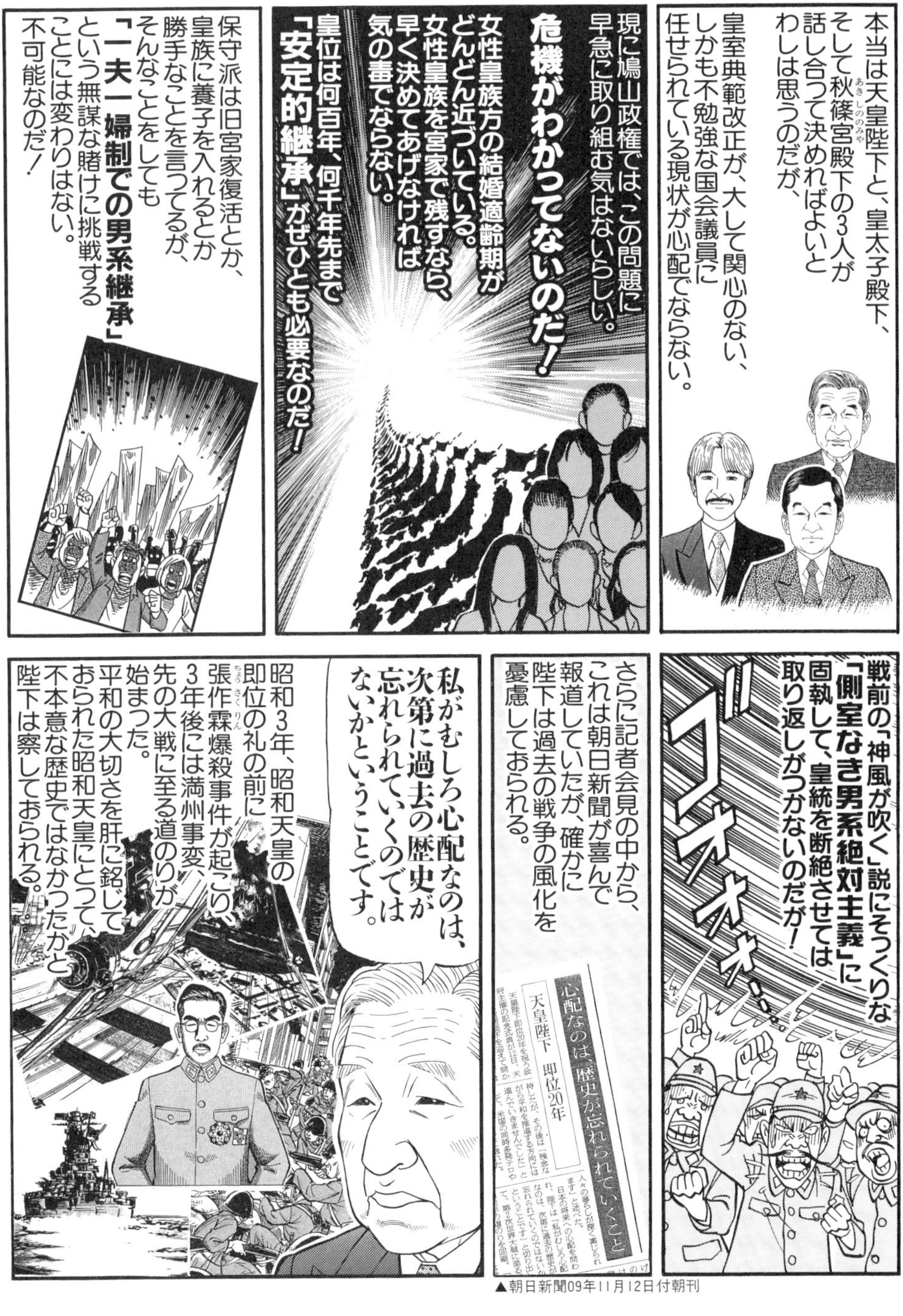
本当は天皇陛下と、皇太子殿下、
そして秋篠宮《あきしののみや》殿下の3人が話し合って決めればよいとわしは思うのだが、
皇室典範改正が、大して関心のない、しかも不勉強な国会議員に任せられている現状が心配でならない。
現に鳩山政権では、この問題に早急に取り組む気はないらしい。
危機がわかってないのだ！
女性皇族方の結婚適齢期がどんどん近づいている。女性皇族を宮家で残すなら、早く決めてあげなければ気の毒でならない。
皇位は何百年、何千年先まで「安定的継承」がぜひとも必要なのだ！
保守派は旧宮家復活とか、皇族に養子を入れるとか勝手なことを言ってるが、そんなことをしても「一夫一婦制での男系継承」という無謀な賭けに挑戦することには変わりはない。不可能なのだ！
戦前の「神風が吹く」説にそっくりな「側室なき男系絶対主義」に固執して、皇統を断絶させては取り返しがつかないのだが！
ゴオオオオ…
さらに記者会見の中から、これは朝日新聞が喜んで報道していたが、確かに陛下は過去の戦争の風化を憂慮しておられる。
心配なのは、歴史が忘れられていくこと
天皇陛下 即位20年
私がむしろ心配なのは、次第に過去の歴史が忘れられていくのではないかということです。
昭和3年、昭和天皇の即位の礼の前に張作霖《ちょうさくりん》爆殺事件が起こり、3年後には満州事変、先の大戦に至る道のりが始まった。平和の大切さを肝に銘じておられた昭和天皇にとって、不本意な歴史ではなかったかと陛下は察しておられる。

▲朝日新聞09年11月12日付朝刊

しばしば左翼は「過去の戦争の歴史が風化しそうだ」と言い、益々、自虐的に祖父の世代を貶める戦争犯罪をでっち上げていく。
元慰安婦に「おわびと反省」
首相の「謝罪」は
「旧日本軍が残虐
侵略、心からおわび
国策誤り
「集団自決」に関与
「軍強制
大阪高裁
原告
だから保守派の者たちは、この種の言葉には耳を塞ぎがちだが、わしはちゃんと受けとめる。
確かに平和を望む昭和天皇にとって、過去の戦争は不本意な歴史だったに違いない。
過去の歴史は忘れられないように、何度もわしは戦争の真実を描くことに挑戦するだろう。
過去の戦争を自虐史観のみで断罪してはいけない。
いわゆるA級戦犯
天皇は常に平和を願っておられる！
四方の海 みなはらからと 思ふ世に など波風の たちさわぐらむ
明治天皇も、昭和天皇も、今上陛下も！
それはもはや日本の伝統となった。
だから侵略戦争の準備を過度に進めている中国・北朝鮮、そしてロシア・アメリカにも、十分な警戒を怠ることなく、日本は自主防衛せねばならない。
天皇陛下がダライ・ラマのように、他国に亡命せねばならないような悲惨な将来を招き寄せてはならない！
わしとて平和主義者なのだ！
バスが国立劇場に到着してから、式典が始まるまでまだ1時間以上ある。

米長邦雄永世棋聖と雑談した。園遊会での、国旗・国歌発言で陛下に「強制でなくね」と釘を刺された件を気にすることはない、
米長氏の思いはわしと同じだと伝えておいた。
陛下をお迎えしませんか？
いや、私は畏《おそ》れ多くて
そう言って拒否する様子がいじらしかった。
式典が始まった。なにしろ主催者が自民党から民主党に替わったことが、一番違和感があった。
自民党政権下では、今日は特別に祝日にする法案が提出されるはずだった。
それが民主党に政権交代したら流れたのだ。
天皇陛下御在位二十年記念式典
主催者が、日の丸を二つに引き裂いて自分の党旗を作るような政党なのだから、この祝典は無事に終わるのだろうか？
やつら無礼なことしたら、ただじゃおかんぞ！
だが鳩山内閣は、この日「全国で国旗を掲げること」という閣議決定をした。
社民党が混在してるのによくそんなことできたな？この点はわしも評価してやろうじゃないか！
鳩山首相（当時）だけは皇室への敬意がありそうだが、
菅直人と江田五月は元・社民連だろう。
横路孝弘は元・社会党だ。
平野博文は労組の奴かな？
うわ〜〜〜っ左翼ばっかりじゃないか！
しかも彼らの顔がめでたい日なのにやけに暗い。
菅直人なんか死人より暗いがいやいややってるからなのか？

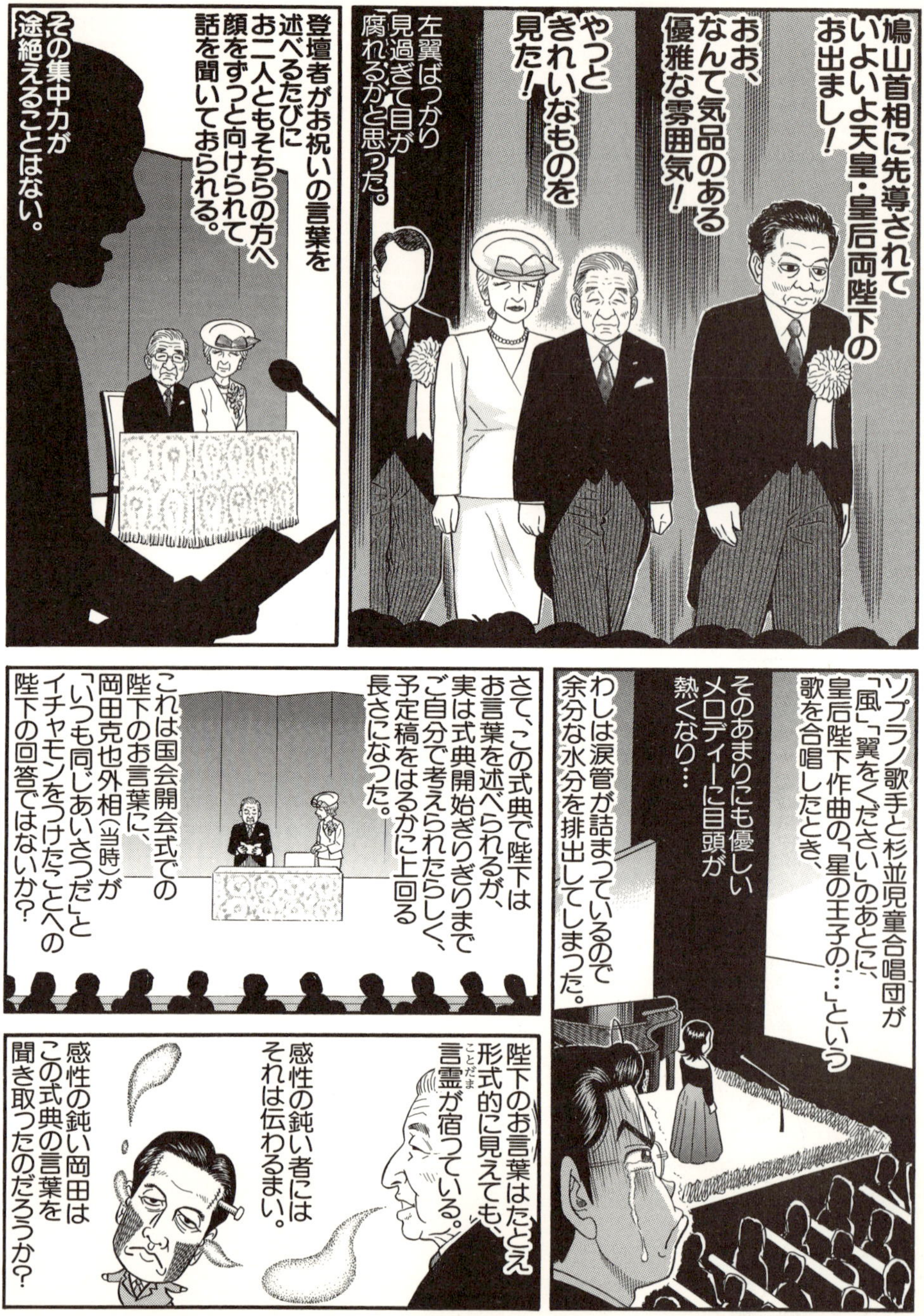
鳩山首相に先導されていよいよ天皇・皇后両陛下のお出まし！
おお、なんて気品のある優雅な雰囲気！
やっときれいなものを見た！
左翼ばっかり見過ぎて目が腐れるかと思った。
登壇者がお祝いの言葉を述べるたびにお二人ともそちらの方へ顔をずっと向けられて話を聞いておられる。
その集中力が途絶えることはない。
ソプラノ歌手と杉並児童合唱団が「風」「翼をください」のあとに、皇后陛下作曲の「星の王子の…」という歌を合唱したとき、
そのあまりにも優しいメロディーに目頭が熱くなり…
わしは涙管が詰まっているので余分な水分を排出してしまった。
さて、この式典で陛下はお言葉を述べられるが、実は式典開始ぎりぎりまでご自分で考えられたらしく、予定稿をはるかに上回る長さになった。
これは国会開会式での陛下のお言葉に、岡田克也外相(当時)が「いつも同じあいさつだ」とイチャモンをつけたことへの陛下の回答ではないか？
陛下のお言葉はたとえ形式的に見えても、言霊《ことだま》が宿っている。
感性の鈍い者にはそれは伝わるまい。
感性の鈍い岡田はこの式典の言葉を聞き取ったのだろうか？

陛下は、もはや平成生まれが成人に達することに思いを致され、とりわけ平成7年の阪神・淡路大震災や、その後の災害の犠牲者を追悼された。
15年ですべての都道府県を訪れ、国民の努力する姿を頼もしく思ったこと、戦後の復興を支えた人々の苦労を、戦後生まれの人に正しく伝えることが大切だと述べられた。
産経新聞は全文報じたが、ネットその他で陛下のお言葉をしっかり確認しておいてほしい。
印象的だったのは、お言葉の最中、皇后陛下が天皇陛下の方に身体を向けて、拝聴しておられたことだ。
天皇は一般家庭のように配偶者と同格ではない。
やはり天皇はこの国でたった一人、まったく特別な公的存在なのである。
さらに驚いたのは、鳩山首相以下、内閣の面々が陛下に向かって軽く頭を垂れた姿勢のままで、拝聴していたことだ！
えらい！民主党、見直した！
これが日本の姿である。権力者は無私の権威である天皇の臣下なのだ！
保守派は政権交代を「革命だ」と騒いでいて、それが不快だったが、何が革命なものか！
君臣の分義は厳《おごそ》かに守る！
日本の伝統はちゃんと守られている。

わしはこの式典に来れてよかった。この光景を見れて安心した。
民主党は全否定するつもりだったがそれはやめておこう。
これからは政策を是々非々で見よう。
今日、わが国はさまざまな課題に直面しています。このような中で、人々が互いに絆《きずな》を大切にし、叡知《えいち》を結集し、相携《あいたずさ》えて努力することにより、忍耐強く困難を克服していけるよう切に願っています。
天皇陛下御在位二十年記念式典
滞りなく式が終わり、両陛下が退場された。
空席をはさんで隣に藤原正彦氏がいる。
思い切って声をかけてみた。
『国家の品格』は効果あり過ぎたようですね。
完全に内向きの政権になって、社会主義になっちゃった。
ごーまんかましてよかですか？
二つ いいことしたら一つ悪いことしてるものです。
わしのこと知っていてくれたみたいで、忽《たちま》ち、現在の政治状況への憂慮で話が弾んだ。
「中距離から見た天皇」は、政治家のかなり凡庸で、形式的なお祝いの言葉でも、一語一句漏らさず聞きとろうと真摯《しんし》に耳を傾ける集中力の高い人物だった。
政治家よ、国民よ、陛下のお言葉を真剣に聞きとれ！

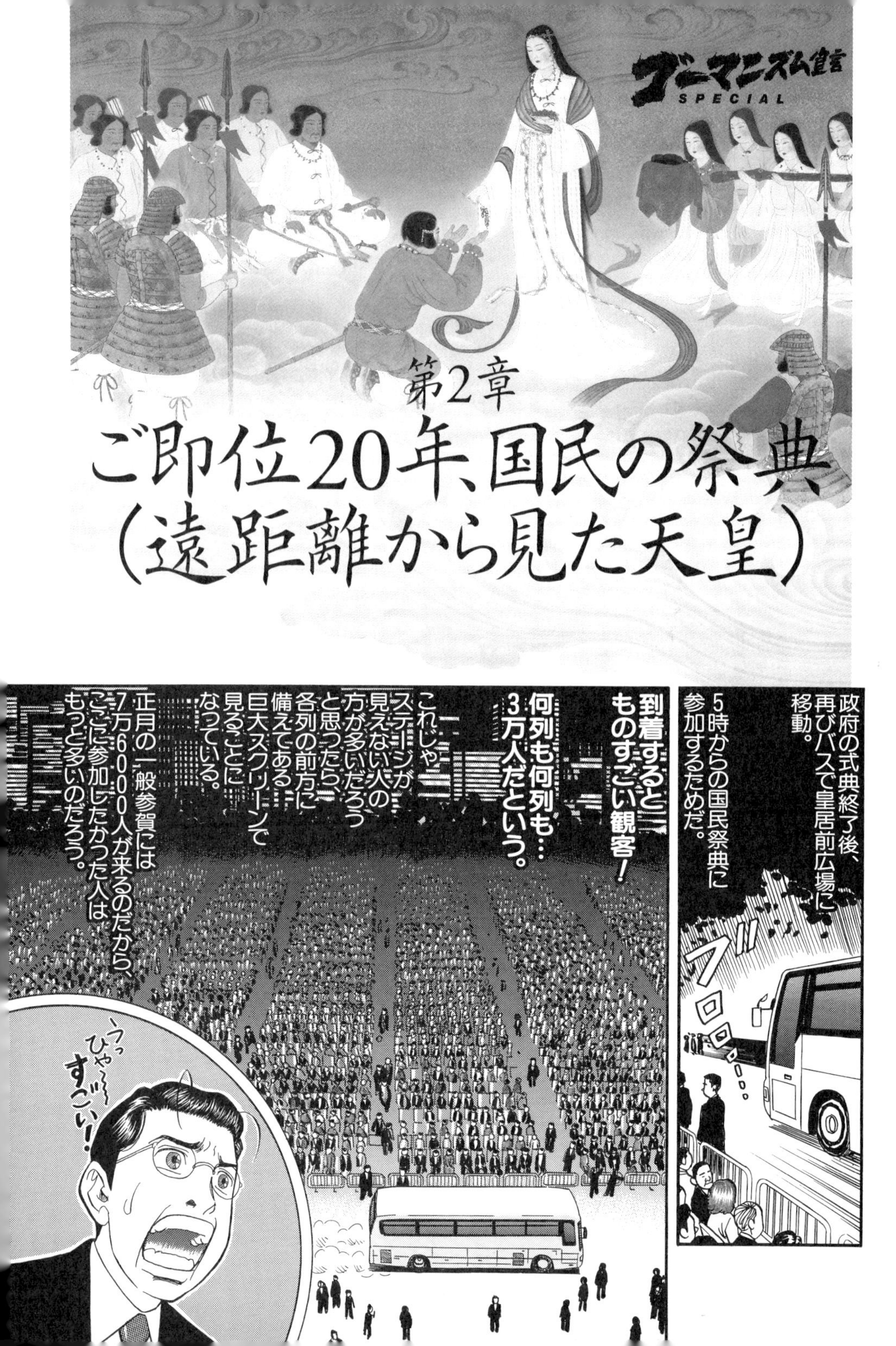
ゴーマニズム宣言
SPECIAL
第2章
ご即位20年、国民の祭典
（遠距離から見た天皇）
政府の式典終了後、再びバスで皇居前広場に移動。
5時からの国民祭典に参加するためだ。
ブロロロ……
到着するとものすごい観客！
何列も何列も…3万人だという。
これじゃステージが見えない人の方が多いだろうと思ったら、各列の前方に備えてある巨大スクリーンで見ることになっている。
正月の一般参賀には7万6000人が来るのだから、ここに参加したかった人はもっと多いのだろう。
うっひゃ～～すごい！

最初、一般客の席に案内されたので、そこで見ていた。かなり寒くてみんなビニールコートを着て見始めた。
携帯が鳴ったのであわててぶち切る。
だが気になって、足元で電源入れてみるとメールが…秘書・岸端からで、奉祝委員会がわしを探しているという。
席を立ってウロウロしてると係の人に発見されステージに連れていかれる。
金馬さんと阿木燿子さんの間に座らせられる。
この人はいくつになってもきれいだし可愛い。前に亭主がいるから声はかけなかったが、横でひとり言をもらしながら楽しむ姿が魅力的だった。前には平原綾香。CDも持ってる大好きな歌手だ。
つのだ☆ひろと握手。
彼は靖国神社で毎年歌っているほどの愛国者で実に好人物だ。
それにしても常盤貴子、宮崎あおいがあんなにきれいだとは！常盤貴子は好みだったのにすでに他の男のものになっている。
思えばご即位10年の祭典の時も、わしはこのステージ上にいた。
オレも老人並みなんたや しかもこんな安っぽいかっこうさせられてカッチョ悪いのなんの…
わしも何とかあそこへ移る方法ないかなァ…
あの時いた森繁久彌は数日前、亡くなった。
高橋尚子や荒川静香、王貞治や原辰徳など国民的スターの中になんでわしがいるの？
10年も経つのか…
に勝ったら 何度叫びたくのかもしれん
若い世代はとても思いっきり腕を上げられない
ひじから上しか上げられない
ばんざ———い…
妙に気恥ずかしい
万歳三唱やるなら一発でキメてほしい。
あの時はちゃんと万歳もできなかった…

芸能人と一緒に
ステージに並んで
紹介されるのは
やけに気恥ずかしい。
漫画も芸能には
違いないが。
今年『天皇論』を
描いた著者に
祭典の様子を
描き残させよう
という委員会の
配慮だろう。
了解した。
席に戻る時、
麻生太郎氏が
身を乗り出して、
笑顔でわしに
手を振っている！
なんて陽気な人だ。
この明るさ、
チャーミングさを
国民は知っているか？
EXILEのパフォーマンスの前に
両陛下が二重橋にお出ましになる。
わあああああ
ああ…
振り返ると観衆が
一斉に日の丸の
小旗を振っている。
壮観だ。
ばんざーい
ばんざーい

奇妙だった。
昼の政府主催の式典で、もっとくっきり両陛下を見たのに、二重橋に現れる両陛下の姿は豆粒のように小さい。
スクリーンには大きく映っているのだろうが、ここからは表情は見えない。
だが神秘的だった！
夜の闇にほのかに浮かび上がる提灯を持った両陛下の姿が、ことさら劇的な演出でもないのに、胸に迫るのはなぜだろうか？
それは我々がもう十分に両陛下の国民への思いと、両陛下のお人柄を知っていることから来る思慕の念でもあろうし、そのような両陛下の純粋性に、神々《こうごう》しさを感じるからでもあろう。
「神々しさ」まさにこの宗教性を左翼は嫌うのだ。
戦前の天皇は「GOD」としての神だったというデマをいまだに信じて危険だと言いつのる。
だが天皇は、他の宗教団体の教祖のように、商売はしない。布教もしない、贅沢もしない、私利私欲もない。
まったく国民のために祈るだけの、「公《おおやけ》」としての存在である。
その純粋性を左翼は信じられない。人間誰しも自分と同じ卑小な存在だと信じたい嫉妬の感覚が、「国民主権」真理教となって、天皇への敬意を拒否したがる。
「国民主権」真理教の左翼が現場を牛耳ってしまっているのが、例えばNHKだろう。
この良き日に、わざわざ、ほんの少数の極左の「天皇制反対」デモを撮影して報道したり、
世論調査で「天皇陛下は憲法で定められた象徴としての役割を果たしているか？」などという設問の結果をニュースで発表している。
露骨に極左に肩入れしてるのだ。
天皇在位20年を祝わない
天皇制はいらない
象徴の役割果たしているか
全く果たしていない 2
あまり果たしていない 8
ある程度果たしている 37
十分果たしている 48

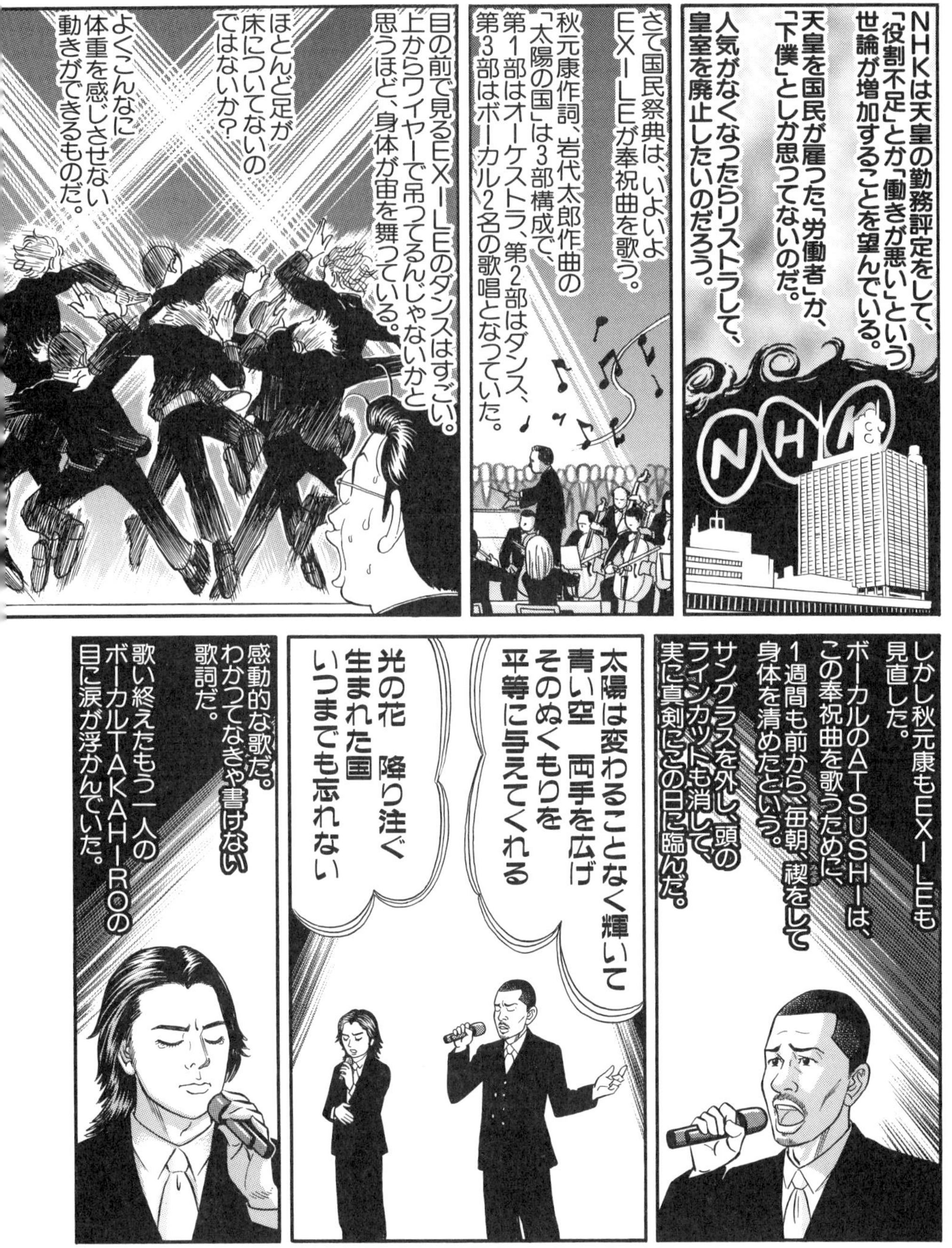
NHKは天皇の勤務評定をして、
「役割不足」とか「働きが悪い」という
世論が増加することを望んでいる。
天皇を国民が雇った「労働者」か、
「下僕」としか思ってないのだ。
人気がなくなったらリストラして、
皇室を廃止したいのだろう。
NHK
さて国民祭典は、いよいよ
EXILEが奉祝曲を歌う。
秋元康作詞、岩代太郎作曲の
「太陽の国」は3部構成で、
第1部はオーケストラ、第2部はダンス、
第3部はボーカル2名の歌唱となっていた。
目の前で見るEXILEのダンスはすごい。
上からワイヤーで吊ってるんじゃないかと
思うほど、身体が宙を舞っている。
ほとんど足が
床についてないの
ではないか?
よくこんなに
体重を感じさせない
動きができるものだ。
しかし秋元康もEXILEも
見直した。
ボーカルのATSUSHIは、
この奉祝曲を歌うために、
1週間も前から、毎朝、禊《みそぎ》をして
身体を清めたという。
サングラスを外し、頭の
ラインカットも消して、
実に真剣にこの日に臨んだ。
太陽は変わることなく輝いて
青い空　両手を広げ
そのぬくもりを
平等に与えてくれる
光の花　降り注ぐ
生まれた国
いつまでも忘れない
感動的な歌だ。
わかってなきゃ書けない
歌詞だ。
歌い終えたもう一人の
ボーカルTAKAHIROの
目に涙が浮かんでいた。

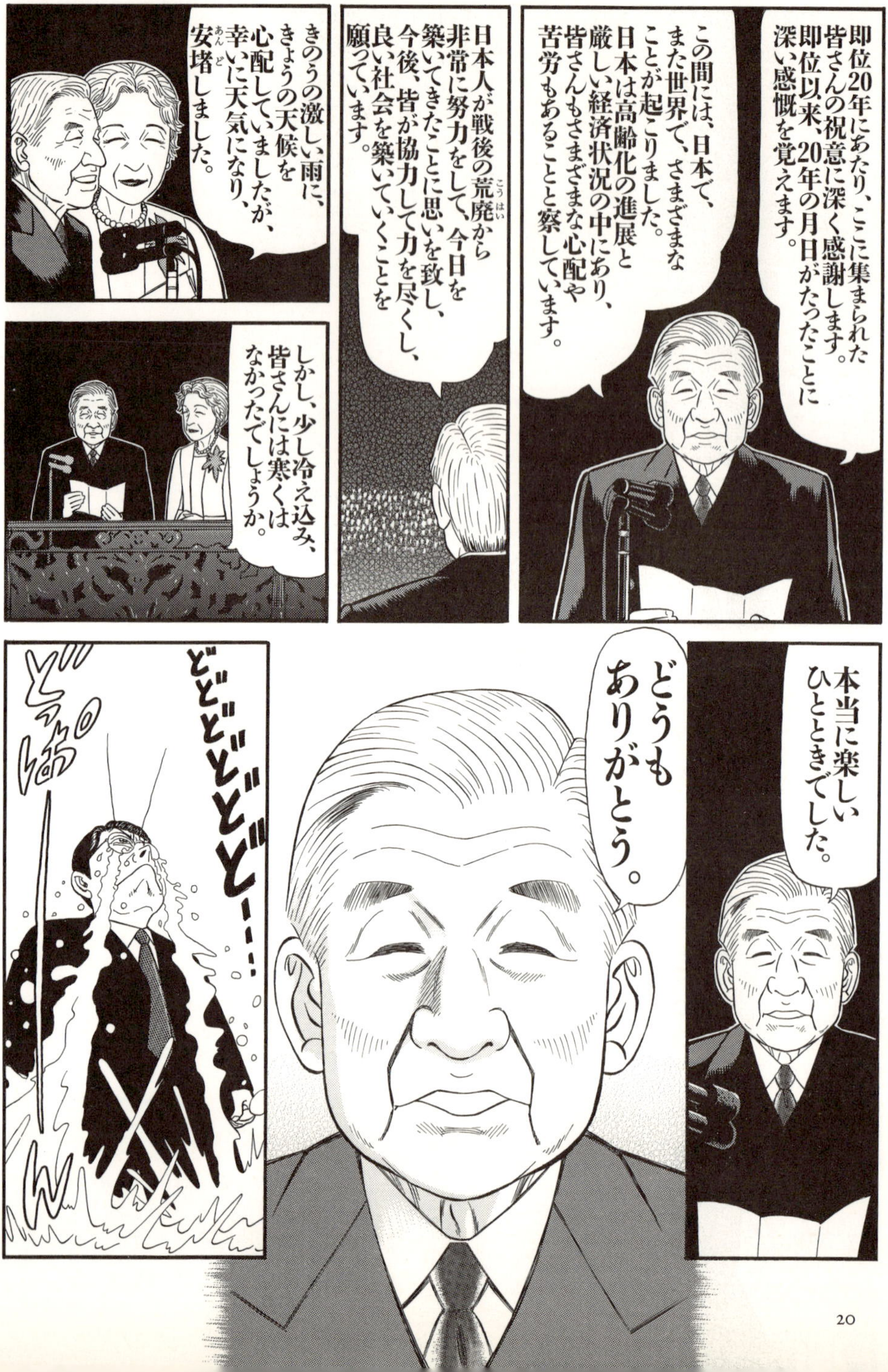

即位20年にあたり、ここに集まられた皆さんの祝意に深く感謝します。即位以来、20年の月日がたったことに深い感慨を覚えます。
この間には、日本で、また世界で、さまざまなことが起こりました。日本は高齢化の進展と厳しい経済状況の中にあり、皆さんもさまざまな心配や苦労もあることと察しています。
日本人が戦後の荒廃《こうはい》から非常に努力をして、今日を築いてきたことに思いを致し、今後、皆が協力して力を尽くし、良い社会を築いていくことを願っています。
きのうの激しい雨に、きょうの天候を心配していましたが、幸いに天気になり、安堵《あんど》しました。
しかし、少し冷え込み、皆さんには寒くはなかったでしょうか。
本当に楽しいひとときでした。
どうもありがとう。
どどどどどどー…
どっぱん

観客の多くがこのお言葉を聞いて泣いたという。
テレビで見ても泣けたという者が多い。
なぜあんなにシンプルな言葉で泣けるのだろうか?
人は饒舌《じょうぜつ》を尽くして感謝の思いを表したくなるが、天皇はたったこれだけがいいのである。
天皇の言霊の力である。
これは宇崎竜童氏の発見だが今上陛下の声は倍音である。
少し鼻にかかったようなあの声は基本音の整数倍の振動数をもつ上音であり、弦や管の振動に似ている。
あのハーモニックな声で「ありがとう」と言われると、臣下の者は魂を共鳴させざるを得ない。
さあ、ついに万歳三唱だ。10年前は両手十分に挙げられないチェリーボーイだったわしだが、
今年、一般参賀で「万歳童貞」は捨てた!
てんのうへいかー
ばんざー———い!
おお、挙がる挙がる実に軽快に!
まるで両腕をワイヤーで吊っているような伸びやかさではないか!
万歳ならEXILEに負けない!

観衆はいつまでもいつまでも、万歳と拍手を続けていた。
席に戻るとき、安倍晋三氏が話しかけてきた。
『天皇論』読みましたよ！
この親しみ、スマートでまだ若い。
この人をもう一度総理に押し上げて、今度こそ靖国参拝をやってほしいのだが…
この日、政府式典で「中距離から」、国民祭典で「遠距離から」、わしは天皇を見た。
そして翌日、わしは「近距離から」天皇を見る光栄に浴すことになる。
なんと宮内庁から宮中茶会の招待状が来たのだ。
小林よしのり殿
テレビで園遊会に招かれた人を見たことがある。
宮中茶会はその園遊会よりも聖域に入ることになる。
わしのような漫画家が聖域に入るのは申し訳ないのだが…
ごーまんかましてよかですか？
すまん！漫画家としてのプロ根性には勝てなかった。
皇居の中を見たかった。
陛下からの招待を断る勇気などなかった。
陛下をもっと近くで見たかったのだ！

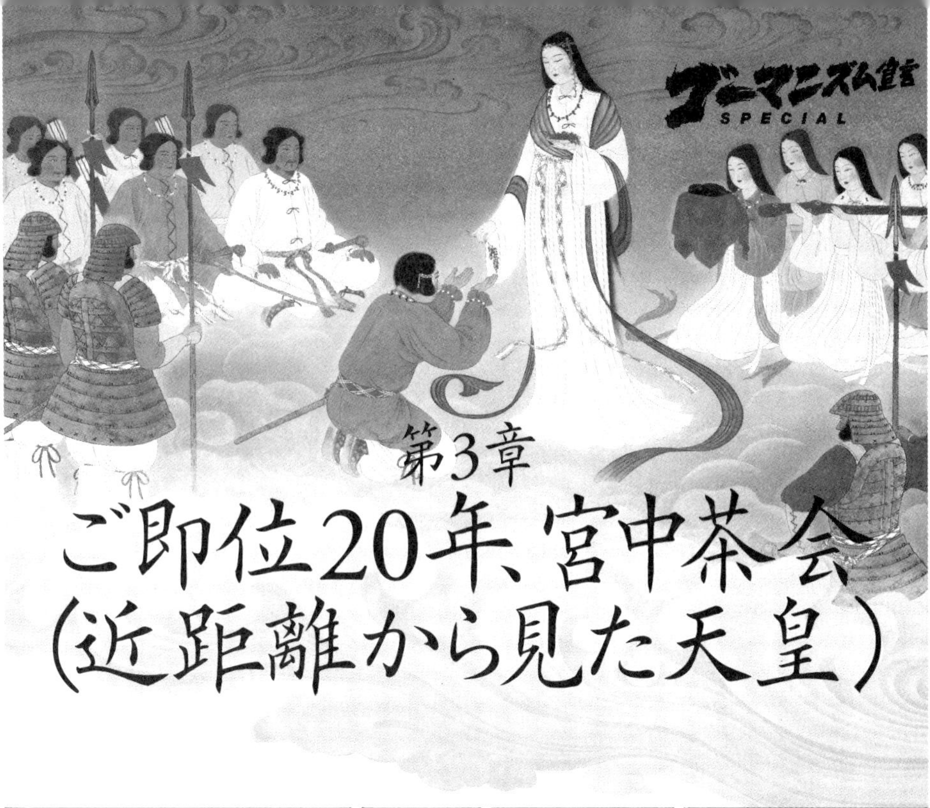
ゴーマニズム宣言
SPECIAL

第3章
ご即位20年、宮中茶会(近距離から見た天皇)

宮内庁から宮中茶会への招待状が届いた。
天皇皇后両陛下には御即位二十年につき来る十一月十三日宮中において御催しの茶会にお招きになりますので御案内申し上げます
平成二十一年十一月　五日
宮内庁長官　羽毛田　信吾
小林よしのり殿
まさかと思ったが菊の紋が入ってる。
本物だ。
11月13日、皇居・豊明殿《ほうめいでん》。午後2時半から。
さすがに服装規定が厳しい。
モーニングも紋付き袴も持ってない!
ダークスーツで行こうとも思ったが、二度とあることでもなかろうからモーニングを買いに行った。
人生何があるかまったくわからん。
茶会ってどんなものなんだ?お茶飲むのか?

平成21年11月6日の宮内庁記者会見の席で、天皇陛下は、
国内のことでまず思い起こされるのは、6400人以上の人々が亡くなった阪神・淡路大震災です。
と答えられている。皇后陛下も、この震災のことを記憶に残る重大事件だったと仰っている。
わしはお茶会に行く前に、一枚の読者はがきをコピーして胸ポケットに忍ばせた。
僕は小学生のころ、阪神大震災に遭ったとき、天皇皇后両陛下が神戸に来て元気づけられたのを、今でもはっきり覚えています。他のタレントが神戸に来ようが、神戸市民の涙は、天皇皇后両陛下が来るまで癒されなかったのです。それだけ天皇というのは、私たちの心の中で眠っているのだと思いました。
もし万一、陛下に声をかけていただけるようなことがあったら、
あの時、小学生だった少年が、今は26歳になってこうして感謝しております。両陛下の御心《みこころ》は確かに国民に伝わっております。
これだけ伝えようと思った。
タクシーで集合場所の法務省の赤煉瓦前に到着寸前、民族派団体・一水会の木村三浩氏から電話。
ちょっと待って、今、法務省に着くから降りてすぐかけ直すから。
なんで法務省なんですか？
実は今日、宮中の茶会に呼ばれてるんだ。
ええ〜〜〜〜っ！そ…それはおめでとうございます！
いや、わしは何かを受賞するわけじゃないから…
いや、おめでたいですよ！
陛下に呼ばれてるんですからおめでたいですよ！
ものすごく興奮してよろこんでる。いいやつだなァ。
そうか、受賞じゃなくてもめでたい事なんだな…
木村氏の尊皇心はもはや「恋闕（れんけつ）」※の域に達してるのかも…
わしなんかが招待されるのは少し後ろめたいな…

※天皇への至誠の愛、忠誠心。

法務省前には長谷川三千子さんが来ていた。やがて大原康男氏も。
おめでとうございます。
あっ、やっぱりおめでたいんだ。
バスに乗って、高千穂神社の後藤俊彦宮司と話しながら皇居に入っていく。
ブロオオォ…
宮殿の車寄せに到着。北溜《きただまり》から宮殿に入る。
ううむ…この静謐《せいひつ》で厳粛《げんしゅく》なふんいき、胸がときめくなあ。
階段を上がって長和殿《ちょうわでん》への入り口で、儀式服の者が丁重に迎え入れる。
うわっゲスト扱い〜〜〜！
侍従が「春秋の間」に招き入れてくれる。
この部屋の向こう側に東庭があるはずだから一般参賀に陛下や皇族方が現れるのはこの窓側か？
しばらく時間があるので、侍従が回廊に連れて行ってくれて、色々説明してくれた。
あちらが豊明殿《ほうめいでん》でございますね。

そろそろ時間というので、豊明殿に入ると、民主党の若い議員たちが次々に話しかけてくる。
僕たち『ゴー宣』読んでます。
ええっ？じゃなんで民主党に？
僕は歴史と伝統を守る保守ですよ。
『おぼっちゃまくん』読んでました。
ええっそうなの？
静岡で城内実と戦ったNHK出身の議員も『ゴー宣』の読者らしい。
じゃ、なんで外国人参政権なんか考えてるんだ？
あれは小沢さんと岡田さんと公明党が…
わしの教科書運動を手伝ってくれた男も民主党の議員になっていた。
民主党の中も6割は保守ですよ。
僕らが内部から変えていきますよ。
彼らに期待しよう。
侍従次長が話しかけてくれて、少し雑談。
わしの感触ではどうやら宮内庁は『天皇論』を読んでいるし、わしが「女系容認」であることも知っている。
保守論壇のほとんどが「男系絶対主義」になっていて「羽毛田長官は皇統断絶を企んでいる」などと陰謀論を語っているが、バカバカしい限りだ。
今や天皇陛下の「代弁者」と言われる渡邉允《まこと》前侍従長も「せめて女性宮家設立だけでも合意してほしい」と訴えているのに。
その時、わしの視界に入った違和感があった。

なんと、辻元清美がいる！
あの社民党（当時）の辻元だ！
左翼の辻元が宮中の茶会に侵入している！
テロか？
わしに見つかって少し怯えた表情をした！
見つかっちゃいけない場所で、よりによって最も見つかりたくない男に見つかったという顔したな！
なんであの小林よしのりがこんな似つかわしくない所に…と思っているだろう！
それはこっちのセリフだ！
よおし…もっと恐がらせてやれ！
ずんずん
ずんずん
へえぇ…わしはショックを受けたね！
こんな所に来るんだ？
辻元清美がこんな所に来るんだ〜〜〜〜あ！

なんで？私は日本国憲法に天皇が規定されてるから来たのよ。
社民党なのに尊皇の精神があるとはね。
だって日本国憲法を守るだけじゃない！
社民党は共産党みたいに国会開会式のときに退席しないのか？
憲法を守ってるだけじゃない！
あくまでも尊皇心が私にもあると言わない。
それさえ言ってくれれば、わしは好意的に見て、似顔絵もガラッと美人に変わるのに。
それにしても辻元のやつ、日本国憲法が茶会に招待したんじゃないだろう。
陛下に招待していただいたのだろう。
わしと辻元のように、水と油のような仲でも、天皇の下になら集結できるのが、日本の素晴らしさだろう。
ここで会ったが百年目と、ケンカ始めたり血の雨を降らす必要もない。
土井たか子が衆議院議長になった時、天皇陛下に会えるのを楽しみにしていたという。
何にせよ辻元も、この茶会に招かれて、ちゃんと正装してやってきたのだ。
わしは若干好感を持ったぞ。

さて、いよいよ天皇・皇后両陛下と皇族方が登場！
おお～～～～っ近い！
こっち来る！
こっち来る！
こっち来る～～～っ！
手話の上手い紀子妃殿下がすぐそこに！
あれは高円宮《たかまどのみや》妃だな！
おお、向こうに皇太子殿下と秋篠宮《あきしののみや》がいる！
一般参賀で見た皇族がここにお揃いになっている～～～っ！
これは確かにめでたい！
人がおめでとうございますと言う意味がわかったぞ！
めでためでたのよしのりさまじゃ～～～～い！

今日は社会のために活躍しておられるみなさんをお招きして茶会を開けることを嬉しく思います。
乾杯が済んだら、なんとすぐ歓談に入る。
陛下が自ら一般人に近づいておられる！
いいのか？
いいのか？
あっ…高円宮妃殿下と承子《つぐこ》女王が、わしのすぐ近くの客に話しかけておられる。
こ…これは近すぎるかも…
少しずつ後ずさりしてたのだが…
意外に早くその客との話が終わり…

なんとわしに近づいて来られた！
うわっ！
わしの名札に目をとめられて…
漫画家 小林よしのり
私は一コマ漫画なら読むんですけど…
屈託なく、元気に国民の中に飛びこんで話しかけてこられる高円宮妃殿下は愛らしくて魅力的な女性だ。
その娘の承子女王はとびきりの美人！しかも明るくて気さくな方だ。

あまりにも皇族の様子が予想と違っていて、完全にペースを狂わされた。
自分のことをきちんと伝えることができない。
いや、あの その…
わしがあわてていると民主党の議員たちがわしを守ろうとして実に屈託なく言う。
僕たちは小林先生の漫画で育って、政治家になりました。
な…なんてことを…恥ずかしくてたまらない。
『おぼっちゃまくん』とか…
そ…その題名を出すな！
それは下品なギャグ漫画だ！
皇族が知ってるはずがない！
『ゴーマニズム宣言』とか…
そ…それは危険な漫画だ！
皇族が読んでるはずがない！
ほおら、お母さん！だから漫画も読まなくちゃいけないって言ったじゃない！
読ませてくれなかったんです！
い…いや 読まなくても…
圧倒された！この母娘にはたじたじだ。せめてわしは「『天皇論』を描いたから、この場に招待されたのだと思います」と言えばよかったのに…たったそれだけも言えなかったのだ！
わしは、園遊会のように、ずらっと並んでる客の中から、選ばれた者だけが話しかけられると思っていた。
こんなに誰にでも話しかけられるとは！
しかも国会議員は国民の代表だから招かれたのだろうが、若いから畏れを知らない。

ただし民主党の若手は、わしを守ろうとしたのである。
その心優しさには感謝する。
わしの中で民主党への偏見が少し消えた。
そもそもわしは皇室と日本の歴史を勉強したために「畏れ多い」という感覚が強烈になってしまっている。
この冒頭の一件で、わしは自信をなくした。
そもそも「わし」って言い方も皇族の前では何とかしなければならない。これでは自己紹介するのも危険だ。
わ…わだす
わたくす…
いや、わたくし
…か？
皇太子殿下はまるで少年のようだった。
写真や映像で見るより、若くて輝く感じだ。
わしはこの方をこれからも守っていかなければならない。
秋篠宮殿下は白髪が紳士風でかっこいい。
わしもあんな風に白髪になれたらいいのだが…
紀子妃殿下は熱心に話しかける相手をいつまでも目を細めていねいに応対してくださっている。
しんどくないだろうか？わしなら耐えられない。
わしはもう間に入って裁きたくなってしまった。
よし、そこまで！
面白くない！
はい、繰り返しはダメ！
飽きた！
よし、結論は出た！
そこまで！
そうしたかったくらいだ。

こんなに皇族の方々を近距離で見られるとは！
そもそもいいのだろうか？と疑問がわくほど近い。
昨日はあんなに遠くから二重橋の神秘的な両陛下を見てたのに…
翌日はこんなに近くで見られることがドキマギしてしまう。
考えてみれば、災害地や福祉の現場では、このように陛下は国民のすぐ近くに降りてこられるのだった！
天皇は摑《つか》みきれない。この2日、「中距離」「遠距離」「近距離」の天皇を見たために、益々、神秘性が増幅してしまった。
テレビや報道は「人間天皇のお人柄」を等身大で伝えようとしか考えない。
伝える者の感受性の幅でしか見えないのだから仕方がない。
だが一筋の信仰のように尊崇したいと思う者にも、天皇はその期待に応えられる純然たる「公」を体現しておられる。
そのありがたさはむしろ外国人の方がわかって、羨ましいと思うようだ。

わしはただ、国民と天皇の間を繋ぐ役割だけは果たさなければならないと思う。
しっかり見て、この体験のすごさを伝えるのだ。
漫画家
小林よしのり
その時だ。侍従の一人がわざわざ、わしに言いに来た！
どうぞ、時間はありますから、お並びになってください。
え!?
陛下とお話しください！
い…いや！
いや、いや、いや…
こわい！
わしはいい！

そう言わずどうぞ！
いや、畏れ多い！
わしはいい！
そこまで勧めてくれたのに、わしは断ってしまったのだ。
なんて馬鹿だ！
わしは家を出る時、読者はがきのコピーを胸ポケットに忍ばせていたのに！
後で知ったが、ビートたけしもこの茶会に呼ばれていて、やはり侍従に勧められて皇后陛下の元に連れて行かれ、お声をかけていただいたという。
たけしはその時、「この人のためなら死んでもいい」と思ったという。
わしはそう思ってしまうのも恐い！
わしももう天皇の意味を知りすぎてしまった。
皇族に声かけられただけであのアガリようなのに、陛下に声をかけられたら、失神するかもしれない。

だが時が経つにつれて、この時の判断が良かったのかどうかずいぶん悩むことになる。
わしは陛下の思いが「特に困難な境遇に置かれた国民に、確実に届いている」ということを伝えねばならなかったのではないか？
これでは漫画家、プロフェッショナルとして、失格ではないのか？
だが陛下に恋闕（れんけつ）の情を持っている者だっているのに、わしなどが声をかけていただいていいのか？
しかもわしはまだ皇統の問題でも激しく人と争わねばならない！
いかん！わしは俗にまみれている！
やはりこれで良かったのだ！
逃げて良かったのだ！
ちくしょ～～～っ!!

時間が来てベルが鳴った。
ジリリリリリリリ
ジリリリ
万歳しながら皇族の方々を見送る。
ばんざい
ばんざい
茫然《ぼうぜん》として帰路についた。
ブロロロロロロ〜〜〜
バスの中でも、ぼうっと外を眺めながら煩悶《はんもん》するばかり。
法務省からタクシーを拾って帰宅した。
泣きごとかましてよかですか?
わしはもう皇室の勉強をしすぎた。
ありがたさがわかりすぎた。
柱の陰からそっと見てるだけで胸をときめかす乙女のようになってしまったのよね♥

ゴーマニズム宣言
SPECIAL

第4章 『WiLL』の雅子妃バッシングの病理

『天皇論』が20万部を超えて売れていることから、時々「小林さんもいずれ園遊会などに呼ばれるんじゃないですか?」などと、冗談交じりに言われることがある。
小林よしのり
天皇論
天皇は今日もあなたのために祈っている。
ここで明言しておくが、わしにはそんな下心は一切ない!
天皇とは何かを、できるだけ多くの国民が知って、皇室に対する感謝と敬愛を育んでくれればそれでいい。
家庭でも学校でも教えないから、わしが教えることになっただけだ。
宮内庁には読んでほしい。天皇の本質が祭祀にあり、宮内庁の仕事が実は日本にとって最重要なものだということを自覚してほしいからだ。

わしの肩書は「漫画家」としか書かない。なぜか？最もブランド力のない、偏見を持たれる肩書だからだ。わしはプロとしての仕事のみで人に認められればいいと思っている。世間は大切だが、世間体で生きることはしない。言ってること、描いてるもので評価できる人々を大切にしたい。

わしは天皇陛下の前に出ることはできないだろう。
小林よしのりを嫌いな者は多い。わしはこれからも人々の反発を招く過激な作品を描くだろう。
これからも泥にまみれて戦うことになる。
陛下の御前に通される人物は、政治色の少ない無難な人を選んでほしい。
皇室にマイナスイメージがつくようなことがあってはいけない。
わしは皇室から距離を置いて、一般国民と同じ目線で天皇を敬愛し、言論人としては、断固皇室を守るが、
自分の牙を抜いて、品よくまとまる気はさらさらない！
わしは、皇太子・雅子妃両殿下をバッシングしている橋本明なる人物のように「陛下の御学友」などと親密さをブランドにして皇室を語る者が嫌いだ。
対談
ご病気と
橋本 明
ジャーナリスト 天皇陛下御学友
西尾幹二
評論家
撮影・佐藤英明
09年10月号 ● 252
言いたくはないが、竹田恒泰氏のように「旧皇族・竹田家のご出身」という紹介も首をかしげる。
竹田氏は皇室に関する知識はあるのだが、人々に竹田氏本人が皇族だったのかと勘違いされる紹介になっている。
「旧皇族」のブランド力を言論の場で利用されては困る。
男系絶対主義者の中には、「竹田様を皇族に復帰させれば」などという者までいる始末だ。
フセインに招待されてイラクに行き、ブッシュ大統領一族と親しくしていると公言し、テレビで討論しているような極めて政治的な人物が皇族になって国民は違和感を覚えないのか？
明治天皇には女系でつながる人だし。

▲『WiLL』09年10月号

「旧皇族」というブランドに過剰に平伏するのは、ニセ皇族が人をだまして金を奪っていったという詐欺事件も生んだことがあるのだから、十分警戒するべきなのだ。
10年前から「ニセ宮さま」
古装束、軍服 次々着替え
▲読売新聞03年10月21日付夕刊
橋本明なる人物も、旧皇族・旧華族が、「ああいう息子に育てたのは、天皇皇后ではないか」と厳しく言い立てるようになっている、などと民間立妃の危機を煽りながら、「廃太子」につなげていく。
真偽不明だが、皇后批判は間違いなく、やっかみ嫉妬である。
旧皇族が私的感情に拘泥《こうでい》しているのならば、もはや俗にまみれてしまっているということだろう。
宮家復活も問題だな。
ただし、『WiLL』的な雅子妃バッシングを批判する竹田恒泰氏の言説は全面的に支持する。
本当を言うと橋本・西尾の易姓《えきせい》革命のすすめなど、論ずるに値しないのだが、それで『WiLL』が売れるのなら、その病理の根源は指摘しておかねばならないのだろう。
皇太子さまに敢えて御忠言申し上げます
WiLL
「別居」、「離婚」、「廃太子」を国民的議論に
小姑根性の雅子妃バッシングから、皇太子殿下を批判してる奴らに言うが、
シナの「王道」と日本の「皇道」は違う！
日本の天皇は「徳」があるか否かが皇位継承の条件にはならない。
このことは『わしズム』（09年冬号）の「天籟《てんらい》」で書き、今は『世論という悪夢』（小学館101新書）に収録している。
世論という悪夢
小林よしのり
「人徳」によって禅譲《ぜんじょう》や放伐《ほうばつ》があるのは、シナの「易姓革命」の論理であって、それは「王道」である。
日本の「皇道」はあくまでも万世一系、しかも神話からの連続性によってのみ成り立つ！

橋本明なる者は「高い徳を養ってこそ天皇」と言う。
皇太子に「徳」がないから、「廃太子」せよと言う。
これは「徳のない君主は、天命によって交代させるべきである。
皇帝の姓を易《か》えるべきである」という
シナの「易姓革命」の思想である。
橋本の思想はシナ人なのだ！
『WiLL』は橋本や西尾幹二を出して、こう煽る。
「雅子妃問題に一石！『別居』、『離婚』、『廃太子』を国民的議論に」
「雅子妃は病気が回復しないから別居・離婚しなさい。
皇太子は雅子妃が大事なら廃太子して秋篠宮に皇位継承権を譲りなさい」
彼らはそう言っているのだ。
まったくあきれる。
雅子妃問題 緊急対談
雅子妃のご病気と小和田王朝
病気は雅子妃ではない！おまえたちだ！
おまえたちはシナ病だ！
以前から西尾幹二は雅子妃のバッシングを繰り返し、皇太子殿下を批判していた。
そして今回は橋本明なる「戦後民主主義サヨク」と共闘してしまったのだ。
皇太子さまに敢えて御忠言申し上げます
皇太子さまへの御忠言 第2弾！
もう一度だけ皇太子さまへの御忠言
雅子妃のご病気と小和田王朝
今や西尾幹二と、橋本明、そして昭和史のタコ壺史観・保阪正康が、「秋篠宮を次の天皇に」と主張する「国民主権トリオ」である。
…と言いたくなるが、ぐっと我慢して論じよう。
西尾幹二は大東亜戦争の評価では共感できる。
お茶目な人柄だから批判したくはないのだが、基本的にはこの人、尊皇派ではない。
「天皇なきナショナリズム」の人だったはずだ。

「つくる会」の時から西尾氏の皇室観は冷めていた。
一体、いつから熱心に語るようになったのか知らないが、
そもそも「禊《みそぎ》」が済んでないではないか！
禊をする気もなく、俗物の視線のみで皇室を見ても、近所の家族のアラ探しにしかなるまい。
好意的な見方ができないのである。
わしも西尾氏と大して違わない皇室観だったからこそ、『天皇論』は「禊の書」として、自分の恥をさらしながら描いたのだ。
これは「皇室を語るマナーの書」である。
天皇
小林よしのり
天皇は今日もあなたのために祈っている。
小学館
正確に言えば、「つくる会」の運動を始めたとき、大塚英志から「天皇なきナショナリズム」と指摘され、それからずっと引っ掛かっていたのだ。
確かにそれじゃいけないんだが、今は知識が不足してるし…
論じるためには禊をしなければならない。
『WiLL』の花田編集長は『週刊文春』で美智子皇后をバッシングして、失語症に追い込んだ人物である。
右翼に銃弾を撃ち込まれて、少しは反省してるのかと思ってたのに、また同じことをやっている。
花田氏の編集手腕は大いに評価してるのだが、「公」なき商魂に傾斜し過ぎるところが危うい。
昭和天皇が愛した皇居自然林が丸坊主
天皇・皇后両陛下は「自衛官の制服」がお嫌い
橋本明の本なんか、女性誌が取り上げて、『週刊朝日』が取り上げて、『WiLL』が取り上げたが、全部、安易なスキャンダリズムじゃないか！
すぐ消える本だ。
皇室に関する最低限の知識もなく、いたずらに大衆の俗情をかき立てるのは、保守でも何でもない。
西尾幹二は摩擦係数が高い議論を強引に仕掛ける傾向があるが雅子妃バッシングは陳腐すぎる。

雅子妃が公務より遊びを選ぶとか、高級フレンチに行ったとか、家事をしない、養育係がいるとか、犬の足を持って振ったとか、小言ばっかり繰り返して貧乏人の嫉妬を煽り、挙げ句の果ては小和田王朝になるなどと妄想を語っている男二人。
うっひゃ〜〜〜っみっともない！
今や保守派までが、
「国民主権」で好みの皇室に変えてやるぞ！廃太子の議論をしろ！
…と叫んでいる。
この感覚こそが戦後民主主義の病理なのだ。
「国民主権病」、これもわしが『天皇論』で提起した重要なテーマである。
20万の読者はすでにこの知識があるのだから、『W・i・L・L』には騙されまい。
『天皇論』は、わしにしては懸命に品位を保って描いた。内容がスキャンダラスではないから売れる速度が遅い。
幻冬舎の『日本を貶めた〜』は発売4週で23万部になったが、『天皇論』は20万部に8週かかった。
まあ、この出版不況下では、どちらも異常な売れ行きなのだが。
日本を貶めた10人の売国政治家
皇室の方々の似顔絵は品位を保たねばならない。
本の表紙も品良く、わしの写真は出さずに。
やむをえない場合以外は、「天皇」という文字はなるべく一行の頭に持ってこようというところまで気を配った。
小林よしのり
天皇論
天皇は今日もあなたのために祈っている。
天皇の歴史
その結果として、幻冬舎新書や『戦争論』のように、いきなり爆発的に売れるのではなく、
『天皇論』はじりじり堅調にロングセラーになっている。
これでいいのである。後世に残る本になれば。

西尾・橋本は「幕末までは祭祀に、皇后は参加していなかった」という事実を無視する。
本来、皇室祭祀は天皇単独でも成り立つと『天皇論』にも描いたが、伝統に照らせば、雅子妃が病気で祭祀に参加できなくても大した問題ではない。
美智子皇后を基準にしなくてもいい。
一夫一婦で必ず一緒に祭祀こそが伝統であると思い込んでいるのだから、まさにサヨクだ。
そもそも平成21年1月7日の「昭和天皇二十年式年祭の儀・皇霊殿《こうれいでん》の儀」に、両陛下の名代として、皇太子殿下と共に、雅子妃殿下もおすべらかしを結って参拝されているではないか！
雅子妃には祭祀に出ようという意欲がおありだ。これは間違いない。
だがご病気ならば我々国民は回復を祈っておればいい。それだけの話だ。
雅子妃には祭祀が大切だと言っておきながら、自分たちは祈らない！
もともと祈りなんか信じてもいないのだ！
皇太子と雅子妃はとても仲が良さそうである。
わしなどは、皇太子ご一家が相撲や野球観戦なさったり、那須で静養なさったりの様子がテレビで流れるだけで心がなごむ。
正月の一般参賀に雅子妃が全部顔を見せられたり、時に公務にも出られたり、祭祀にまで参加されたら、わしはもう、ありがたやありがたやと手を合わせて拝みたくなる。
まるで好々爺《こうこうや》みたいな始末だが、女性誌の皇室記事が全部気になるようになってしまったのが、ちょっとヤバい。

敬宮《としのみや》殿下（愛子さま）と親子3人の仲は誰にも引き裂くことはできない。
そんなことをして雅子妃の病気が回復するはずがないのは当たり前のことだ！
何が別居だ、離婚だ！よくそんな無慈悲なことが言えるな、人でなしめ！
雅子妃バッシングにしろ、女系容認バッシングにしろ、皇室を傷つける行為は左翼からではなく、いつも保守の側から行なわれるのだ。
香山リカが、離婚はダメだと雅子妃を守る発言をして、雅子妃がまるで「君側《くんそく》の奸《かん》」であるかのように話す西尾氏に、斎藤環が「君側の奸コンプレックス」と批判する始末で、サヨクの方が常識があると見えてしまうのだから情けないではないか！
言っておくが、皇室の問題点は「皇室典範の改正」を政治家が急がぬことだけだ！これこそが皇統の危機だ！
雅子妃バッシングする暇があったら、皇統の危機に無関心な政治家を動かす発言をしなさい！
ごーまんかましてよかですか？
かつて美智子皇后を何度もバッシングしたのも保守の側だった。
左翼は「天皇制廃止」を叫ぶが、小姑根性で「反論できない皇室の方々」を中傷するようなことはしない。
「国民主権・真理教」とも言うべき戦後民主主義の病理は、むしろ保守の側にこそ巣食って、「易姓革命」を起こそうと蠢動《しゅんどう》しているのである！

ゴーマニズム宣言
SPECIAL

第5章 正直者の『天皇論』の書評に答える

『天皇論』の感想が続々届いている。
最新の読者はがきを見ると、70歳代(少国民世代)の読者がずいぶん増えてきている。
この世代がこんなに多くなったのは今までにないことだ。
書店で求めてちょうど1か月かかって読んだ。これほどにも内容の濃いものとは思わなかった。(74歳　男性)
漫画と思い気楽に読んだら、内容はしっかりしている。ある種の予備知識がないと理解できない人も多かろう。友人、知人、会った人に『天皇論』を薦めています。(74歳　男性)
超力作！　脱帽です。最後の最後まで圧倒されました。(75歳　男性)
私は戦前派でしかも旧陸軍少年兵出身でありながら、天皇制については知っているつもりであったが、改めて知ることができました。(79歳　男性)

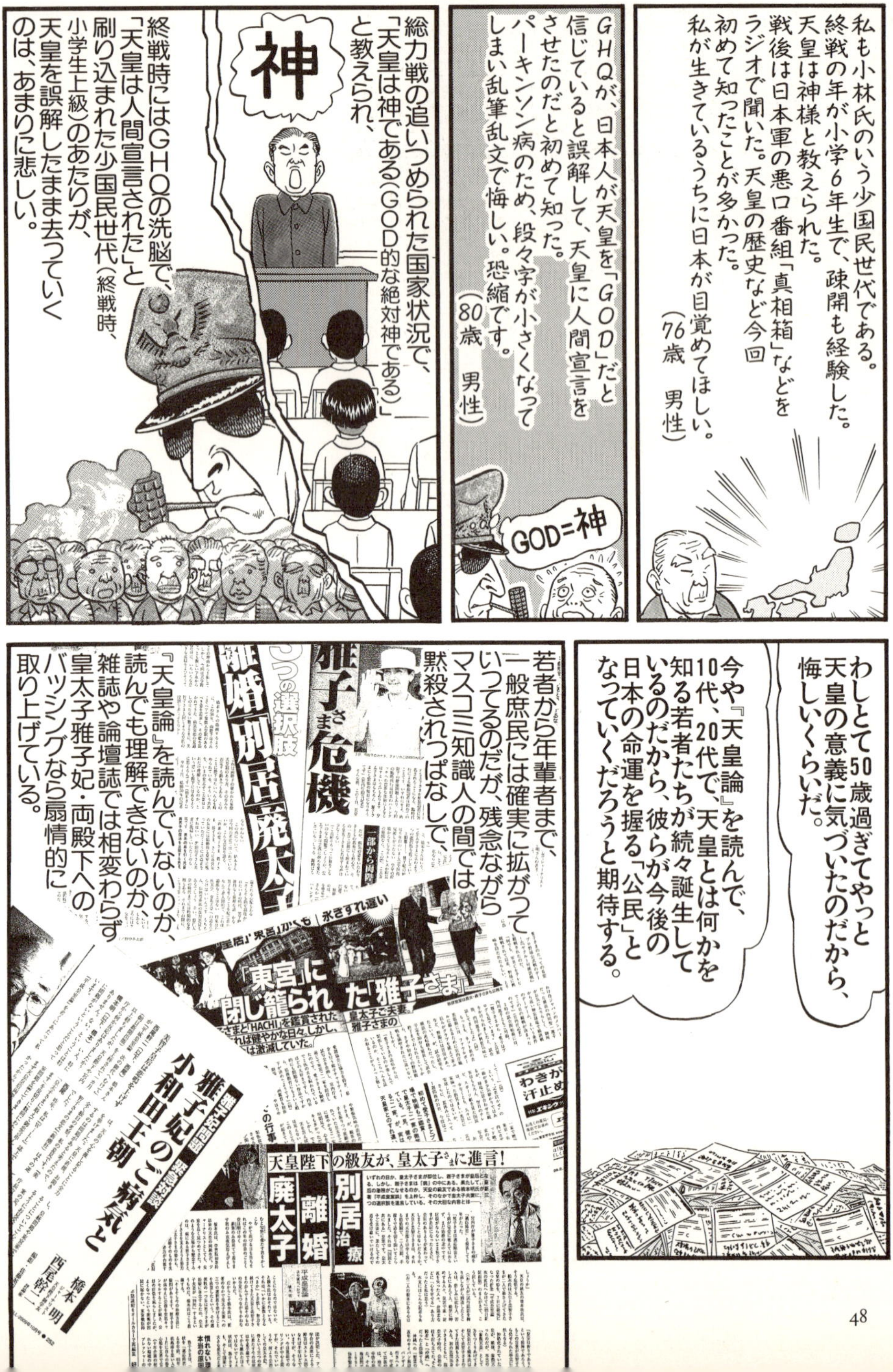
私も小林氏のいう少国民世代である。終戦の年が小学6年生で、疎開も経験した。天皇は神様と教えられた。戦後は日本軍の悪口番組「真相箱」などをラジオで聞いた。天皇の歴史など今回初めて知ったことが多かった。私が生きているうちに日本が目覚めてほしい。
（76歳　男性）
GHQが、日本人が天皇を「GOD」だと信じていると誤解して、天皇に人間宣言をさせたのだと初めて知った。パーキンソン病のため、段々字が小さくなってしまい乱筆乱文で悔しい。恐縮です。
（80歳　男性）
GOD＝神
総力戦の追いつめられた国家状況で、「天皇は神である（GOD的な絶対神である）」と教えられ、
神
終戦時にはGHQの洗脳で、「天皇は人間宣言された」と刷り込まれた少国民世代（終戦時、小学生上級）のあたりが、天皇を誤解したまま去っていくのは、あまりに悲しい。
わしとて50歳過ぎてやっと天皇の意義に気づいたのだから、悔しいくらいだ。
今や『天皇論』を読んで、10代、20代で、天皇とは何かを知る若者たちが続々誕生しているのだから、彼らが今後の日本の命運を握る「公民」となっていくだろうと期待する。
若者から年輩者まで、一般庶民には確実に拡がっていってるのだが、残念ながらマスコミ知識人の間では黙殺されっぱなしで、
『天皇論』を読んでいないのか、読んでも理解できないのか、雑誌や論壇誌では相変わらず皇太子雅子妃・両殿下へのバッシングなら扇情的に取り上げている。
雅子さま危機
3つの選択肢
離婚 別居 廃太子
「皇居」「東宮」かくも 永きすれ違い
「東宮」に閉じ籠られた「雅子さま」
天皇陛下の級友が、皇太子さまに進言！
別居 治療
離婚
廃太子
雅子妃のご病気と小和田王朝
橋本明
西尾幹二

『天皇論』の読者はがきを送ってくる者にも、「女系容認」の記述に文句を言ってくるのが目立つ。
中にはこの一点ですべてが台無しだと言わんばかりのファナティックな「男系絶対主義者」がいる。
天皇
小林よしのり
サヨク系のマスコミ・知識人が黙殺を続けるのはわかるが、奇妙なことに保守系の者たちまでが黙殺してしまうのはなぜだろうか？
まさにこの異様な現象にこそ、GHQの思惑以上の効果を発揮し続ける「戦後民主主義」の病理が潜んでいるのだが、そこをこれから炙《あぶ》り出していくことにしよう。
躊躇《ちゅうちょ》なく書評を書いてくれたのは、民族派団体・一水会の機関誌『レコンキスタ』と、『週刊朝日』09年8月7日号での作家・長薗安浩氏くらいだった。しかも好意的に書いてくれている。
『非理法権天』特別対談
～「ゴーマニズム宣言SPECIAL天皇論」を読み解く
平成文化大革命
ついに本丸に踏み込んだ
長薗安浩
こんな硬直した空気の中、評論家・小説家の小谷野敦氏が『中央公論』で書評をしてくれた。
「ベストセラーになっているのに、どうやら新聞でも雑誌でも、ほぼ黙殺の体らしい」と小谷野氏も書いている。
正直者の書評
誠実な漫画家に疑問を呈す
小谷野敦
実は小谷野氏は事前に丁寧に手紙で批評を送ってくれていたのだ。
なんて律儀な男だ！
小谷野氏は「天皇制廃止論者」で共和主義者。
天皇のみならず、全世界の君主制、貴族制に反対している。
当然ながら『天皇論』に対して数々の異議や疑問を呈してきた。
保守系知識人より誠実な小谷野氏に敬意を表して、まずは「近世の庶民が天皇の存在を知っていたと言えるか？」という小谷野氏の疑問から答えよう。
▲『中央公論』09年9月号

小谷野氏は、京・大坂の庶民は確かに知っていたが、それに武士を合わせても当時の日本人の2割にも満たないはずで、それでは「庶民は知っていた」とは言えないと指摘する。
結論を言うと、「明治以前の庶民は天皇なんか知らなかった」という話は、天皇を否定したい戦後の知識人に蔓延した俗説である。
『天皇論』で紹介したように、天皇の即位式は、京・大坂の庶民が「町触《まちぶ》れ」で知り、観覧券に当たる「切手札」を入手して、当日は御所内に入場して観覧していた。
「民衆にとってごく身近で楽しみな行事だった」と近世民衆史の森田登代子氏は言っている。
もちろん、京・大坂のみならず、武士の下で支配組織の末端を担った全国の名主・庄屋、そして神職、僧侶、学者などの知識層は当然天皇の存在を知っていたから、庶民も彼らから天皇について聞く機会はあっただろう。
村の神社と天皇の関わりを誰も知らないわけはないし、明治以前は仏教と天皇の関係は極めて深かったのだ。
『天皇論』の第1章に描いたが、「正月」を始めとする年中行事は天皇の祭祀とつながっている。
庶民層には雛遊《ひなあそ》びが広がり、その雛人形は、天皇をかたどったものとして、確実に認識されていた。
「帝《みかど》雛《びな》 たみのむすめも にぎはひぬ」（俳諧雑巾）
というような俳句も多数ある。
江戸時代には庶民の宮中への憧れから豪華な壇飾りが作られるようになった。

さらに伊勢神宮が出した「神宮暦」という農事暦を、伊勢の御師《おんし》たちが全国に売っていたから、農家は神社の最高位に天皇がいることを知っていた。
高森明勅氏の『天皇から読みとく日本』によれば、奥州のある村の百姓は、後桃園《ごももぞの》天皇の崩御について、わずか10日ほど後にはもう日記に書いていたというから驚きである。
「大たいり（内裏）様（後桃園天皇）御《ご》はうきよ（崩御）遊ばされ候。御役所より御触《おふれ》御座《ござ》候《そうろう》。」
天皇や上皇の崩御は短時間で全国に布達されていたのである。
さらに医師、絵師、神主、陰陽師、相撲取り、盲人、香具師、芸能関係などの技芸の者、鋳物師、鍛冶、大工、鏡師、菓子師、瓦師などの手工業者は、朝廷から称号として「受領名《ずりょうめい》」を授けられて自らを権威づけた。
介
兵衛
守
衛門
掾
天皇や朝廷による権威付けは、賤視された非差別階級の者たちも望んでいたのである。
商人たちも宮家や公家との縁故を称したり、「受領名」を受ける例があったし、
百姓も上層の者らは家系を尊いお方の血統につなげ、神代までも遡らせようとしていたくらいだ。
農民が行なう地狂言には『太平記』から題材を取ったものがあり、天皇の存在は当然、自覚して楽しんでいた。

近松門左衛門の浄瑠璃には「天皇劇」という分野がある。
民衆はこれを観劇して楽しんだのである。
「小倉百人一首」の天皇の御製《ぎょせい》は広く民衆に普及し、子供でも知っていた。
庶民の伊勢神宮参拝が盛んになり始めたのは戦国時代で、江戸時代には「お伊勢参り」は誰もが一生に一度はしたい、あこがれとなり、
全国人口が3000万の時代に毎年50万人、全人口の60人に1人が参宮した。
その人たちが、お伊勢さんに祀られているのが天皇の祖先だと知らないはずがない。
しかもこれはマスメディアなど全くなかった時代だ。
なにごとの　おはしますかは
知らねども
かたじけなさに　涙こぼるる
西行法師が伊勢神宮を訪れた際に詠んだこの歌の中に「明瞭ではないが尊いもの」がおられるという日本人の宗教心が込められている。
この「かたじけない」は、「とにかくありがたい方がいらっしゃるから、私としては恥ずかしながら感謝したい」という奥ゆかしい思いだろう。
そもそも庶民レベルでこの神道的信仰心が、明確に天皇の実像に結びつかなくてもいいのである。
それにしては近世の庶民は、天皇に対する認識を持っている者がずいぶん多かったようだが。

むしろ現代の方が、目に見えぬ神々や、天皇に対する「かたじけない」という敬意もなく天皇の意義も知らない有り様だ。
それはメディアや学校教育が皇室を封印して、「国民主権」を刷り込んでいるからである。
その効果で現代の大衆は近世よりも天皇を知らない。
だからわしは『天皇論』を描いたのだ！
これは近世だったら必要なかった本なのだよ！
小谷野氏は「日本人はずっと天皇を支持してきたというのも、歴史に照らして間違いであることは、日本は乱臣賊子《らんしんぞくし》の歴史だとした北一輝以来、誰も反論しえていない事実である」と書いているが…
骨法の堀辺正史師範が『レコンキスタ』でこれに的確に反論しているので要約して紹介しよう。
小谷野氏は残念ながら「乱臣賊子論」を勘違いしている。
北一輝の「乱臣賊子論」とは、天智天皇以来の公地公民制が、大名が公民を領有した時封建制によって破壊されたという意味であり、天皇への「反逆」が日本人の倫理だったと言ってるわけではない。
北は「日本改造法案大綱」で、天皇はローマ法王と同じく、士農工商の区別なく「国民信仰」だったと表現している。
「乱臣賊子」として天皇を圧迫した武士階級も、世俗の政治は奪えても、神道の祭事はついに奪えなかった。
否、むしろ政治を奪うことによって、天皇の祭祀者としての本質は、いやが上にも光を増すに至った、というのが北の「乱臣賊子論」の、正しい解釈である。

小谷野氏は、山本七平の『現人神の創作者たち』を評価しているようだが、「天皇を神(GOD)だと本気で信じていたのは、昭和10年代の教育を受けた少国民世代だけだ」と実証した新田均氏に言わせれば、山本氏のこの本は壮大な労作だが、徒労に終わっているそうだ。現人神の創作者は、近代史の中に探るべきで、山本七平のように江戸思想史に求めるべきではない。
現人神の創作者たち
山本七平
現人神「国家神道」という幻想
新田均
なお、少国民世代の天皇神格化と、わしの天皇敬愛は全然違うものである。
小谷野氏の『中央公論』での書き方によると勘違いされかねない。そこは念を押しておく。
なぜわしが天皇敬愛になったかという経緯を『天皇論』で描いたつもりなのだが、わかってもらえないのなら別の説明もしよう。
小谷野氏の疑問、批判はまだまだあって、一回では描ききれない。
したがって次回に続くことになる。
しかし「共和主義者」ならば、今や「国体護持派」となったわしから見れば論敵である。
ところが小谷野氏に敵意がまったくわかない。
ごーまんかましてよかですか？
むしろ『天皇論』を読まずに、「廃太子を議論せよ！」などと叫んでいるニセ尊皇派や、
「国体の本義」の位置づけを全くわかってないニセ右翼や、
不勉強のまま「男系優先・女系容認」すら許さぬと突っかかってくる「ファナティック男系主義者」らの方が、よっぽどわしは不愉快なのである。
この不愉快の理由をこれから、よーしゃなく厳しく解明していこうと思っている！

第6章 百姓は天皇を知っていた

ゴーマニズム宣言
SPECIAL

前章を『SAPIO』で掲載後、小谷野敦氏がブログで反論した。
小谷野氏は、江戸時代に天皇を知っていたのは公家・武士の他は京・大坂の町人だけで、日本人の2割程度にすぎず、庶民は知らなかったと主張。
これに対してわしは、高森明勅氏の著書から、「奥州のある村の百姓は、後桃園《ごももぞの》天皇の崩御《ほうぎょ》について、わずか10日ほど後にはもう日記に書いていた」と紹介し、庶民は天皇を知っていたと主張。
高森明勅氏の『天皇から読みとく日本』によれば、奥州のある村の百姓は、後桃園天皇の崩御について、わずか10日ほど後にはもう日記に書いていたというから驚きである。
「大たいり（内裏）様（後桃園天皇）御はうきよ（崩御）遊ばされ候。御役所より御触御座候。」
天皇や上皇の崩御は短時間で全国に布達されていたのである。
小谷野氏はその史料『源蔵・郡蔵日記』を入手、日記を書いた百姓・源蔵は「村役人」で、「農民のうちでも最上級に属する、いわば名主《なぬし》階級」だったから、例外的に知っていたのであり、一般の百姓は知らなかったはずだと反論した。

残念ながら小谷野氏の反論には無理がある。
源蔵の日記にある「大たいり様」は本人の表現であり、「御役所の御触《おふれ》」そのものの引用ではない。
そもそもなぜ奥州の村役人に、お役所から天皇崩御のお触れが来たのか？
小谷野氏は、庶民には一切知らせず、「名主階級」だけにこっそりお触れを出したと思ってるらしいが、そんなことはありえない！
実は江戸時代には、天皇・上皇や将軍・大御所などが死去すると、静謐《せいひつ》に喪に服するため、「鳴物停止令《なりものちょうじれい》」「普請停止令《ふしんちょうじれい》」が出され、これにより歌舞音曲や建築土木の大音響が一定期間止められ、全国の一般庶民に至るまで生活全般が規制されたのだ。
そのため天皇が崩御すると、お触れが直ちに全国津々浦々にまで届いたのである。
天皇・上皇が崩御した場合の「鳴物停止」は、京都で50日間、江戸で7日間、その他の地でも7日間、民衆は喪に服すことになるが、全国一律ではなく、地域差もあった。
秋田藩の場合、貞享2（1685）年の後西《ごさい》上皇の崩御は領内に布達されなかったが、宝永6（1709）年の東山《ひがしやま》上皇の崩御以降は、城下町のみに「鳴物停止」3日、「普請停止」なしの布達が行なわれるようになった。
そして宝暦12（1762）年の桃園《ももぞの》天皇、および『源蔵日記』にも記された安永8（1779）年の後桃園天皇の崩御の際は、全領に「鳴物・普請停止」5日の布達が行なわれている。
辺境に近い外様《とざま》の秋田藩でも、後桃園天皇の崩御は全領に知らされていた。
まして源蔵がいたのは現在の福島県矢祭町、当時は幕府直轄領であり、江戸とほぼ同様の布達が行なわれていたはずである。

この「鳴物停止令」はなんと琉球にまで適用されていた。
薩摩藩の支配下にあったとはいえ、琉球国王を崇める一国であった琉球でさえ、天皇の崩御の際は人々が喪に服し、それによって琉球の人々は何となく天皇の存在を感じることができたらしい。
沖縄の日本への同化は、すでに始まっていたとも言える。
昭和天皇のご不例《ふれい》から崩御までに起きた「自粛《じしゅく》」によって、初めて「天皇」の存在を意識したという人は多い。
天皇陛下 崩御
激動の昭和終わる
毎日新聞
休業
休業
同様に江戸時代においても、「鳴物停止令」は全国の庶民に至るまで、天皇の存在を認識させる機会になった。
しかも単に観念的な存在ではない、生身の天皇が京に存在していると意識させたのだ。
もちろん庶民は百人一首の天皇の御製《ぎょせい》や『太平記』を読んで、その天皇の子孫が、代々皇位を継ぎ、今も京におられると認識したのである。
村の神社や「正月」など、年中行事と天皇の関わり、明治以前は密接だった仏教と天皇の関わりについても、何も知らないわけがない。
暦《こよみ》は農業に必要不可欠であり、伊勢の御師《おんし》が配った**「伊勢暦」**など、農村では暦は一世帯に一部は必ずあった。
そしてもちろん暦には**「年号」**が書かれている。
これを誰が定めているのかも当然知っていたはずで、田舎でも…
「年号改元之儀、
京都より仰《おおせ》進《すす》められ、
文化与《と》御治定《じじょう》遊ばされ候。
右之趣公儀より仰出られ候間」
…という村方への改元の触書が残っている。
これを見ると、**公儀（幕府）**と**京都（朝廷）**をはっきり認識していたことがわかる。

小谷野氏は近世には日本神話は
ほとんど知られておらず、
「お伊勢参り」の信仰は「口実」で、
実際の目的は生涯一度の旅行であり、
男なら「宿宿の飯盛り女」と
「古市遊郭《ふるいちゆうかく》」が目的だと反論している。
確かに「天照大神《あまてらすおおみかみ》」の読みや、
女神であることを知らない庶民は、
いたかもしれない。
元禄4(1691)年とその翌年の2回、
江戸を訪れたドイツ人医師、
エンゲルベルト・ケンペルは、天照大神を
「テンショウダイジン」という男性神と
記している。
だが、注目すべきは次の記述である。
日本人は例外なく、自分たちを
テンショウダイジンの末裔《まつえい》とみなしている。
…とりわけ宗教的世襲皇帝は、
この帝国にたいする自己の権利の根拠を
…テンショウダイジンの第一男子に
つらなる直系の子孫である点に
置いている。
テンショウダイジンは…
この国の神々のなかで
最強力の神として姿を現した。
生命そのものであり、魂、光、そして
生まれながらの至高の君主なのである。
毎年、あらゆる階層・職業の
日本人によって、
彼が住んで、彼をしのんで
建てられたテンプルのある
地方を目指す、
熱心な巡礼がなされる。
…テンショウダイジンは、
日本人の神々のなかの
だれにもまさる反復と
熱意をこめて…
拝礼される。
当時の外国人の目にも、日本人は
例外なく天照大神を最高神として、
天皇とのつながりを意識し、
熱心な信仰によって
お伊勢参りをしているのは
明らかだったのである。

なお小谷野氏は「天皇」という呼称は当時公式には存在せず、光格《こうかく》天皇の諡号《しごう》で復活したと書いているが、これも間違いである。
確かに通常は「禁裏《きんり》」「主上《おかみ》」などと呼ばれ、公式に呼ばれたり記録されることはほとんどなかったが、
即位《そくい》宣命《せんみょう》や宸筆《しんぴつ》宣命などの宣命類では「天皇」と書いて「すめらみこと」と読んでいる！
「天皇号」は古代ばかりではなく、中世も近世も正式な称号として変化なく存続していた。
「おくり名」が平安時代の冷泉《れいぜい》天皇から、「〜天皇」でなく「〜院」という院号としてわずかな例外を除いて定着し、光格天皇以後、再び「〜天皇」という「おくり名」が復活したので、これを近世史家は混同しているのだ。
実際は江戸時代に限定しても、光格天皇より前に、後陽成《ごようぜい》天皇、後水尾《ごみずのお》天皇、明正《めいしょう》天皇、後光明《ごこうみょう》天皇、中御門《なかみかど》天皇の宣命に、軒並み「天皇」が使われている。
さらに後水尾天皇の時代に捺《お》された天皇御璽《ぎょじ》の印影もある。
当時は「将軍」も公式に呼ばれたり記録されたりすることはほとんどなく、「上様《うえ》」「公方《くぼう》様」などと称され、朝廷からの口宣や宣旨では「征夷大将軍《せいいたいしょうぐん》」と記された。
ついでに言えば小谷野氏は、近松門左衛門が知られるようになったのは明治以降で、当時は大坂の町人しか知らなかったと言うが…
江戸時代の「寺子屋」では、教材として近松門左衛門とその弟・岡本一抱の合作による手紙文の紀行『竜田詣《たつたもうで》』が使われていた。
ある程度、学を修めた子らは、長ずると地方の百姓でも読書や句作など、かなり豊かな文化活動をしていたから、近松の作品に親しんだ者もいただろう。

小谷野敦氏は進歩史観らしい。国民主権から共和制へ、これが戦後左翼の進歩主義だ。当然、近世の庶民・百姓は無知蒙昧と思い込んでいる。近世の庶民は賢明だからこそ、敬意を払うべき存在が日本にあると直感する公民だった。戦後大衆は天皇の「意味」「価値」を江戸時代の百姓より直感できなくなっている。だが『天皇論』で覚醒した者が20万人、今後も増え続けるだろう。

江戸時代の「庶民」の大部分は百姓だった。
何しろ当時の日本人の8割以上を占めていたのだ。
江戸時代の百姓は身分制度に縛られ、土地に縛られ、無知蒙昧《もうまい》のまま、支配階級に搾取されっ放しだった犠牲者！…てなイメージが長年信じられてきたが、
これは左翼が階級闘争史観のためにでっち上げた虚像であり、近年の研究ではほぼ否定されている。
そもそも江戸時代は、従来思われていたほど激しい身分社会ではなく、武士が百姓や町人になったり、逆に百姓が武士に取り立てられたりすることはよくあった。
また百姓は、農業をする傍らで紙・綿・絹・酒など商品を生産し、直接売りに行っていた。
つまり農民が工・商も兼業していたわけで、「士農工商」を身分として厳密に分ける制度は、現実にはそれほど機能していなかった。
ましてや百姓間の身分差はもっと曖昧で、「名主」が百姓の中で「特権階級」だったというような小谷野氏のイメージも、すでに覆されている。
中世の名主（みょうしゅ）は世襲であり、幕府から給料をもらっていた。
その時代の名主は確かに幕府・藩の支配層の末端で、農民層の特権階級だった。
しかし江戸時代には新たに名主（なぬし）の制度がつくられ、世襲は廃止、村人によって選ばれ、村人が名主の給料を支払うようになった。
これにより名主は幕府の命令を受け、村人の上に君臨する存在というより、村民の意思をくみ、村を代表する立場となった。
また、長百姓《おさびゃくしょう》・本百姓《ほんびゃくしょう》・水呑《みずのみ》などの百姓身分も、江戸中期以降は上の身分を金で買えるようになっていたのだ。

上層の百姓には、神代や天皇にまで
つながりをつけた家譜を持つ家もあった。
だが多くの百姓の場合、
その農業活動自体が
天皇の認識につながっていた。
『天皇論』で描いたが、日本神話では
神様の遺骸から五穀が生まれる。
農村では農耕の営みの
起源や価値を、
記紀伝承や朝廷儀式の中に
求めることが多く、
農書では作物発生の由来が
神話で説明された。
「天子初春に御手つ(ず)から
鍬《くわ》をとらせ給ひて、
御供田《くでん》の御打初《うちぞめ》遊ばされ、
民をあハれませ給ふ」
…と、直接天皇の行為に結びつけて
農作業を聖化する農書もあった。
こうして百姓の家職に対する
誇りが生み出されていた。
百姓傳記
そして「百姓一揆」の際は、何より
天皇と百姓の関係が明らかに意識された。
直接天皇に徳政や年貢減免を
訴えた一揆も多く、文政4(1821)年、
上野国前橋藩に起こった百姓一揆で
逮捕された林八右衛門の
『勧農教訓録』の冒頭には、
「然レバ上御一人《かみごいちにん》ヨリ下万民《ばんみん》ニ至ルマデ、
人ハ人ト云字ニ別ツハナカルベシ」
とある。
明確に「上御一人」つまり天皇を意識し、
天皇の下の平等を唱えたのだ。
嘉永6(1853)年、陸奥国の三閉伊一揆では
盛岡藩の役人に対して、百姓たちが
こう主張したと記録されている。
「百姓共カラ〳〵と打ち笑ひ、
汝等《なんじら》百姓杯《など》と軽しめるは
心得違ひなり、百姓の事を能《よ》く承れ、
士農工商天下の遊民
源平藤橘《げんぺいとうきつ》の四姓を離れず、
天下の諸民皆百姓なり、
其命を養ふ故に
農民ばかりを百姓と云ふなり、
汝等も百姓に養るなり。
此道理も知らずして
百姓杯と罵《ののし》るは不届者なり」

▲『遠野唐丹寝物語』

この百姓の発言は、『天皇論』の第20章を熟読した人には理解できるはずだ。
「百姓」とは元々は「百（たくさん）の姓」であり、天皇から「姓」を与えられた公民の総称である。
「源平藤橘の四姓」つまり源・平・藤原・橘も天皇に賜《たまわ》った姓であり、ここから分かれた武士など、有姓の人全てが、本来は「百姓」である。
第20章
天皇と公民で成り立つ「国体」
しかし、命を養う尊い仕事をしているために、農民だけを「百姓」と呼ぶのだと、一揆を起こした百姓たちはカラカラと笑いながら誇っているのだ！
この主張は「天皇―公民」の思想を前提にしなければできない。それを、名もなき農民が当然のように言っていたのである！
我々は天皇に繋がっている、我々は大御心《おおみこころ》を拝する公民であるという民衆の意識は、古代からずっと持続していた。
ごーまんかましてよかですか？
マスコミのない江戸時代に、これだけの庶民が天皇の存在を意識する機会を持っていた！
特に「百姓」は、自らの呼び名自体が天皇との関係を表すことも、農作業そのものが天皇の神話に由来することも知っていた！
これでまだ「近世の庶民は天皇なんか知らなかった」と言うのなら、それはもう俗説を超えて信仰だろう。

各国要人が天皇との会見を希望する場合、1か月前までに申請する取り決め「1か月ルール」がある。09年の習・国家副主席訪日時には1か月前までに申請がなかったが、小沢・民主党幹事長（当時）の働きかけで会見が行なわれ、宮内庁の羽毛田長官は反発した。

ゴーマニズム宣言 SPECIAL

第7章 小沢一郎の天皇私物化を許さん！

小沢一郎の発言をくだいて言えばこういうことだ。
1か月ルールなんて誰が決めたの？
習近平《しゅうきんぺい》さまがいらっしゃるんだよ！
天皇の健康が心配なら、他の公務を減らせばいいじゃないの。
日本国憲法わかってる？
選挙に勝った内閣の意思は絶対なの！
オレは内閣の一員でも何でもないけど、誰もオレには逆らえないんだぞ！
天皇なんか、勝手に使って何が悪いんだよ!?
民主党政権にも尊皇心はあるようだと、好意的に描いたのにやつらはわしを裏切った。
この政権は、尊皇心のカケラもない売国政治家の独裁だったのだ！
鳩山首相も皇室への敬意をかなぐり捨て、習近平への尊崇心のみを披露した。
中国の副主席においでいただいてるのに、こういう状況は大変残念。
国民挙げてもっと喜びの中でお迎えすべきだ。
小沢一郎の恫喝に屈して天皇を守れなかったヘタレなソーリが何を言うか！
他の閣僚も小沢ヒトラーには逆らえず、お追従を言うばかり。
亀井静香も宮内庁を批判した。
そうだろうな。弱小政党のくせに政権内でデカイ顔できるのは小沢のおかげだからな。
前原誠司は自民党に責任転嫁した。何という卑怯者だ！
確かに中曽根康弘ら自民党の政治家も働きかけはした。
しかし「1か月ルール」を説明されて取り下げている。
もっとも前原が責任転嫁を図ったこと自体、小沢の開き直りには無理がある、ヤバイことをしたと思っている証しだが。
羽毛田信吾長官が記者会見で政権の「1か月ルール破り」を暴露しなければ、表沙汰にはならなかった。
外国の要人との会見は高齢で多忙な天皇の負担を軽くするため、国の大小で差別することなく全ての国と接するため、内閣から宮内庁に1か月前までに打診するのが重要な慣例である。
羽毛田氏は小沢の恫喝会見にも毅然とした態度を貫いている。単なる保身主義の官僚には絶対にできない。
〝立派だ。
私には官房長官の指揮命令に従うと同時に、陛下のお務めのあり方を守るという立場がある。辞めるつもりはありません。

ところが、保守派の一部から、今回の件で羽毛田長官をも批判する声が出ている。
皇位継承問題で、羽毛田氏が女系容認を視野に、皇室典範の改正を急ぐよう発言した際、男系絶対主義の保守派は「宮内庁陰謀説」を唱え、散々、羽毛田氏を「君側《くんそく》の奸《かん》」呼ばわりした手前、何かしら難癖をつけないと面子が立たないのだ。
羽毛田長官は厚生事務次官出身で、皇室を守るためなら、皇太子にさえ苦言を辞さぬ一言居士《いちげんこじ》であり、両陛下の信頼は厚いという。
平成20年12月、陛下が体調を崩された際に、会見で「将来にわたる皇統の問題」などをご憂慮されていると、発言した。
羽毛田氏は常に陛下のご意向に沿うように行動し、発言していると、わしは見ている。
小沢一郎が典型的な「国民主権病」の末期患者であることは、わしの『天皇論』を読めば、すぐ気づくだろう。
日本国憲法の第1章は天皇である。
この、第1章が天皇という点は、現行憲法の優れたところである。
主権の存する日本国民…
右の第1章第1条の条文について習ったのは、わしが小学校5〜6年の授業でだった。
これを国民主権と言うったい。
ようするに天皇って我々の意のままか!
我々の方が偉いんだな!
小学生のわしが陥った錯覚から目が覚めないまま
トシとった小沢一郎には、もはや天皇の尊厳に対する畏怖の念がみじんもない!
しかも居丈高《いたけだか》に記者団に「日本国憲法わかってる?」と言いながら、実は自分が現憲法すら全くわかってない小沢一郎は、政治家失格と断言する!
小沢は、天皇の国事行為は「内閣の助言と承認」で行なわれるから、今回のことは「政治利用」ではないと言ってるが、
そもそも天皇の国事行為にあるのは「外国の大使・公使」の接受であって、
天皇と外国要人の会見は国事行為でなく、公的行為である!
したがって内閣の助言と承認を必要としない。
外務省の要望を宮内庁が判断し、陛下の要望も反映されることがある。
言っておくが、これは「皇室外交」ではない!
皇室はリアルかつシビアな外交の外にいるべきで、「国政に関する権能を有しない」と憲法に規定されている!
だからこそ「1か月ルール」という慣例が天皇の外国要人との会見の重要な規範なのだ!
今回、朝日から産経まで、ほぼ全てのマスコミが「天皇の政治利用は許されない」という論調で一致したが、その批判に鳩山はこう応えた。
誤解招かぬ慎重さを
政治主導をはき違えるな
憂慮される安易な「政治利用」
政治利用の正当化許すな
世界で一番人口の多い国、隣国との付き合いは非常に大事だと。別に政治利用という判断ではなくて、そのように感じております。

小沢一郎がその後も羽毛田長官を「あいつこそ天皇の権威を笠に着ている」と批判している。宮内庁長官まで小沢の子分にされてしまってはならないのに、保守派に「羽毛田長官は辞任して言うべきだった」とか、小沢の思う壺の批判をする者がいるのが理解できない。一体、誰が陛下を守るのか？
子供の言い訳にもなつてない。大事な国・大事でない国の分け隔てをせずに接するのが「一視《いっし》同仁《どうじん》」の天皇のあり方であり、政治的には中立を保つことになるのだ。
天皇に「大事な国だから特例」などというえこひいきを認めさせること自体が「政治利用」そのものではないか！
そもそも「大事な国」との外交関係を良好にするのは政府の仕事である！
その役割を天皇陛下に負わせるのは政府の責任放棄以外の何ものでもない！
政府は無能なのか？陛下の親政が必要なのか？
本来は政府が外交関係を築き、その上で天皇は分け隔てなく、全ての国と親善なさるのがお役目である。
そのために陛下は尋常でない多忙の中、どんな小国でも、相手国の事情を必ず周到に承知された上で、外国賓客に会われる。
ご高齢で健康不安のある陛下には、その準備のために「1か月ルール」が絶対に必要なのである。
いつそ「1か月ルールの法制化」を唱える者もいるが、そこまで硬直化するのも首を傾げる。陛下は災害があった国の要人とはむしろ自ら希望されて会われることがあるからだ。これこそが認められる特例である。
今回の問題の根源は、宮内庁が内閣府の一機関の地位でしかないことにある。
省に格上げし、他の省庁とも区別した独立性を付与するべきなのだ！
なにしろ日本のアイデンティティー、国体そのものを守る役所が省ですらないことが異常！
羽毛田長官の忠誠心・男気だけに頼つていていい話ではない。これは現憲法下でも可能な話なのだ。
小沢一郎・鳩山由紀夫は天皇を「政治利用」した。
しかもこれが日本の国益のための「政治利用」だつたのかというと、それも怪しい。習近平はたかが中国共産党のナンバー6である。
「次期国家主席」と盛んに宣伝しているが、それは2012年の胡錦濤引退まで権力闘争に勝ち抜けばの話であり、土壇場で逆転することなど中国では珍しくない。

もう一度言う。宮内庁が内閣府の一機関に過ぎないのはおかしい！制度的に限界がある中で羽毛田長官はよく頑張った！えらい！どうか天皇訪韓でまた政治利用を狙っている小沢から陛下を守ってください！
習近平が強引に天皇と会見したのは、これで箔をつけて、ライバルの李克強《りこくきょう》に差をつけるためだ。
小沢一郎は、こともあろうに、天皇陛下を中国共産党内の権力闘争のために「政治利用」したのだ！
しかもこれが総勢600名超の小沢訪中団のうち、143名の民主党議員に対する胡錦濤国家主席との「握手＆ツーショット写真撮影」の見返りだったのだから、まったく開いた口がふさがらない。
小沢は自らの権力を誇示するためだけに、天皇を「政治利用」したのだ！
つまり今回の事件は、習近平と小沢一郎の権力という「私益」のために、天皇が「政治利用」されたのだ！
個人の権力維持のために天皇が「私物化」されたという近代日本史上、前代未聞の不祥事なのである！
ごーまんかましてよかですか？
わしは歴史を知り、「国民」になったために、畏れ多くて陛下の御前に出ることもためらう。
しかし歴史を知らない「ヒト」は「畏れ」など感じない。天皇を「私物化」して、権力欲のためだけに利用するのだ。
狂暴な「ヒト」小沢一郎が、次は「天皇訪韓」を狙っているぞ！
絶対に阻止せよ！

第8章 特別対談 小林よしのり×高森明勅

世界に誇るべき天皇という存在

この国にとって天皇とはいかなる存在か、それは世界の君主とどう違うのか。出発点となった『天皇論』、そして本書に監修者として携わった高森明勅氏とともに、天皇の本質に踏み込む。

高森明勅プロフィール●たかもり・あきのり　昭和32年生まれ。日本文化総合研究所代表。國學院大學卒業。同大学院文学研究科博士課程修了。神道学・日本古代史専攻。現在、國學院大學、麗澤大学講師を兼任。著書に『日本の可能性』『歴代天皇事典』『天皇から読みとく日本』など。

国民主権の発想では皇室の本質は理解できない

高森　これまで天皇に関する本は、多くが「初めに結論ありき」でした。「天皇は嫌いだ」あるいは「天皇はすばらしい」という結論に寄りかかった予定調和の言説が大半だったんです。しかし小林さんは『天皇論』で、結論を一先ず留保して、説得力のある根拠を求めながら議論を組み立てました。もう一つ、これまでは天皇という深い森の手前で佇《たたず》んで、その本質に触れない議論が一般的だった。鬱蒼《うっそう》たる森の奥に踏み込む議論もありましたが、その場合、外で佇んでいる人間との通路が見えてこない。しかし『天皇論』では、森の奥深くまで踏み込みながら、いったん外の地点に立ち戻り、また奥深く踏み込んでいくという往復運動がなされている。そのダイナミズムが、この本の魅力だと感じました。

小林　「新しい歴史教科書をつくる会」に関わっていた頃、その運動が「天皇なきナショナリズム」だと非難されたんですよね。『戦争論』も「天皇に対する考え方が入っていない」と言われたけど、当時は描ける自信がなかった。自分に引きつけられないと漫画にならないからです。それ以来、天皇が自分にどう関わるのかを考え続けた。だから読者も、わしの視点で読めると思う。昔は「君が代」さえ歌わなかったわしと寄り添って読み進むうちに、モヤモヤとしていた感覚が次々に片付けられていくんじゃないかな。

高森　戦後は、保守系の知識人でさえ、反天皇あるいは非天皇的なムードを共有していたと思います。だから「皇室を敬愛すべし」といった言説は、「それでも知識人か」と白眼視されてしまった。

小林　「天皇陛下万歳！」なんて知的な行動じゃない、大衆に混じって一般参賀なんてバカバカしくて行けるかと思ってるんだよね。一粒の砂として、その中に混じれない。自分は彼らとは違う特権階級だと思っているわけ。だから、たとえば悠仁《ひさひと》親王殿下が誕生されても、「やった！」と心から喜ぶ感覚が湧き起こらない。そういう連中は、表向きは「保守」を名乗りながら、実は完全な戦後民主主義者なんだよ。雅子妃や皇太子殿下をバッシングして「秋篠宮《あきしののみや》のほうがいい」とか主張してる奴らもそう。世論を扇動すれば皇位継承順位さえ変えられると思っている。まさに国民主権の発想だよね。

高森　天皇というテーマが遠ざけられてきたのは学校教育も同じ。今の学習指導要領でも、小中学校で天皇に関する基本知識を与え、敬愛の念を育てることになっていますが、それが機能していない。その結果、ふつうの市民が皇室について語っただけで「右翼だ」と言われるんです。

小林　あるいは、女性週刊誌的なミーハーだとバカにされてしまう。でも、わしは『天皇論』を描き始めてから女性週刊誌を見直したよ。しっかりとした情報が書いてあるから、尊敬した。知識人は「芸能人を見るようにしか皇室を見ていない」と批判するけど、これは軽視できないと思ったね。雅子妃や秋篠宮妃や美智子皇后の動向を気にする読者は、そこに何か大切なものを直観で見出していると思う。

高森　「皇室の芸能人化」と批判されますが、もともと芸能人は、かつて非日常的な祭りの場で神を体現していた存在が、近代社会になって零落《れいらく》し世俗化したもの。だから庶民は、潜在意識の中で、芸能人を通して俗を超越したものを見ている。それを本来の形で体現しているのが皇室です。構造的には、皇室が何段階も俗流化した亜流が芸能人であって、皇室が芸能人化したわけではありません。芸能人の場合、山口百恵の次は松田聖子、浜崎あゆみと庶民の好む対象が変わりますが、皇室の方々に対する国民の関心は変わらない。単に消費される商品にまで堕落した芸能人とは全く違う存在だと、庶民もわかっているんです。

小林　人生全てに関心を持ってるよね。それも、自分の人生と重ね合わせて関心が湧く。わしも「次の皇室の結婚はいつだ？　悠仁親王殿下がご成婚なさる時、わしは何歳だ？　一緒に喜べるのか？」とか思うよ(笑)。

日本人と皇室の間に英国のような契約はない

高森　知識人は皇室を受け止めるアンテナが壊れているけれど、国民は素直に受け止めているんです。日本世論調査会が昭和50（1975）年から実施している調査でも、天皇を広い意味で肯定・支持する国民の割合は、この30年間、90％前後を維持している。これは脅威的な数字です。占領下の国民たちも、行幸《ぎょうこう》される天皇陛下のお姿を見て、「この方を中心に頑張れば日本は大丈夫だ」という喜びを感じた。

小林　アメリカ人は、「この猫背の小男を国民の前に出せば、天皇の権威なんか吹っ飛ぶだろう」と考えたんだよね。だけど、天皇のありのままのお姿やお声に、国民はものすごい敬意を抱いた。わし、台湾の総統府で、当時総統だった陳水扁《ちんすいへん》に会うために立派な部屋で待たされたことがあるんだよ。かなり長く待たされて、「権威つけてやがるな」と思っていたら(笑)、やがて扉がパッと開いて、総統が颯爽《さっそう》と入ってきた。明らかにカリスマ性をアピールするパフォーマンスだけど、わしは冷や汗もかかない。これが天皇だったら、そうはいかないよ。演出やパフォーマンスなんかなしでも、こっちは、ひと言も喋れないくらい緊張する。そこまでの権威を感じさせるのは、世界の中でも日本の天皇しかいないよ。どこの大統領が来ようが、「こいつの人気なんか、どうせすぐに落ちる」と思っちゃう。

高森　韓国の大統領なんか、任期を終えた後は惨めなもんですからね。

小林　多くの国は、「アンチ絶対王制」で国民主権になった。王様を断頭台にかけて民衆が主権を奪い取るのが国民主権の本質だから、上の人間を引きずり下ろすのは当たり前。だからこそ、ブッシュ時代にあれだけ戦争を支持しながら、こんどはオバマを熱狂的に支持するアメリカ人みたいに、驚くほど激変するわけだ。国民主権による民主主義には、安定した権威というものが一切ないんだよ。

高森　イギリス王室にしても、もともと征服王朝です。英語も喋れないフランス系の人間が来て支配した。だから、社会に溶け込むために、国民にアピールしなければならないわけです。

小林　イギリスは国民と王室の関係が契約で成り立ってるけど、日本人と皇室のあいだに契約はない。でも、皇室を絶対王制の残滓《ざんし》だと思っている人は多いだろうね。

高森　支配者と国民の関係は、大きく分けて二つの形があります。権力者の私有財産みたいな形で国土と国民が存在する国と、国民がその独裁権力を打倒した国。前者が北朝鮮や中国などで、後者はいわゆる民主主義国家ですね。ところが日本の場合、どちらとも違う。国民が権威としてその存在を求めたからこそ、天皇の地位がずっと存続してきた。「日本の天皇も打倒すべき権力者だ」という人々は、そういう質的な違いを見ていないんです。

「天皇なきナショナリズム」にはブレーキがない

小林　戦前に天皇制ファシズムが成立していたかのごとく考える連中は、「だから軍が暴走した」と言うけど、実のところ、昭和天皇はずっと平和主義。昭和天皇がいなかったら、もっと軍国主義的な全体主義になっていたはずだよ。つまり昭和天皇はファシズムの防波堤になっていた。それを今の知識人は全く逆に考えている。

高森　当時は、日本を戦争に追い込むような国際情勢が一方にあって、それが国内を軍国化させました。しかし「天皇がいたから軍国化した」と主張する人たちは、外的な状況を見ずに、日本が勝手に内部だけで軍国主義化したと錯覚している。実際は、そういう客観状況の中で、過剰な軍国化を食い止めたのが天皇ですよ。逆にいえば、「天皇なきナショナリズム」にはブレーキがない。ナショナリズムは近代国家に不可欠ですが、度を過ぎれば毒にもなるんですね。その解毒作用が、日本の天皇にはある。終戦の聖断《せいだん》の際、そこに躊躇《ちゅうちょ》や逡巡《しゅんじゅん》があれば、「天皇の大御心は戦争継続にある」という流れが生じたはずですが、昭和天皇はあくまでも国民の命を救うのが一番大事で、自分はどうなってもいいと仰った。それも1300年も前の白村江の戦い[*1](663年)を想起されながら、「日本にはあの敗戦から立ち直った歴史があるのだから、もう一度、立ち直ればいい」と終戦をご決断されたんです。まさに日本の歴史を貫く象徴だと感じますね。

小林　そういう天皇に対する興味と理解を深めることで、国民が日本の歴史そのものを縦横に眺めながら将来を考えられればいいんだけどね。

「遣唐使の苦労をしのびたい」発言の驚き

高森　今上《きんじょう》陛下も、そのへんの政治家や思想家をはるかに超えた歴史感覚をお持ちです。私がそれに感じ入ったのは、平成4年のご訪中の時。天皇はシナに対する尊厳を象徴するお立場ですから、一歩間違えれば、それまでの歴史をご破算にしかねない。ところが、天皇はご訪中が決まった際、記者団に感想を聞かれて、「遣唐使の苦労をしのびたい」旨のお答えをされました。これには驚きましたよ。マスコミも識者も先の戦争に関するお言葉がどうなるかしか考えていなかった時ですからね。遣唐使たちは天皇の命令で海を渡ったのだから、まずはその労をねぎらうのが自分の役割だというご発想です。

小林　完全な歴史存在だよね。歴史そのものを、自分の存在の中に全部蓄積している。

高森　楊尚昆《ようしょうこん》国家主席が主催する晩餐会でも、冊封時代[*2]をすっ飛ばして、日中の歴史を遣隋使から語り起こされました。しかも「今世紀に入ってからは、貴国の有為の青年が数多く我が国を訪れるようになり、人的交流を含む相互の交流は一層活発なものとなりました」とも仰っています。「遣隋使の頃は勉強させてもらったけど、日清戦争以降はそちらが日本を手本にした」ということ(笑)。それを自然な形で堂々と仰ったわけです。

小林　天皇は決して、当たり障りのない言葉だけ選んで話しているわけじゃない。そのお言葉は、常に抜かりなく計算され尽くしている。

高森　ご訪中の翌年のお歌会始めで、天皇陛下は「外国(とつくに)の旅より帰る日の本の空赤くして富士の峯立つ」と詠まれました。日本への誇りを前面に出し、中国の「中」も出てこない。また、皇后陛下は「とつくにの旅いまし果て夕映ゆるふるさとの空に向ひてかへる」と詠まれました。天皇陛下は「日の本」、皇后陛下は「ふるさと」と、まさにパトリオティズムと健全なナショナリズムが融合したようなお歌で、ご訪中を総括されたわけです。やはり両陛下とも、ご心境の高さは尋常ではないですね。

稲作や祭祀を重視する今上陛下の決意

高森　小林さんは『天皇論』で、今上陛下をクローズアップされました。これまで天皇に関する議論は「昭和天皇論」で留まるものがほとんどで、今上陛下への視点が大きく欠落していたんです。

小林　わし、皇室に興味がなかった頃から皇后陛下への尊敬はすごくあったんだけど、今上陛下のことはよくわからなかったんだよ。でも勉強するうちに、今上陛下の祭祀に対する厳格さや、昭和天皇の時代に起きた戦争の決着をご自分でつけようとされる覚悟を知って、これは並大抵の決意や熱意ではないとわかった。今は平時だから突出して見えないだけで、戦時中なら昭和天皇と変わらない強烈な存在感があったはずだよね。

高森　昭和は激動の時代でした。戦争に突入し、占領下に置かれるという未曾有《みぞう》の出来事を経て、世界第2の経済大国にまで復興するというドラマティックな時代を支えてこられたのが昭和天皇です。しかもご在位は60年以上。その後ですから、今上陛下の存在感がやや希薄になるのも無理はありません。しかし、たとえば昭和天皇は国民が稲作から離れていく時代に初めてお田植え、稲刈りを始められましたが、今上陛下は、それをさらに籾蒔《もみま》きから始められた。宮中祭祀も先帝に劣らずご熱心です。日本がグローバリズムの大波に呑み込まれようとしている中で、伝統的な祭祀を大事にしておられる。また、お手元で親王や内親王をお育てになったのは今上陛下が初めて。大正天皇も昭和天皇も望みながらできなかったことです。よほど強固な両陛下のご意志がないと実現できません。それ以前に、民間出身の美智子妃殿下を選ばれること自体にも一部に強い反対があったわけですが。

小林　受け継ぐべき伝統と変えるべき因習をどう線引きし、変わっていく時代の中で何を残すべきか。それを本当に真面目に考えておられる。

高森　皇室を敬愛する人たちは往々にして伝統を固定的にとらえ、そこから一ミリも動いてはいけないと考えがち。でも、そんな硬直した皇室ならとっくに途絶えていたでしょう。守るべきは守り、変えるべきは大胆に変えてきたからこそ、皇室は長く存続した。化石的な伝統観は、実は非常に危険な考え方なんです。

小林　世の中では家族の形も変化するから、それこそ皇室の結婚や子育ても変わって当然でしょう。ただし、わしは皇室が国民のライフスタイルの象徴である必要はないと思う。たとえば『AERA』なんか、いつも「雅子妃は男女雇用機会均等法時代の代表選手だ」「働くことが女性の自己実現につながるのに、なぜ自由に働かせないんだ」みたいなことばかり書く。もう、自己実現のためにキャリアウーマンを目指すような贅沢が許されないような時代になってるのに、まだそんなことを言うんだ。しかもその価値観を皇室に強要する。皇室が国民のライフスタイルを意識して変わるべきだという言説は、マスコミが作った嘘だよ。

高森　今のマスコミや左翼勢力は、そうやって皇室を利用しますからね。例の「富田メモ」[*3]のとき、「右翼や保守派は天皇の大御心に背いている！」と左翼が大騒ぎしたように、ある種の逆転現象が起きている。「昭和天皇も今上陛下も平和主義者だ。戦争を導く九条改正に賛成する右翼は大御心をわきまえろ」というわけです（笑）。

小林　奇妙な話だよね。天皇のお言葉を聞いて「どうやら皇室は平和愛好家のようだ」と気づいた左翼の側が、ならばむしろ自分たちが天皇主義者になったほうが、戦争好きな小林よしのりや「つくる会」を食い止められると考えた。その程度の感覚だよ。

三種の神器はある意味天皇の命よりも重要

高森　そんな流れがあるから、たとえば宮中祭祀に関する議論がリベラルの側から出てきたりもするわけです。天皇の負担を軽減するために宮中祭祀を廃止しろと。原武史氏については『天皇論』で徹底的に批判されましたが。

小林　原武史は、敗戦を決意した時に昭和天皇が最後まで固執したのは三種の神器を死守することで、国民の生命は二の次だったと書いている。だけど『昭和天皇独白録』を読んだら、全く違うんだ。まず「第一に、このままでは日本民族は亡《ほろ》びて終《しま》ふ、私は赤子《せきし》を保護することが出来ない」とおっしゃって、その次に三種の神器に言及されている。ところが原武史はわざわざその前段を省いて、「国民の命よりも三種の神器だった」と嘘を書いたわけ。もちろん三種の神器は、消失したら日本が終わるくらい大切なものだから軽視してはいけない。昭和天皇が崩御されたとき、その3時間半後に「承継《しょうけい》の儀」が行なわれたように、ある意味で天皇の命よりも重要。だから、悲しみの淵に沈んでいるはずの今上陛下がただちに継承しなければいけなかった。

高森　父親を亡くしたのですから、静かに悲しみと向き合う時間がほしいという私情は当然おありだったと思います。しかし公の要請にしたがって、天皇の地位を受け継がなければいけない。あの「承継の儀」は、天皇における「公の優先」が明確に示された場面だと思いますね。

小林　そういう三種の神器の重要性が、原には全くわかっていない。

高森　その三種の神器ですが、皇居に本体があるのは「玉」だけで、「鏡」は伊勢神宮、「剣」は熱田神宮に本体がありますよね。どちらも大和朝廷の本来の勢力基盤ではない土地ですから、ふつうはそんなところに預けません。それらを在地の勢力に横取りされたら一大事ですから。ところが、文献と考古資料から考えて、九州から大和にやって来た朝廷は、東日本を含めた列島全体の統治を視野に入れて、東との接点である伊勢と熱田に神器を預けた。力の論理で支配するのとは違う、ある種の信頼による統治の原理が日本にはあるわけです。

「天皇条項をなくせ」左翼からの改憲論が浮上

小林　だからこそ、「一君万民」の思想も成り立つんだろうね。ところが、たとえば田原総一朗に言わせると、一君万民は階級社会の象徴だという話になる。NHKの「JAPANデビュー　天皇と憲法」も、天皇による「統治」を歪曲して伝えていた。明治憲法の「天皇之ヲ統治ス」は、井上毅《こわし》の草案では「之ヲ治《しら》ス所ナリ」となっていて、「シラス」は「公平に治める」という意味だよね。ところが番組は、井上が『古事記』に基づいてこの文言を作ったことまで紹介しているのに、なぜか「統治ス」が天皇絶対主義に結びついたかのような話にしてしまうんだよ。

高森　「明治憲法＝天皇絶対主義」という古い学説は完全に学界で否定されていて、だからあの番組でもそれは採用してないんです。ただし「昭和期に国体論が暴走して天皇絶対主義に変質した」という狡猾《こうかつ》な理屈をこねる。「天皇絶対主義が戦争への道を切り開いた」という従来からの結論は変えないわけです。

小林　さらに立花隆なんかが出てきて「現行憲法にも天皇条項があり、また天皇の権限が拡がる可能性がある」と、日本を戦争に向かわせるパンドラの箱だみたいなことを暗示する。

高森　番組の最後に登場する3人とも、異口同音に「このまま天皇が存在していいのか」といったコメントをしました。これは、左翼側からの改憲論ですよ。今まで「九条を守れ」と主張していた人たちが、「第一章の天皇条項をなくすべきだ」と言わんばかりの議論を仕掛けている。読売新聞の改憲案も、天皇条項を第二章に持っていく内容でした。国民主権の憲法なのに天皇条項が冒頭にあるのはおかしい、と言いたいわけです。これは、現行憲法の精神をより徹底する形で改正しようという話にすぎません。

日本の元首を聞かれて「天皇」と答えない国はない

小林　その国民主権に対する勘違いを正しておかないと、これから先、改憲論議がおかしな方向に進みかねない。主権は国民でも天皇でもなく、法人としての「国」にあるべきなんだからね。ところが「国民主権こそ正しい」という思い込みはあまりにも強いから、ちょっと否定的なことを漫画の欄外に書いただけで、「小林よしのりは民主主義を否定した！」とヒステリックに反応する奴が多い。だから、これについては『天皇論』を通じてきちんと左翼に教えてやるしかないと思っていたんだ。

高森　朝日新聞あたりが、よく「天皇の国家元首化反対」と言うのも、国民主権に反すると考えるからでしょう。しかし現実には、「元首化」も何も、すでに天皇は日本国の元首です。世界中の国々に「日本の国家元首は誰ですか」と質問して、「天皇」と答えない国はありません。日本人だけがそれを知らない。

小林　異常だよね。

高森　たとえば占領当局が用意した憲法草案では、天皇を「エンペラー」としていた。これは最高君主のことですから、まさか天皇が国家元首ではないなんて、GHQだって思ってませんよ（笑）。日本では「行政権をダイレクトに握っているのが元首」という古い考え方にとらわれてる人が多いのですが、21世紀の元首観はそうではありません。むしろ、ダイレクトに行政権を持たないほうが国家の尊厳を代表する元首にふさわしいと考えます。米国大統領は例外的な存在で、むしろ大統領が直接の行政権を持たないのが一般的。それを握っていたら、たとえば「消えた年金」のような問題にしても、天皇が責任を問われることになりかねません。これでは元首の威厳が保てない。その意味で、新しい国家元首像を先取りしていたのが日本の天皇陛下とも言えます。

小林　外国は大使や公使の信任状を天皇に宛てて書いているわけで、事実上、元首と認めている。それなのに日本人が元首だと思っていない。このおかしな状態を解消するには、憲法に明記したほうがいいと思うね。

高森　それは自衛隊も同じで、外国から見れば明らかに軍隊です。軍隊でもないのにあんな組織があったら「じゃあ、こいつらはゲリラなのか？」と言われますよ（笑）。正規軍でもないのにあれだけ重武装していたら不気味です。ところが国内では「決して軍隊ではない」と言う。天皇のことも、対外的には国家元首なのに、国内では「単なる象徴に過ぎない」と訳のわからないことを言うわけです。いい加減、こういう二枚舌をやめないと、日本はいつまで経ってもまともな国になれない。

（註）

＊1―朝鮮半島の白村江で行なわれた、日本・百済連合軍と唐・新羅連合軍との戦い。唐・新羅連合軍の勝利に終わった。

＊2―中国の皇帝が周辺国の君主を王に任じ属国化するのが冊封。『天皇論』では、日本は聖徳太子の遣隋使によって冊封体制から完全に脱却したと述べられている。

＊3―昭和天皇の側近で宮内庁長官だった故・富田朝彦氏がつけていたメモで、06年、日経新聞によって内容が明らかにされた。昭和天皇がいわゆるA級戦犯の靖国神社合祀に不快感を示していたとされる記述が注目を集めた。

ゴーマニズム宣言 SPECIAL

第9章 皇室に嫁ぐということ

人々が憧れる光を放つ存在は、同時に嫉妬や羨望の対象となり、必ずバッシングされる。
美空ひばりも松田聖子もマイケル・ジャクソンもそうだったが、それを乗り越えた時、人々は手のひらを返して「畏怖《いふ》」の念を抱く。
自分がバッシングしたことも忘れて、手放しで賛美するようになる。
人々は輝ける存在が不断に自分を抑制し、努力していることに気づかない。
身勝手なものだ。
皇后さまは民間から皇室に入る時に、ものすごいバッシングを受けた。
お妃は旧皇族から選ぶべきだ！
粉屋の娘が皇室を汚すのか！
あの日、民間から私を受け容れた皇室と……
私もそこに生を得た庶民の歴史に傷を残してはならないと……
庶民…つまり国民と皇室をつなぐ架け橋として当時の美智子さまは皇室に入られた。
最初は頑なに拒んでいた美智子さまが決心されたのは、当時の皇太子殿下の優しさや、一途な愛の告白ゆえではなかったようだ。
お二人が電話で話している最中に、皇太子さまは一度も自分の立場への苦情を口になさらず、
常に皇太子としての「公」務を、恋愛という「私」情に優先なさっていた。そこに美智子さまは尊敬の念を抱かれたのだ。
てのひらに
君のせましし
桑の実の
その一粒に
重みのありて
やがて天皇になる自分の使命を自覚なさっている皇太子さま、
いただいた桑の実の一粒にも、その重みを実感されている美智子さま…
お二人はその後、天皇皇后両陛下として、国民のために祈り、国民のために務め、祖国のために散った御霊《みたま》を鎮《しず》める旅を続けられる。
そんな皇后さまに、またしても事実無根のバッシングを仕掛けたマスコミがあった。
そしてとうとう皇后さまは失語症になってしまわれた。

うつつにし
言葉の出でず
仰ぎたる
この望《もち》の月
思ふ日あらむ
失語症になって、悲しみの中で仰ぎ見るこの望月を、いつか完治して思い出す日が来ますように…
今は皇太子妃・雅子さまが何度も心ないバッシングにさらされている。
なかなか世継ぎができない時も…
愛子さまの誕生後はご病気で公務が万全にはできないという理由で…。
自由自在に子供が産まれないのも、環境に適応できずに病気になるのも、はっきり言って雅子さまのせいではない！
人は明日、どんな病気になるかわからないものだ。
皇室に入るということは、国民ではなくなるということだ。
正田や小和田のような「苗字」を失ってしまう。
皇室には「国民の権利や自由」がない。
参政権も社会保障もない。職業選択の自由も、婚姻の自由も、居住地選択の自由も、表現の自由もない。
覚悟して皇室に入っても適応障害が出るのはむしろ自然と考えてもよい。
愛子さまという女帝になる可能性を秘めた御子を産んでくれたことである。
現状では悠仁さまが皇位継承者だが、男子しか天皇になれない今のままの皇室典範では、後々、皇統は途絶えてしまう。
皇室典範の改正を急がねばならない。
その時、女帝容認になったら、直系の愛子さまが天皇になる可能性はまだあるのだ。
我々ができることは祈ることだろう。静かに気長に回復を祈ることだ。
天皇陛下と皇族の方々が「民、安かれ」と祈ってくださっているのだから、我々も祈りの力を信じる他ない。
我々は雅子さまが成した偉大な功績に気づかねばならない。
それは何だろうか？
推古天皇や、斉明天皇や、持統天皇など、過去には8人10代の女性天皇がいらっしゃる。
そもそも皇室の皇祖神は、天照大神《あまてらすおおみかみ》だ。女性神なのである！
雅子さまは国民に重大な選択肢を与えてくださった。
女性天皇を認めるか？
わし・小林よしのりは認める。あなたはどうだろうか？

ゴーマニズム宣言
SPECIAL

第10章 女帝・女系継承は平城京で花開いた

平成22年8月、熱中症でばたばた倒れる人が出ている記録的猛暑の中、わしは奈良へ向かった。
「平城遷都《せんと》1300年祭」を、どうしても見ておきたかったのだ。
プオォォー…
近鉄奈良駅に着いた時…
自宅に帽子を忘れたっ！
しくじったな～～っ！
こうなんですよ、先生って。
小学校の遠足で必ずいましたよね、こういう子。
しかし担当の編集者が青ざめている。
どうかしました？中澤さん…

背広を新幹線の中に忘れましたっ！
え〜〜〜〜っ!?
事実である。担当・中澤氏は社会人であるにもかかわらず、新幹線の中に背広を忘れてきたのだ。わしの帽子は自宅に忘れたにすぎない。どちらがマヌケだろう？ 答えは火を見るより明らかではあるまいか？
へへっ…
中澤くん大丈夫？
ショック受けた？
かしこそ〜な顔してるのに背広を新幹線の中に忘れるなんて度がすぎる忘れ物だよね。
さすがにわしも、そこまでのドジはせんとくん！
や…やめなさい、先生っ！
だって、みなぼん、わしの帽子は自宅で待機中だけど、
中澤くんの背広は今頃広島あたりを移動中だよ。
早くどげんかせんとくん！
人の失敗を笑ったりせんとく———ん！
すぺ〜〜
それにしても、駅にも街にも至る所に「せんとくん」。仏さまに鹿の角というのはあまりにバチあたりで気色悪いのだが、案外人気があるらしいから人の感性はわからん。
平城遷都 1300年祭
交流広場
Welcome to NARA

奈良に到着して最初に向かったのは……
元明《げんめい》天皇のお墓に行ってください。
え？どこですか？
地元の運転手でも、すぐにはわからなかった。
タクシーの運転手をやって2年ほどだが、そこへ行く客は初めてだという。
平城京への遷都を行なったのは女帝・元明天皇である。
平城遷都1300年を祝っている最中のはずなのにその元明天皇のことを地元の人ですら知らず、その御陵《ごりょう》を訪れる人もいないとは、一体どういうことなのか？
元明天皇（母）と元正《げんしょう》天皇（娘）、2代続けての女帝（女性天皇）！
元明天皇
父は草壁皇子《くさかべのみこ》天皇ではない
母
娘
女系
元正天皇
母から娘への皇位の「女系継承」によってこの平城京はつくられたのだ！
元明天皇の奈保山東陵（なほやまのひがしのみささぎ）をお参り。

道路を挟んで隣にあるのが
元正天皇の奈《な》保《ほ》山《やまの》西《にしの》陵《みささぎ》。
元正天皇は
元明天皇の娘であり、
母娘2代の天皇
というのは、今のところ
これが唯一の例である。
奈良時代を含む、
日本の古代は女帝の時代だった。
天皇の血筋は「男系」が
一貫して尊重されたという
誤った説がある。
「男尊女卑」感情が
根底に流れる
「万世一系」ならぬ
「万世男系」説が、例えば
「愛子さまが天皇に
なられても、いいんじゃないの?」
というような素朴な
庶民感覚を封じている。
悠久の歴史
日本の皇統は
皇統は「万世男系」だったか?
もちろん、そんな事実は全くない。
さらにわしらは
女帝ゆかりの地を
求め、薬師寺へ。
薬師寺は女帝・持統《じとう》天皇が
藤原京に完成させ、
平城京遷都に伴って
この地に移された。
奈良時代を語るには、
その前史として
持統天皇について
語らなければならない。
持統天皇、
これがすごい女帝だったんだ!

天智《てんじ》天皇の没後、その後継を争って天智天皇の子・大友《おおとも》皇子と弟・大海人《おおあま》皇子が「壬申《じんしん》の乱」を戦い、大海人皇子が勝利して即位する。
天武《てんむ》天皇である。
その天武天皇の皇后・鸕野讚良《うののささら》皇女が後の持統天皇だ。
なお持統天皇は天智天皇の娘で、天武天皇と持統天皇は叔父と姪の関係。
古代の天皇に多い典型的な近親婚である。
天智天皇
娘
弟
叔父 姪
夫婦
天武天皇
持統天皇
ところで「壬申の乱」は、直系の子(大友皇子)が継ぐべきところを傍系の弟(大海人皇子)が簒奪《さんだつ》したように映りがちである。
そのためか、敗れた大友皇子は、明治になって「弘文《こうぶん》天皇」と追号され、第39代天皇とされている。
だが近年の研究では、もともと大友皇子に即位の可能性はなく、「壬申の乱」は疑心暗鬼が招いた悲劇だったという見方が有力だそうだ。
なぜ大友皇子は天智天皇の実子なのに即位の可能性がなかったというのか?
それは、母親が「采女(うねめ)」という下級女官の身分だったからだ!

皇統（天皇の血筋）は「男系絶対」だったと主張する人たちの中には、
「2600年の皇統においては、男系の〝種〟だけが重要で、女の〝畑〟は何でもよかった」
などという暴論を述べる例もある。
だが、古代の皇位継承では父親のみならず、
母親の血筋も重視されていた。
だから古代の天皇には近親婚が多かったのだ。
これくらいは古代史の基礎知識である。
実際、天智天皇は重病の床に伏した際、弟の大海人皇子の方を呼び、皇位を譲る旨を直接伝えていた。
だが、それを大海人皇子は固辞したのである。
天武天皇即位から9年目、
皇后・鸕野讃良《うののささら》皇女は
病に伏せる。
天武天皇は病の平癒《へいゆ》を祈願して薬師寺の建立を発願した。

オンコロコロセンダリマトウギソワカ…
オンコロコロコミックセンダマトワリックナ…
その甲斐あってか皇后は健康を回復するが、薬師寺の完成を見る前に、天武天皇の方が病死してしまう。
その時、天武天皇と皇后の息子である皇太子・草壁《くさかべ》皇子は25歳。
しかし天皇に権威と権力が集中し、政治の実力を必要とした当時は、少なくとも30歳を超えなければ即位できないという不文律があった。
そのため皇后・鸕野讃良皇女が「称制《しょうせい》」（即位せずに天皇の代行）を行なう。
こうして5年ほどつないで草壁皇子を即位させるはずだったわけだが、草壁皇子は28歳の若さで病死してしまう。
そこで鸕野讃良皇女は正式に即位する。
持統天皇、
時に46歳。
草壁皇子は天智天皇の娘である阿閇皇女《あへのひめみこ》と結婚していた。
二人は叔母と甥で、持統天皇は阿閇皇女の異母姉であり姑である。ややこしい！
天智天皇
兄
親
弟
子
天武天皇
持統天皇
親
子
姉
妹
草壁皇子
阿閇皇女

草壁皇子と阿閇皇女の間には一男二女があった。
そして唯一の男子である軽《かる》皇子（のちの文武《もんむ》天皇）はわずか7歳。
草壁皇子
阿閇皇女
軽皇子
そして、息子を皇位につけることが叶わなかった持統天皇は、今度は孫の軽皇子を皇位につけようと執念を燃やすのだ。
この経緯から男系論者は、持統天皇は天武天皇の子孫への「中継ぎ」に過ぎないと言うのだが、重要なことを無視している。
天武天皇には草壁皇子以外にも異腹の皇子が多数いたのである。
特に持統天皇の異母妹である大田《おおた》皇女が生んだ大津《おおつ》皇子は、草壁皇子よりも有能だった。
だが持統天皇は夫の天武天皇が崩御するや否や、大津皇子を謀反のかどで殺してしまう。
そして自ら称制、さらに即位することで、他の皇子が天皇になる芽を摘んだのである！
持統天皇は天武天皇の「男系」を繋ごうとしたのではない。
あくまでも自分の息子、あるいは自分の孫を天皇にするための「中継ぎ」を実行したのだ。
これはつまり「母系優先」と言っても過言ではない。

持統天皇の政治は天武天皇の
遺志を継ぐものだった。
その一つが飛鳥から
藤原京への遷都である。
「藤原京」の名は
日本書紀にはなく、
「新益京」（しんやくのみやこ）となっている。
その名が示すように、新たに
シナ風の条坊《じょうぼう》制を取り入れて
作られた日本初の計画都市である。
ここに薬師寺七堂伽藍《がらん》も完成。
天武天皇の建立発願から18年を経ていた。
薬師寺が完成する前年、
持統天皇は15歳になった孫・
軽皇子＝文武天皇に譲位。
自らは史上初の「太上《だいじょう》天皇」となり、
文武天皇との共同統治の体制を敷く。
15歳での即位は当時としては
異例中の異例、
祖母から孫への継承も
前例がなく、
天皇と太上天皇の共同統治も
前代未聞だった。
全ては持統天皇の執念の成果だが、
それも彼女に政治的な実力が
あったからこそ可能だったことだろう。
さらに文武天皇の子、
持統太上天皇のひ孫となる
首《おびと》皇子（のちの聖武《しょうむ》天皇）が
誕生。
天武系（というか持統系か）の
皇統の行く末がやっと安泰に
なったと安心したのか、
持統太上天皇は
その翌年に崩御する。

ところがそのわずか5年後、
文武天皇は25歳の若さで病死、
まだ7歳の首皇子が残される。
そして文武天皇の遺詔《いしょう》により
文武天皇の母、
阿閇《あへの》皇女《ひめみこ》が即位する。
それが
元明天皇である。
平城京遷都は、
文武天皇の代に計画が
始まったが、その死で中断、
元明天皇の詔《みことのり》によって
実現することになる。
藤原京はわずか16年で捨てられた
わけだが、その理由は、交通の便の問題、
風水の条件、藤原京への豪族の移住が
進まなかったこと、藤原京よりも
本格的に、唐の都・長安をモデルとした
都を造るためといった様々な要因の
複合と考えられるが、
そもそも飛鳥時代までは、
天皇は新たな宮で即位するのが
常識であり、天皇が代替わりしても
同じ宮都を使うこと自体、
藤原京で新たに試みられたこと
だったのである。
藤原京の主な寺院は
遷都に伴って平城京に移り、
薬師寺もこの地に移された。
その後、度重なる火災で
創建時代の建築は
東塔だけになったが、
昭和から平成にかけ、
写経勧進《かんじん》によって
壮麗な大伽藍が再建されている。

奈良取材2日目、さあついに、決死の覚悟で平城宮跡の遷都1300年祭会場に向かう！
記録的な猛暑の夏、この日も軽く35度超えだ！
ミィーーン
ミンミンミン
ミィィーーン
ジーワジワジワ
ジワジワジワ
わしは凍らせたスポーツ飲料をホテルのサービスでもらってきた。
ごくごくごく
ごくちゅーちゅー
こ…これはいい！
ズバーン
少しずつ溶けるから冷たい水分が補給できる！
これがあれば猛暑など全然恐くないぞーーーっ！
平城宮跡は縦横1キロの方形の東側に出っ張りがついた形をしており、面積は甲子園球場の約30倍。
甲子園球場が基準というのも関西ならではだが、とにかく広い！

現在は国の特別史跡に指定され、
今後は国営歴史公園として
整備されるらしいが、
それはまだ始まったばかりで、
今はだだっ広い空き地に
復元された「朱雀門《すざくもん》」と
「第一次大極殿《だいごくでん》」だけが
どか――んと建っている。

朱雀門から大極殿まで、
会場のルートを歩いていくと
1キロ近く。
その間、日射しを遮《さえぎ》るものは
何もない！

朱雀門
大極殿

よ――っしゃ！
ちんたら歩くのは
かったるい。
あの大極殿まで
走っていこうかァ！
わはははははは…

ごくごくごくごく！
僕はいやですよ走るなんて。
先生ぼん、スポーツ飲料をやたら気に入ってのぼせてしまってるのよ！
冷静になりなさい！
ちぇっ、だらしねぇんだから、つたく！
じゃ、一気に競歩で踏破しようぜ！
さあついてこい！
ふぇふぇふぇふぇふぇふぇふん
ごくごくごくごく…
ごくごくごくごく
ふんふんふんふん
ふんふんふんふんふん
ひい〜〜〜〜っ
はひいいい〜〜〜っ
やっと大極殿に到着。
なんか気持ちが悪くなってきた。

この大極殿には、工期9年間、
180億円の国費がかかっている。
朱雀門は5年間、36億円。
しかも正確な史料があるわけでも
ないので、この「復元」は推測の域を
出ない部分が多いらしい。
もし「1300年祭」の期間だけ、
映画セットのようなものを建てれば、
朱雀門と大極殿だけでなく、
平城宮まるごと再現することも
できたはずだ。
しかし本格的建築物を
建てることには、
昔の技術の伝承といった
意義もあるのだろう。
どうせなら、そういう意義を
きちんと説明できる人を
常駐させておいてほしかった。
中澤くん、その塀の向こうに道路が見えるけど、そこからタクシーで帰れないの？
無理ですね。また戻らなきゃならないみたいです。
ええ～～っ そりゃないだろ～～～っ

もう溶けてしまったし、これ〜〜〜っ。
わしら遭難したんじゃないの〜〜〜?
もう、涼《すず》みたいという思いだけで、じっくり見て回る気にもなれない。
また歩き出す覚悟をするのにえらく時間がかかってしまった。
素人目には、映画セットも本格的建築もわからんのだから、あと、せめて大極殿院の回廊ぐらいは復元して、日陰を歩いて行けるようにしてほしかった…
朱雀門も大極殿も、基壇《きだん》を設けた、朱塗りの柱と瓦《かわら》葺《ぶき》の唐風建築である。
外国使節の送迎や儀式などに使われ、国の威風を内外に示す目的があったのだろう。
だがその一方で、天皇の住居である内裏《だいり》は、白木の掘立柱に檜皮(ひわだ)葺という、日本の古式を残した建築様式で、規模もずっと小さかったという。
外周は新しい外来のものを取り入れながら、中核に近づけば近づくほど純粋な日本の個性が根強く守られていたわけだが、
この平城宮跡にその復元がされるのはいつのことだろうか?

「平城京歴史館」では、遣唐使船の復元展示やアニメなどの映像を使った展示を見学。
平城京歴史館

中でも「平城京VRシアター」の映像技術は大したものだった。
平城京は、平城宮を中央北寄りに置いた東西4キロ以上の広大な土地に、4万とも10万とも言われる人々が暮らした大都市だった。
その往時の平城京を歩いたり、空から眺めたりする感覚を5面のスクリーンで味わえるようになっている。

だがこの歴史館、見終えて
違和感を覚えた。
映像に登場する案内役は
遣唐使と「せんとくん」ばかり、
内容は都市開発の話ばかりで、
「誰がこの都を造らせたのか」
という視点がスッポリ
抜けている。
展示されている年表も、
いつがどの天皇の御代《みよ》なのかすら
よくわからない。
「天皇」の存在を
無意識のうちに
隠してないか？
平城京は自然発生的に
ひとりでに出来たと
いうのか？
それともあの
「せんとくん」が
作ったとでも言うのか⁉
極めつけは「VRシアター」の
映像中、大極殿の内部を上がり、
天皇の玉座である高御座《たかみくら》を
映しながら、
その中にいる
人物を映さず、
不自然に画面を
切り替えていた。
その玉座に就く
女帝の姿を映さないのは
不自然ではないか？
幸い、10月8日に今上天皇・皇后両陛下が、
この記念事業の式典に出席されたから、
「天皇なき遷都1300年祭」になるのは
かろうじて避けられたが、
現地の内実は高御座に
女帝・元明天皇の姿が
なかったことを始めとして、
歴史的な天皇の実在性が
見えてこない祭りだった。
平城京歴史館

元明天皇は8年の在位の後、
娘の氷《ひ》高《たか》内親王に譲位する。
元正天皇《げんしょう》である。
元明天皇
元正天皇
（氷高内親王）
元正天皇は、亡き文武天皇の姉。
息子→母→娘と皇位が
移ったわけだが、
注目すべきは即位前の
「内親王」という称号である。
文武天皇
元明天皇
元正天皇
氷高の父は草壁皇子であり、
天皇ではない。
男系で位置づけければ
「内親王」ではなく、
「女王」になるはずだ。
草壁皇子
氷高内親王
女王
これは、古代の皇位継承の
制度を定めた「養老継嗣令《ようろうけいしりょう》」の
「天皇の兄弟、皇子は、
みな親王とすること、
女帝の子もまた同じ」
という規定が生きており、
「女帝の子」として
「内親王」となった
実例である！
草壁皇子
元明天皇
氷高内親王
その上で、母の女帝から
譲位されて即位したのだから、
これはまさに
「女系継承」以外の
なにものでもない!!

元正天皇は生涯独身だった。
「中継ぎ天皇として即位することを期待されていたため」とする意見が多いが、確証はない。
そもそも「継嗣令」の「女帝の子もまた同じ」という規定は、「女帝として在位中に産んだ子」も含むとしか解釈できない。
女帝は独身でなければならないという決まりがあったのなら、こんな規定を作るはずがないのである。
元明天皇は太上天皇として元正天皇と共同統治を行ない、元明・元正2代の政治はほぼ一体である。
そして、大宝・養老律令の編纂を始め、事業推進に欠かせない存在だったのが藤原鎌足《ふじわらのかまたり》の子、不比等《ふひと》だった。
藤原不比等
文武天皇の夫人で首《おびと》皇子の母は藤原不比等の娘・宮子。
そして、成長して皇太子となった首皇子の妃となったのも、異母妹の光明子《こうみょうし》である。
不比等
娘
宮子
文武
異母妹
夫婦
光明子
首皇子
元正天皇は9年間在位して、首皇子へ譲位する。
元正天皇
聖武《しょうむ》天皇である。
聖武天皇（首皇子）

ここまで何度も「皇位継承は一貫して男系を尊重してきた」などという話は、全くのウソだという実例を挙げてきたが、
この元正天皇からの譲位の場面でも、決定的な事実が指摘されている。
女帝の世紀
（仁藤敦史著『女帝の世紀』）
元正天皇は譲位の宣命《せんみょう》で聖武天皇を『ワガコ』と呼び、
聖武天皇は即位の宣命で元正天皇を『ミオヤ』と呼んでいるのだ！
元正天皇
聖武天皇
元正天皇と聖武天皇は伯母と甥の関係であり、聖武天皇の実母は藤原宮子である。
ところが即位の際の宣命では「母子」の関係を強調し、母から子に譲位したことになっている！
古代においては、実際の血縁では親子でなくても、皇位を始め、地位継承の系譜上では親子とみなすということが行なわれていた。
その際に重視されていたのは、
擬制を含む直系の親子関係である！

聖武天皇は3代前の男帝・文武天皇の実子であるにもかかわらず、先代の女帝・元正天皇の子という擬制によって即位した。
文武天皇
聖武天皇
古代の皇位継承では、実際の血縁が男系であっても、女系継承とみなした実例まであったのだ!!
わしらは東大寺へやってきた。
うわっケモノくさっ!
うじゃうじゃシカがいて、道がシカのフンだらけ。
至る所でシカせんべいを狙って突進してくるシカから、観光客が逃げ惑っている。
おあ～
東大寺、そして大仏が聖武天皇の詔《みことのり》で作られたことは、よく知られている。
しかし、聖武天皇には仏教振興以外に目立った業績はなく、相次ぐ政争の中で翻弄《ほんろう》されていたような印象だ。

藤原不比等の死後、
実権は4人の息子が
握った。
聖武天皇と光明子の間には
娘・阿倍《あべ》内親王（のちの孝謙《こうけん》天皇）
がいた。
光明子
聖武
藤原氏は天皇の外戚《がいせき》になるため
男子の誕生を期待したが、
光明子はその後なかなか子に恵まれず、
9年後に待望の男子を出産。
するとその子は生後1か月で
皇太子に立てられた。
この時代としては前代未聞の異例で、
明らかに藤原氏のごり押しだろう。
だがこの子は生後1年ほどで
死んでしまい、
一方でほぼ同時期に、
聖武天皇と別の夫人との間に、
安積《あさか》親王が誕生する。
そこで再び前代未聞の
事態が起こされる。
光明子が「皇后」に立てられた
のである。
それまで「皇后」の位に就けるのは
皇族だけであり、
それ以外の者は天皇と結婚しても
「妃」や「夫人」などの位だった。
光明皇后
そこをかなり強引な
理屈をつけて
光明子を皇后として、
「安積親王が皇位を継ぐことを
阻もうとしたのである。
このようなやり方に
天武天皇の孫・長屋王《ながやおう》は
反発を強めるが、
藤原の四兄弟は策略で
長屋王を自害に追い込む。

だがその四兄弟も、平城京に大流行した天然痘のために全員死亡。
藤原氏は一時政界から排除される。
そしてまたも異例の事態が起こる。
聖武天皇と光明皇后の娘、阿倍内親王が、史上初の「女性皇太子」に立てられたのである！
聖武天皇
光明皇后
これも、安積親王に皇位を渡さないための藤原氏の策略と見られがちだが、実際に阿倍内親王が皇太子に立てられたのは、藤原四子が全員病死し、藤原氏が失脚した翌年である。
これは聖武天皇自身の意思であり、男女の別よりも嫡系を選んだのだ。
これも古代の皇位継承に男女の差がさほど意識されていなかった実例といえよう。
ただし聖武天皇には安積親王を排除するつもりはなく、阿倍内親王の次に安積親王に継がせる構想だったらしい。
だが安積親王は17歳で死んでしまう。

この時期、聖武天皇は突然、平城京を捨て、わずか5年の間に恭仁《くに》、難波、紫香楽《しがらき》と転々、遷都を繰り返す。
その間元正太上天皇が国家の維持に努めたという。
そしてそんな混乱に乗じ、藤原仲麻呂が叔母の光明皇后の力添えで台頭、
藤原氏が復活を開始する。
この頃、疫病や災害が頻発。
聖武天皇は新たに作る紫香楽宮に金銅の大仏を建立して国家の安泰と民衆の幸福を祈る構想を立てるが、
紫香楽宮の建設が頓挫《とんざ》して平城京に還ることになったため、大仏も白紙となる。
しかし聖武天皇は諦めず、平城京の近くに大仏を造立する計画を再開する。
聖武天皇が行なった仏教興隆の政策には、光明皇后が助言をしていた。
というより、気弱で指導力に欠ける聖武天皇に代わり、主導権を握って推進していたようだ。
光明皇后は仏教の慈悲の心に基づき、医療施設の「施薬院《せやくいん》」と貧民・孤児の収容施設「悲田院《ひでんいん》」を建て、慈善事業を行なった。
施薬院、悲田院は大仏造立の工事にも関わっている。

わしらは聖武天皇の
佐《さ》保《ほ》山《やまの》南陵《みなみのみささぎ》、
光明皇后の
東陵もお参りした。
大仏造立開始から6年目の年、盛大な開眼供養が行なわれた。
すでに聖武天皇は皇位を娘の阿倍内親王＝孝謙天皇に譲っていた。
一方で光明皇后は、より政治への関与を強めていた。

この時、まだ大仏は完全には完成していなかったが、それでも開眼会が行なわれた理由は、聖武太上天皇の健康が思わしくなかったためという説と、仏教伝来200年の節目の年に合わせたためという説がある。
開眼会は聖武太上天皇、光明皇后、孝謙天皇が居並ぶ中、歌舞音曲に彩られ、僧1万人という空前の規模で行なわれた。
しかしこれで国が安泰となったわけではなく、血なまぐさい政争が続いた。
聖武太上天皇の没後、藤原仲麻呂は叔母の光明皇太后の後ろ盾で実権を握り、孝謙天皇に譲位を勧め、**淳仁《じゅんにん》天皇**を推戴《すいたい》する。
しかし栄華もつかの間、光明皇太后が没すると藤原仲麻呂と孝謙太上天皇との対立が表面化して……
仲麻呂は兵を挙げるが敗れて斬首される。

そして孝謙太上天皇は
淳仁天皇を廃して
重祚《ちょうそ》する。
称徳《しょうとく》天皇である。
だがその後も
道鏡の存在などを巡って
奈良の都は揺れ続けた。
古代女帝の歴史は
孝謙の重祚・称徳天皇で
終わりを告げ、
平城京も784年、
桓武《かんむ》天皇の長岡京への遷都で
都としての歴史を終える。
聖武天皇の仏教優遇政策のために
寺院の私有地が膨張して
土地がなくなるなど、
寺院の影響力が大きくなりすぎた
ことが主な原因と言われる。
実際、藤原京から平城京へは
主な寺院全てが移転したのに対し、
平城京から平安京へ移転した
寺院は一つもない。
平城京の歴史は、
聖武天皇の5年間の放浪
のような遷都を挟んで、
前半30年、後半40年に
すぎない。
まだこの時代は
天皇が代替わりしても
同じ宮都を使うという感覚が
十分定着していなかった
ためでもある。

とはいえ寺院が全て
この地に取り残されたことが
かえって幸いし、
たった70年間の都だったにも
かかわらず、
「遷都1300年」を祝うような
歴史を誇れる場所に
なったわけである。
平城遷都
1300年祭

それにしても、この時代の
男帝はみんな病弱で、
強い指導力を発揮した
様子は見られない。
すべては女帝や
光明皇后が
動かしていたと言って
過言ではないほどだ。

ごーまんかまして
よかですか?
日本は古代において、
偉大なる女帝の歴史を
持つ国である。
「女系継承」も
堂々と行なわれている。
それにしては
現在の皇位継承資格は、
「男系の男子」に限っており、
「史上最狭」の狭さになっている。
これではいつか
皇統は絶えてしまう
のではないか?

ゴーマニズム宣言
SPECIAL

第11章 皇室典範改正は急がねばならない！

宮内庁の羽毛田信吾長官は平成21年9月10日の定例記者会見で、新政権発足について次のように述べた。
皇位継承の問題があることを伝え、対処していただく必要があると申し上げたい。皇室が安定的に続くかどうかという問題が存在するという意識は、政権が代わっても変わらず持っている。
安定した皇位継承のため、皇室典範改正を新政権に要請する意向を表明したのである。
この発言に、「皇統・男系派」の論客・八木秀次氏が『正論』09年11月号で宮内庁陰謀説を唱えている。
宮内庁長官の発言は普通には天皇陛下のご意向を受けてのことだと思われているが、私なりのルートで確かめたところによれば、必ずしもそういうわけではない。事務方は場合によっては手段を選ばず「大御心《おおみこころ》」を捏造するのである。

わしはこのような確実な根拠を示さず書かれた説を信用しない。
思わせぶりに「私なりのルートで確かめた」などと書いているが、陰謀説としか見ない。
宮内庁が天皇の「大御心」を捏造してまで皇室典範改正を企んでいるなどとよく言うよ。
自分の意に沿わない発言が出たら即座に「宮内庁の捏造」にしてしまう精神は「君側《くんそく》の奸《かん》コンプレックス」と言われるものである。
本当に天皇陛下のご意向があったら、どうするんだ？
そもそも「大御心」を捏造までして、宮内庁や羽毛田氏に何のトクがある？
官僚といえば「事なかれ主義」とか「前例踏襲主義」とか言われるくらいなのに、
なぜそこまで典範改正を急ぐ必要を感じているのか？
わしにはそれが十分わかる。
わしも心配してるからだ。
これは宮内庁の陰謀ではない。皇位継承は本当に危機に瀕《ひん》している。
それも、今すぐ皇室典範改正に着手しなければならない喫緊《きっきん》の事態なのだ！
アキレス腱切ったみなちゃん
しかしこの問題に民主党が取り組めば、保守派は民主党政権がやることはすべて悪ということにしたいので、また「皇室典範改悪・阻止」の運動が盛り上がるかもしれない。
それが皇統の断絶を招くかもしれないのに！
悠久の歴史 日本の皇統を守れ
悠久の歴史 日本の皇統を守れ
皇室典範改悪阻止!!
悠久の日本の伝統と文化を守れ!
そもそもわしの『天皇論』への反応は、不思議なことに左派も右派も鈍い。
右派・保守派の論壇誌も論評せず、感想もなく、無視を決め込んだ。
左派はわかるが、なぜ右派もそうなったか？
小林よしのり
天皇論
天皇は今日もあなたのために祈っている。
小学館

20万の読者が天皇の意味に気づき、皇室のありがたさを感じたという感想が続々寄せられる中、なぜ右派は『天皇論』に無関心を装うのか？
いつになく厳粛な気持ちで読みました。小林先生の皇室に対する熱い思いがひしひしと伝わって来て、こちらも皇室に対して改めて尊崇の念をいだく事が出来、大変感謝しております。
ハッキリとわからなかったことが全てクリアになった気分です。日本が古来の神々に守られている国という考えを持ちながら現代を生きるのとそうでないのとには大きな違いがあると思います。
仕事柄、外国人と会うことも ありますので、皇室について、神社について、日本について、自信を持って紹介できます。誇らしく思います。
日本の魂の叫びをこれほど率直に表現し尊敬の念を抱かせるものはなかった。わが国の皇室のことを書くものは、色々とあったが、妙に理屈っぽく、それにして甚しく尊厳を傷つけていた。知識は多いが心がないのである。氏の自愛を祈る。
天皇と国民との溝を埋めてくれる良書です。
「天皇って何してるの？」と子どもにきかれるたび自分でもよく分かっていませんでした。断片的に報道される天皇の存在が「祭司王」という言葉でピタッと焦点が合った印象
すばらしい天皇論です。
メキシコに8年住んでいる友人は「君が代」がTV等で流れると毎回がまんしても号泣してしまうのだとか。ヘソの方からゴワ〜〜と込みあげるものがあるのだそうです。私は今まであまり「君が代」は好きではありませんでしたが、あらためて今、大好きです。
まだまだ来てるから次の単行本にのせようかな！
『NEO²』にものってるよ。
一つには漫画で学習したと認めるのがいやだというプライドもあろう。
右派が沈黙を決め込んだもう一つの原因は、わしの『天皇論』の中の次の記述に対する反発なのだ…
たとえ将来、女系天皇が誕生するようなことになっても、わしは失望しない。
益々国民が天皇に注目し、敬愛を深め、かえって伝統が強化されることだってあるかもしれない。
そうなるように皇室の意義を子孫に我々が伝えてゆかねばならない。
元々、天照《あまてらす》大神《おおみかみ》は女性神である。ならば日本の天皇は女系だったと考えることもできる！
右派はこの一点が気に入らなかった。この一点で『天皇論』の全てが台無しだと言った者までいた。
せっかく良い本なのですが最後の女系天皇容認論には失望しました。女系天皇を絶対悪と見るか必要悪と見るかには、大きな隔たりが
★☆☆☆☆ 最後の最後に失望した。まだまだ彼は天皇のことがわかってな 天皇は頭で理解するもんじゃない。研ぎ澄まされた感性でしか理解でき
★☆☆☆☆ 小林氏の女系容認には失望した。
力作だと思います。ただし370ページまでです。最後の最後でアッサリ女系容認とは？ご都合主義も度を過ぎてるなあ。女系天皇で失望しないのだったら三種の神器だって宮中祭祀だってそんなもの一切合切なくなってももちろん失望しないんでしょうねえ（笑）375ページの「元々天照大神は女性神である。だから日本の天皇は女系ったという考え方もできる
女系容認よりも、旧皇族復帰が先である。最後の高森氏の論や田中氏の論に乗った章以外は、立派です。しかし
女系に誘導するような部分が目につきましたので、あまり評価していません。ですので、今回は本は
彼らの名は「ファナティック男系」「男系絶対主義者」である。

「双系」とは？ちょっと考えてみよう。「母が天皇の男子」の、その子は、「父が天皇」なのに女系か？その子も、その子もずっと男子が生まれ続けても女系か？そんな馬鹿なことはない。父が天皇なら男系になるのが当然！つまり男系になったり、女系になったりするのだ。これを「双系」という。日本に、女系だけで繋がってきた家系などない。
彼らにとっては「女系容認」が絶対許せないものなのだ。
だから『天皇論』については手放しで評価できない。
沈黙するしかなかったのだ。左翼と共に！
初めてこの問題に興味を持った人もいるだろうから、ここで「男系」「女系」についておさらいしておく。
「男系」とは、天皇の父親が天皇、もしくは歴代天皇の血筋ということ。
要するに、現在の天皇の父の、その父の、父の父の父の…と遡《さかのぼ》っていけば、初代・神武《じんむ》天皇にまで行き着くということである。
そして男系絶対主義者の言う「女系」とは、一代でも女帝の子に皇位を継がせることだ。
皇統は「男系」のみの継承で続いてきたと、彼らは言う。
「女系天皇」と「女性天皇（女帝）」は違うという考え方がある。
現在まで125代の天皇に「女帝」は8人おられた。
うち2人は「重祚《ちょうそ》」つまり2度皇位に就いているので、「8人10代」だが、その女帝は全員「男系女子」であるから、父の父の父の……と遡れば神武天皇に行き着く。つまり、「女系」は一人もいないとされている。
現在の皇室でいえば、敬宮《としのみや》殿下（愛子さま）は皇太子の娘なので「男系女子」であり、仮に天皇になられたとしても「男系」は保たれる。
父が天皇の女子
しかし、もし敬宮殿下の子供が皇位に就けば、皇統が「女系」に移る！
…と唱えているのが、「男系絶対主義者」たちである。
万世一系の「女系」などないのだから、わしは「女系」に移るとは思わない！
母が天皇の男子
実際は「双系」になる！

「男系絶対主義者」たちはこう主張する。
女系を認めたら「万世一系」の伝統が崩れる！
女系容認は皇統断絶と同じだ！
だが実際は、女系も皇統に含まれているのだ。皇室典範の第一条を見よ。
「皇位は、皇統に属する男系の男子が、これを継承する」
明治の旧典範でも、この規定の趣旨は全く同じである。
この条文は、「皇統」には男系・女系の両方が含まれるという前提の上で、
皇統に属する者のうち、男系男子が皇位を継承するとしか読みようがない。
「皇統」が男系のみならば、「皇統に属する男子」とだけ書けばよいことになる。
日本帝国皇室典範
女系継承は、決して皇統の断絶を意味するものではない！
ではなぜ、今まで皇位継承は「男系」だけということになっているのか？
この問いに対して「XY染色体」まで持ち出して説明しようとする者までいる。
だが、一方で「皇統は神話からの連続性だ」と唱えておいて…
もう一方で「ホモサピエンスの遺伝子による連続性」を唱えたのでは大矛盾ではないか！
ホモサピエンスの染色体は、先祖を辿《たど》れば、最終的にはアフリカの類人猿に辿りつく。
アフリカの東部、エチオピアで発見されたラミダス猿人（約440万年前）の骨格は女性であり、「アルディ」と名づけられている。

「Y染色体」を辿れば
神武天皇に帰着しない。
アフリカの類人猿
アルディこそが
天《あま》照《てらす》大神《おおみかみ》ってか？
馬鹿を言うんじゃないよ！
結局のところ、「男系絶対主義者」からは、「今までそれで続いてきたから」以上の理由を聞いたことがない。だがそれが「伝統」なのか「慣習」なのか「因習」なのか、区別はつけ難い。
伝統が形骸化して「因習」となって続き、人を苦しめることもあれば、表面は変化しても内面に「伝統（エートス・魂）」が厳然と残っている場合もある。
このことは『天皇論』で美智子皇后陛下の事例や、お言葉を挙げて描いた。
「皇室も時代と共に存在し、各時代、伝統を継承しつつも変化しつつ、今日に至っていると思います。この変化の尺度を量れるのは、皇位の継承に連なる方であり、配偶者や家族であってはならないと考えています」
平成6年、皇后陛下の誕生日のお言葉である。
確かに女系容認となれば、大きな変革と言わざるを得ない。
男系が維持できればその方がいいとはわしも思っていた。
しかしそれが無理となり、
「男系にこだわって皇統を断絶するか？」
「女系を容認して皇統を存続させるか？」
この二者択一を迫られたら、どちらを選ぶのか？
今はもうその時が来ているとわしは考えている。
平成18年1月の国会で、小泉首相（当時）は皇室典範改正の法案を提出すると発言した。その改正案は、前年秋に出された小泉の諮問機関「皇室典範に関する有識者会議」の報告書に基づくことになっていた。
「皇位継承資格については男女にかかわらず長子を第一とし、女子や女系の皇族に拡大することが適当である」
朝日新聞
皇室典範会議が報告書
女系天皇容認
子優先が適当
政府 来春にも改正案

▲朝日新聞05年11月25日付朝刊

つまり、この改正案では、皇太子殿下の次の皇位は敬宮殿下（愛子内親王）、その次は敬宮殿下の長子となり、「次の次の次」で、史上初の「女系天皇」が誕生することになる。
実際は「双系」になるだけなんだけどね。
これに対して、保守派総動員の猛烈な反対運動が巻き起こった。「保守」とされる言論人のほとんどがこの運動に参加した。
ところがわしはそんな運動があったことすら知らなかった！
最近、当時の運動の様子を収めたDVDを見たが、名の知れた保守系知識人がオールスターで結集していてぶったまげた。
参加している言論人は口々にこう言っていた。
専門家でもない「有識者会議」の報告で決めるのは間違っている！
ぷっ……
そう言うこれらの保守言論人とて歴史の専門家はいないじゃないか！
有識者会議が門外漢ばかりだったのは事実だが、日本古代史の専門家も一人いた。
そもそも皇室に詳しい歴史の専門家ほど女系容認なのだ。
高森明勅にしろ、酒井信彦にしろ、所功にしろ、そして田中卓にしろ！
しかし、小泉が皇室典範改正法案提出を明言した翌月、秋篠宮《あきしののみや》妃紀子さまがご懐妊。
子ご懐妊
9月末出産予定
現行制度での皇位継承 男子なら第3位
皇室典範改正議論 影響も
そして41年ぶりの男系男子皇族となる悠仁《ひさひと》親王殿下のご誕生で、一転、皇室典範改正問題は棚上げとなった。

▲読売新聞06年２月８日付朝刊

この時、「男系絶対主義者」は口々にこう言った。
天佑《てんゆう》だ！
皇室典範改正は拙速《せっそく》にする必要はない。何十年かけてもじっくり考えるべきだ！
そしてそのまま今日に至っている。
冗談ではない！この問題は、何十年もかけられるような悠長な問題ではない！
今すぐ手を打たなければ、皇統が断絶するかもしれないのだ！
現在の皇室典範に定められた皇位継承の順位から言えば、次の天皇は、1位・皇太子殿下、2位・秋篠宮殿下、3位・悠仁親王殿下となる。
秋篠宮殿下より下の若い世代の皇族は、悠仁親王殿下以外には現在8人。
全員、女性である！
現在の典範では、女性皇族が皇族以外の男性と結婚すると、皇族の身分を離れ、民間人にならなければならない。
今上陛下の第一皇女・清子《さやこ》内親王が結婚されて、黒田清子さんになったように。
つまり、このままでは、悠仁親王が成人される頃には、若い皇族方は全て結婚して民間人になられ、
次世代の皇族が悠仁親王殿下ただ一人になられてしまうわけだ！
これは大問題である。さぞや天皇陛下がご心配なさっていることだろう。

あえて不敬を承知で言うが、もし悠仁親王殿下が、ご病気や事故に遭われたら……
あるいは民間人から嫁ぐ女性が見つからずに、生涯独身だったら……
あるいはご結婚されても男子が生まれなかったら……
その時点で次代の皇族は絶える！
2000年以上の皇室の歴史が終了してしまう！
つまり、日本の国体の終了である！
これを防ぐには、今の女性皇族方を宮家として皇室に残っていただくか、
あるいは「男系絶対主義者」が主張するように、旧宮家を復活させるしかない。
いずれにせよ、皇室典範改正は絶対に必要である！
しかも緊急の課題であることを強調しておく！
民主党政権がもし4年も続き※その間、何も手を打たなければ、敬宮殿下は11歳、眞子《まこ》内親王殿下は21歳、佳子《かこ》内親王殿下は18歳になられる。
寛仁《ともひと》親王殿下のお子様の2人の女王、高円宮《たかまどのみや》家の3人の女王はそれより先に、次々、いわゆる「結婚適齢期」を迎えてゆく。
次代の皇族が悠仁親王殿下ただ一人という事態を、まず防がねばならない！
改正は急務なのだ！羽毛田長官が「新しい政権でも」と言ったのは正しい！
「民主党政権には典範改正をやらせない」と言うのなら、そのような「男系絶対主義者」は、皇室の弥栄（いやさか）を願っていない国体破壊者である！
悠久の歴史
日本の皇統を守れ
皇室典範改悪阻止！！

※2009年11月現在

そもそも小泉自民党時代に、悠仁親王殿下がお生まれになったからといって、突然この皇室典範改正問題を棚上げにしたこと自体が、間違っていたのだ。
その後も、安倍・福田・麻生と続けて、自民党政権はこの問題を先送りにした。本気で皇室を守る気がなかったことの証明だ。
むしろ左翼は、この典範改正問題に手を付けない方がいいと思っている。
黙っていれば、早晩、皇統は絶えるからだ！
ここに危機感を覚えない者は保守でも何でもない。
皇統断絶を望む左翼の同類だ！
実は「男系絶対」で「改悪・反対」の集会やデモをやった中心組織は、「チャンネル桜」である。
その「チャンネル桜」でわしは月1回、番組を持つことになった。
ジャーナリストの笹幸恵さんと組んで、保守の紋切り型の言論を崩したいと思ったからだ。
桜《チャンネル》 草莽崛起
「チャンネル桜」の番組で、皇統の問題を発言するのはやめておく。
視聴者が全部「男系絶対」のようだからバッシングされる恐れがある。
『ゴー宣』で徹底的にやるから十分だ！
しかし、全く無知な者が、専門家に敬意を払わず、自分で学習してみることもせず、「XY染色体・アルディ教」というカルトを信じ込んで大衆行動に出るのは危険だと警告しておく。
ごーまんかましてよかですか？
皇室典範改正を急げ！
皇室の弥《いや》栄《さか》のために！

ゴーマニズム宣言
SPECIAL

第12章
「男系絶対」に後退させる同調圧力

小泉首相（当時）が皇室典範改正法案の国会提出を明言した直後の平成18年1月14日、ほとんどの保守系知識人が大集結して「改悪阻止」の集会を開催。
その模様を最近DVDで見た。
会場は日比谷野外音楽堂。真冬の雨の中、寒風吹きすさぶ屋外会場に、愛国者を自任する人々の咆哮《ほうこう》が響いていた。
女系天皇を主張する者は朝敵です！
我々は平成の和気清麻呂《わけのきよまろ》になろう！
この寒さに耐えただけの効果は必ず出ます！
次々登壇しては典範「改悪」阻止、男系絶対を唱える保守論客オールスターの顔、顔、顔……。

集会に続いて、1200人の参加者による、デモ行進。この時、冷雨は土砂降りになっており、さながら殉教者の行進のようだった。
2000年以上続いた、日本の国体を守りぬくぞ――!
女系天皇を主張して皇室を破壊する日本の敵を許さないぞ――!
皇室典範改悪
久の日本の伝統と文化
ここではもはや誰も「女系容認」とは言えない。
男系絶対の「同調圧力」が出来上がっている!
まさに沖縄で「集団自決の軍命令はなかった」と言えないのと同じ、同調圧力が!
集会の参加者たちは、口々に「皇室典範に関する有識者会議」を非難した。
伝統を蔑《ないがし》ろにしたとんでもない連中だ!
たった3時間の会議で何がわかる!
彼らは本当に有識者会議の報告書を読んだのだろうか?
いや、絶対に読んでないはずだ!
わしはちゃんと読んでみた。
ほお…大したものだ。
これは相当専門的な知識のある人間でなければ書けない内容だ。
例えば、この報告書には「天皇制」「天皇制度」の用語は使っていない。
使っているのは「天皇の制度」だ。
有識者会議の女系容認案は、本当に伝統を蔑ろにした、単なる男女平等主義の結果なのか?
I. 問題の所在
象徴天皇の制度をとる我が
る事項である。
現行の皇室典範を前提にす
不在となるおそれがあり、日本国
維持や長い歴史を持つ皇位の継
したがって、将来にわたって安
構築することは、現在の我が国
II. 基本的な視点
憲法においては、我が国の歴史・伝統
本国及び日本国民の統合を象徴する存在
些細に見えるかもしれないが、「の」が入っている意味は大きい。
「天皇制」「天皇制度」では、「天皇という制度」という意味になり、天皇自体が「制度」にすぎないとする不敬な用語になる。
天皇の存在自体は「制度」ではない。

ただし、一方では天皇を国家体制内の「制度」として整備しなければならない面がある。
皇室典範はまさにこの「制度としての天皇」を規定するものだから、ここで使う用語は「天皇の制度」しかありえない。
「の」を入れれば「天皇に関する制度」という意味になる。
よくこんなに微妙な言葉の使い方をしたものだ。
問題の所在
象徴天皇の制度をとる我が
わる事項である。
報告書では「基本的な視点」の一つに「国民の理解と支持を得られるものであること」を掲げているが、これも決して「国民主権」的な発想ではない。
きちんと「我が国の歴史や制度に対する深い理解に基づく国民の広範な支持」と書いている！
なお、他に「基本的な視点」として挙げているのは、「伝統を踏まえたものであること」と「制度として安定したものであること」である。
報告書はあくまで伝統を尊重し、男系絶対主義者の主張も含めたあらゆる選択肢を考慮した上で、最善の選択として結論を出した立派なものだ。
ネットにも出てるから、日本語が理解できるなら読んでみろ！
男系絶対主義者が主張するのは、昭和22年に皇籍を離れた11の宮家やその男系男子の子孫を皇族とする方策である。
十一宮家 きょう離籍
五十一方が新生活へ
だが報告書では、それでも男系男子による安定的な皇位継承は困難だと指摘している。
当然だ。旧宮家を復活させても側室がいないのだから、その家に女児しか生まれない確率は極めて高い！
それればかりではない。報告書では、こんな重要な指摘をしている。
「旧皇族は、既に60年近く一般国民として過ごしており、また、今上天皇との共通の祖先は約600年前の室町時代までさかのぼる遠い血筋の方々である」

▲朝日新聞1947年10月14日付朝刊

そうなのだ!
600年だ!
600年もさかのぼるのだ!
今まで最も離れた傍系《ぼうけい》の天皇は継体《けいたい》天皇で、応神《おうじん》天皇の5世の子孫である。
だが、旧宮家は全て、今から600年も前の、北朝第3代、崇光《すこう》天皇の子、栄仁《よしひと》親王までさかのぼらないと、今上陛下とつながらないのだ!
北朝
南朝
ここ!ここから別れたのが旧宮家。
(旧宮家)
山階宮
賀陽宮
久邇宮
梨本宮
朝香宮
東久邇宮
竹田宮
明治天皇
大正天皇
昭和天皇
今上天皇
皇室の歴史上、ここまで離れたバイパス手術はない!
600年も離れた男系のバイパス手術を行ないます!
今上天皇とは20数世代、40数親等もはなれておりま――す!
こんなこと言って国民は受け入れられるのか?
しかも、一旦皇族の身分を離れた者が再度皇族となった例は歴史上ごく稀で、60年以上も皇籍を離れた、しかも遠い血筋の者が皇族復帰した例などない。
なぜ皇籍離脱者の皇族復帰が極めて少ないのか?
その理由を報告書はこう記している。
「これは、皇族と国民の身分を厳格に峻別することにより、皇族の身分等をめぐる各種の混乱が生じることを避けるという実質的な意味を持つ伝統であり、この点には現在でも十分な配慮が必要である」
全くその通りだ。
君臣の分義を厳《おごそ》かに守る!
これが日本の伝統なのだ。
君
一君
臣
万民

男系絶対主義者は、
自分たちが「君臣の分義」を
蔑ろにし、秩序と
伝統の破壊者になって
いることに気づかない。
そして報告書の
次の部分も
特に重要である。
「国民が、象徴としての天皇に期待するものは、自然な血統に加え、皇位とともに伝えられてきた古来の伝統や、現行憲法下の60年近くの間に築かれてきた象徴天皇としての在り方を含め、皇室の文化や皇族としての心構えが確実に受け継がれていくことであろう。このような観点から皇位継承資格者の在り方を考えた場合、今日、重要な意味を持つのは、男女の別や男系・女系の別ではなく、むしろ、皇族として生まれたことや皇室の中で成長されたことであると考えられる。」
その通り！
実によくわかる
ではないか！
今現在、皇室という
「聖域」でお育ちになった
方々がおられることこそが
重要なのである！
なんでわざわざ「俗界」で生まれ育ち、
すっかり一般大衆化したタダの男を
皇族にしなければならんのだ？
その男はレンタルビデオ屋で
アダルトDVDを借りた記録を
残しているかもしれない。
いかがわしい男女交際をしたり、
人に金借りたりしてるかもしれない。
あとで続々と「俗界」の証言者が
現れて暴露するかもしれない。
アダルト
美少女
アロム
そもそも「男系優先派」は、
いつから「男系絶対主義」になったのか？
例えば八木秀次氏は以前、
こんなことを言っていた。
「私とて、女性天皇に絶対反対ということではない。男系継承という道を探して、万策尽きた場合には女性天皇も女系天皇もやむをえないと思う」（『VOICE』04年9月号）
八木氏も「女系容認」ではないか！
他の保守系知識人も
「男系優先・女系容認」だった
はずなのに、
大衆運動を始めると
「同調圧力」で、どんどん
「男系絶対」に後退していった！

ただし、わしは指摘しておく。「万策尽きたら女系容認」とは、
万策尽きたら正統性のない女系でもいい。何だっていいや！
…という意味になる。
女系天皇は、万策尽きた末の「やけっぱち天皇」か？
こんな不敬な話があるか！
そもそも、万策尽きた果ての、「やけっぱち女系」では、皇統の正統性がないと左翼が騒ぐに決まっている。
正統性なぁーしっ
天皇制は終ったーっ
だが、女系も皇統に属し、女系天皇も立派に正統性があると主張しているのが、この「皇室典範改正案」であり、高森明勅、所功、田中卓、笠原英彦、酒井信彦らの専門家である。
高森明勅氏はとてつもないバッシングに耐えて主張してきた。
八木氏らは「男系絶対主義」ではなく、「やけっぱち女系容認」論者だったはずだ。
それがなぜ「女系容認は皇統断絶」だの、「女系容認は易姓《えきせい》革命」などと吠えている⁉
典範改正反対論者の決まり文句は「拙速《せっそく》を避け、慎重な議論を」だ。
文字通りに解釈すれば、慎重な議論の結果次第では、「女系容認」も可となりうるはずだ。
それならまだ理解できる。わし自身、男系優先が望ましいとは思っていたが、慎重に議論の内容を見た結果、女系容認……というより、「双系移行」が最善策だと思うようになった。
だが「典範改悪阻止！」を叫ぶ大衆運動の「同調圧力」で、八木氏自身も「やけっぱち女系容認」を引っ込め、他の大物保守系知識人までが、「男系絶対主義」にまで、どんどん後退していくのだ！

小堀氏が田中卓氏を切り捨てて信仰した荻野貞樹氏の論考を読んだが、あきれ果てた論理の破綻だ。わしはいとも簡単にこの人の論理破綻を指摘できる。これが見抜けなくなるのだから「男系原理主義」は恐ろしい。

なんと東大名誉教授の小堀桂一郎氏までが『正論』で『天皇論』に違和感を表明している。
あれほどの大物が…
「容認」を許さぬ「絶対」ってか！
小堀氏は『天皇論』の「女系容認」の一コマを、「この好著の全体としての論理の破綻を意味する」と言い、「これは決して『微』ではない。むしろ『天皇論』といふ千丈の堤も蟻の一穴から崩れる、その一穴だとでも言つておかうか」とまで書いている！
小堀氏は「女系天皇の出現が即ち無血革命の仮面をつけた易姓革命を意味する」とも断じる。
もはや「男系こそが国体」の信念らしい。
共感と違和感と
わしは田中卓氏と新田均氏の議論も読んだし、小堀氏が紹介している論文はもちろん皇統に関する本は全て入手した。
全部読んで検討してみたところ、有識者会議を経て出された改正案、「直系長子優先」で問題ない、という結論に達した。
小堀氏は田中卓・所功氏の学説に依拠してはいけないとわしに忠告する。
問題はその後の文章だ。
「この人達の学説の裏には暗く怪しい政治的党利党略性がひそんでゐる」
これは何だ？
何のことか書かれていない！
「男系絶対主義者」は必ず陰謀論を流す。
小堀氏までがこんな品のない文を書く！
田中氏を「信仰」を欠いた腐儒《ふじゅ》とまで書くのだからもうおしまいだ。
小堀氏に言っておかねばならない。
将来、女性天皇が結婚することになれば、男（皇婿《こうせい》）は戸籍が消滅し、「姓」がなくなるのだから、「易姓革命」など起こるわけがないではないか！
誰が誰を放伐《ほうばつ》すると言うのか？
そもそも「苗字」は「姓」ではないし、小堀氏は「易姓革命」の意味すら全然わかってないではないか！
▲『正論』09年12月号

結局、小堀氏までが「男系絶対主義者」に
まで後退した！頑迷固陋《がんめいころう》な
これが運動の怖いところだ。「同調圧力」でいつの間にか思考の柔軟さが失われ、ファナティックに先鋭化していく。沖縄の集団自決「軍命」運動も、オウム真理教も、内部の者は引っ込みがつかなくなるのだ。
だからわしは薬害エイズ運動に集結した若者たちに「日常に帰れ」と言ったのだ。
皇統の問題は、もっと冷静に有識者会議の報告書をテキストとして読み、専門家の意見を敬意を持って聞くべきだ。
皇統の行方を、運動起こしてデモでひっくり返そうというのは沖縄で教科書検定を「県民集会」でひっくり返そうとした左翼と全く同じではないか！
新ゴーマニズム宣言
脱正義論
正義とは何か。善意はどこに行き着くのか。
小林よしのり
そもそも大御心《おおみこころ》が「女系容認」だったら、どうするんだ？
有識者会議の報告書は、単に素人のメンバーだけで拙速に作ったものではない。
宮内庁や政府が何年もかけて準備をしていたものだ。
ごーまんかましてよかですか？
わしは大御心が「女系容認」の可能性は十分あると考えている。
だからわしは「ファナティック男系」派に負けずに論じねばならない！
「女系容認」が「易姓革命」とか、「皇統断絶」などとは、全然、信じていない！

ゴーマニズム宣言
SPECIAL

第13章
陛下のご真意を無視できるか?

ここらでなぜわしが「女系容認」→「双系移行」を主張するのかをはっきりさせておこうと思う。
『天皇論』でわしが「女系天皇になっても失望しない」と描いた原稿を見せた時、高森明勅氏はわしを心配して言った。
天皇論
小林よしのり
たとえ将来、女系天皇が誕生するようなことになっても、わしは失望しない。
益々国民が天皇に注目し、敬愛を深め、かえって伝統が強化されることだってあるかもしれない。
そうなるように皇室の意義を子孫に我々が伝えてゆかねばならない。
ここまで描いていいんですか?
高森氏はかつて「女系容認」の立場を取って、男系絶対主義者と論争した時、ネットやその他で徹底的なバッシングを受けた経験があったのだ。
高森氏の息子が、そのあまりのすさまじさに心配して、父がネットに接続できないように、パソコンを操作してしまったほどだった。

男系絶対主義者は「実は高森はアカだ」とデマ飛ばしたり、田中卓氏のことを「女系容認には暗い陰謀がある」と中傷したり、羽毛田長官に対して「君側《くんそく》の奸《かん》」と罵《ののし》ったり、女系容認論者の人格を中傷する卑劣な手段ばかりとってくる。
そして彼らは言ってはならない言葉を、何の覚悟もなく平然と口にする。
女系になったら皇統は断絶する。易姓《えきせい》革命だ！
彼らに言わせると「男系」のみが国体になってしまう。
「天壌無窮《てんじょうむきゅう》の神勅」よりも「三種の神器」よりも「男系」が重要だなんて理屈は、皇室典範改正問題が勃発した平成18年以降しか聞いたことがない。
平成18年以降、男系絶対主義者が運動を繰り広げてる時は、右翼団体も男系絶対になっていて、女系容認論者は命の危険があるくらいにすごかったのである。
だから高森氏はわしを心配した。命がけの論争になりますよと。
だがわしは高森氏の意見だけで判断したわけではない。男系絶対派の論拠も確認して、独自に読書を積み重ねた結果、女系容認こそが「やまとごころ」だと確信したのである。
そもそも専門家はみな「女系容認」ではないか！
田中卓
所功
高森明勅
これらの学者は皇室研究の専門家である。

男系絶対を言っているのは、素人しかいないのだ。
小堀桂一郎も八木秀次も渡部昇一も他の分野の学者であり、皇室研究に関しては素人である。
ましてやこの問題で運動を起こした者たちはわしよりも無知など素人である。
素人の議論で世論が作られ、政治に影響を与えるというのは、戦後民主主義の特徴である。
専門家の意見が尊重されずに、素人の思い込みが重宝される。
ドーする?ニッポンの政治
このような風潮はおかしいのではないか?
もちろん『ゴー宣』もその素人の意見の一つに過ぎない。だからこそ「ごーまんかましてよかですか?」と断っているわけだ。
ただわしは素人だからこそ専門家の論文を読み込んで、少なくとも国語力で理解しようと努めている。
勉強もせずに、自分の周囲の「世間」が言うからと耳学程度で生意気に言っているわけではない。
だから専門家から「一定のお墨付き」をもらえるのだろう。
わしが「女系容認」に確信を持ってしまった以上、バッシングを恐れて自分の考えを言わないわけにはいかない。
案の定『天皇論』を読んだ「男系絶対主義者」からの批判やバッシングが、今度はわしに向かってきた。
運動で作られた、もはや原理主義と化した不満が押し寄せてきた。

だが、わしが皇統の問題を
何回か描いた時点で、
すでに「よくわかった」、
「男系支持だったが
女系でもかまわない」
という意見が相次いでいる。
原理主義者よりも国語力の
ある者の方が圧倒的に多いの
だから大丈夫だ！
SAPIO
今後も「皇族」や「側室」などの
問題を次々描いていくが、
今回は重大な視点を
提示しておこう。
そもそも陛下の
ご真意はどうなのか？
わしは『天皇論』を描いてから、
皇室への関心がどんどん高まっていき、
今や女性誌まで目を通すように
なってしまった。
陛下に対しては、もはや単なる
敬愛を超えた尊敬心を持っている。
そして情報を仕入れるうちに、
おおよそ陛下のご真意も
見えてきたような気がするのだ。
そうなると、わしは「男系絶対主義者」に
激しく苛立ちを感じるようになった。
天皇論
小林よしのり
彼らは陛下の「お言葉」を
恭《うやうや》しくありがたがり、
尊皇心を誇っている。
ところが妙なことに、
この皇統問題に関しては
肝心の陛下に対する敬愛の念が
一切感じられないのである！
平成20年12月、天皇陛下は
ストレス性胃腸炎などを発症され、
これについて宮内庁の羽毛田長官は
こう述べた。
ここ何年かにわたり、
ご自身のお立場から
常にお心を離れることのない
将来にわたる皇統の問題を
はじめ、皇室にかかわる
もろもろの問題を
ご憂慮のご様子を拝している。
「私見」と
断ってはいるが、
何年も陛下の傍で
ご様子を拝した上での
発言は重い。
天皇陛下が
皇統の問題で
ストレスを感じて
おられる！

ここで注目すべきなのは「平成20年12月」という時期だ。
実は当時、皇統の問題はほとんど話題になっていなかったのである。
皇統問題を巡って大騒ぎが起きたのは平成18年。
1月に小泉首相(当時)が皇室典範改正法案の国会提出を明言するや、保守系総動員の猛反対運動が起きた。
皇室典範改悪阻止！
讀賣新聞
紀子さま 第3子ご懐妊
そして2月、紀子さまご懐妊で法案提出は棚上げ、9月、悠仁《ひさひと》さまご誕生で立ち消えとなった。
この時、男系絶対主義者たちは「天佑《てんゆう》だ！」「神風だ！」と快哉《かいさい》を叫んだ。
その後、安倍、福田、麻生と移った政権は皇室典範に触れようともせず、平成20年には皇統の問題は人々の関心からすっかり消え失せ、皇室の話題といえば「雅子妃バッシング」一色。
男系絶対主義者たちは「危機は去った！」と運動の「勝利」に酔っていた。
そんな時、天皇陛下はただお一人、体調を崩されるほどに皇統の問題に悩んでおられたのだ！
そして羽毛田長官は、すっかり冷めてしまった皇統問題への関心を再び喚起しなければと、あえて発言したわけだ。
わしはこの一件に気づいて思った。
皇統問題の解決は急がなければならない！

仮にも尊皇心のある者ならば、「陛下が体調を崩されるほどの心労の原因は、一刻も早く解消して差し上げなければならない」と考えるのは当然ではないか!?
羽毛田長官が政権交代の直後、新政権（民主党）に皇室典範改正を要請する意向を表明したのも、あまりにも当然のことだったのだ！
ところが男系絶対主義者は、そんな羽毛田氏を「君側の奸」呼ばわりし、ひたすら皇室典範改正の棚上げ、先延ばしを主張するばかりである。
拙速を避け、慎重な議論をすべきだ！
今やるべき緊急の問題は他にいっぱいある！
男系絶対主義者は、こう言っているのと同じである。
天皇陛下がストレスで苦しみ続けようが、知ったこっちゃない！
天皇の体調なんかより、オレたちの主張の方が大事だ！
男系絶対主義者には、天皇陛下への畏れや敬愛が全くない。
小沢一郎と大差ないのではないか？
まして、こう言う奴に至っては論外である。
悠仁さまがいらっしゃるのだから、時間はたっぷりある！

冗談じゃない！
このままでは悠仁さまが
成人なさるまでに、
女性皇族は次々結婚、
民間に降《くだ》って、
宮家が断絶に向かう
のが確実になる。
皇位継承者が
悠仁さま一人という事態が
確実にやってくるのに!!
ちょっとくらい想像力を
働かせてみよ！
「何が何でも男子を産まな
ければならない」という、
大変な重圧がかかることを
承知で、悠仁さまのお嫁に
なる女性が現れる
だろうか？
ただでさえ、美智子皇后も
雅子妃殿下も、
バッシングされた事実が
あるというのに、
娘を絶体絶命、
断崖絶壁の皇室に
嫁がせようと考える
両親がいるだろうか？
悠仁さまが結婚できなかったり、
あるいは結婚しても
男子が生まれなければ、
そこで正真正銘、
皇統は断絶する！
ところが男系絶対主義者は、
天皇陛下のご憂慮の意味を
全く考えようともせず、
無視を決め込んで、
悠仁さまが
いらっしゃるのだから
時間はたっぷりある！
…と時間稼ぎをするばかりだ。
そのような男系絶対主義者の
引きのばし戦略が、
悠仁さまたった一人の上に、
どれだけの重責を押しつける
非情な行為であるか、
考えもしないのだろうか？

さらに未婚の女性皇族方のことも考えてみるがいい！
彼女たちは将来皇族として残るのか、あるいは民間に降るのか未だにはっきりしない宙ぶらりんの状態にある。
10代、20代の女性に対して、どんなに残酷な仕打ちを続けているか、わからないのだろうか？
敬宮《としのみや》愛子内親王殿下は将来、女帝となられるのか、民間人になられるのか、それによって教育方針は全く異なってくるはずで、これも早急に決めなければならないところに来ているのではないか？
そして何よりも心配なのは今上陛下だ。
平成22年の一般参賀では前年に比べて少しお疲れのように見えた。
正直、お歳を召されたなあと思ってしまった。
このまま陛下のご憂慮を無視し続けていいのだろうか？
このまま陛下のご心労を放置し続けていいのだろうか？
わしは心配になる。陛下が皇統の未来に大きな不安を残したまま崩御されるようなことになったら、わしは悔やんでも悔やみきれない！
そんなことになったらわしは男系絶対主義で運動した連中を全て呪うだろう。
彼らが守りたいのは「男系」イデオロギーだけで、陛下の健康のことも女性皇族の方々の将来のこともなんにも考えていない！

男系絶対主義者からはなんとこんな発言まで平然と出てくる。
側室制度の復活も考えるべきだ！
すでに大正時代に、昭和天皇が側室制度を廃止されたという事実を、一体どう考えているのだろうか？
今さら皇太子殿下がこんな提案を受け入れると思っているのだろうか!?
人工授精という方法を考えてもいいのではないか！
信じられないかもしれないが、本当に大真面目にこんなことを言う人がいるのだ。
男系さえ維持できれば「試験管天皇」でいいというのである。
彼らは、しまいには皇統を実験動物か家畜の交配のように語り出すのだ！
そんな不敬な発言を次から次へと繰り出すことができるのは、やはり「天皇のご真意よりも我々の考えの方が上」「天皇なんか我々の意のまま」という意識が根底にあるからだろう。
しょせんは現行憲法の「国民主権病」に侵されきった戦後民主主義者にすぎないのだ。
天皇陛下は果たして「男系絶対主義」なのか？
それとも「女系」も認めようと考えておられるのか？
本来、最も重視しなければならないのは、陛下のご意思だ！
現行憲法の制約でご自身の具体的な発言が望めないとはいえ、注意深く報道を見ていればわかってくるものはある。

羽毛田長官は陛下の信用が
非常に厚いという。
それは小沢一郎の天皇の政治利用の
事件の際、毅然《きぜん》として陛下を
守ろうとした態度を見ても
よくわかる。
羽毛田氏が女系天皇容認の
典範改正を進めようとしたのは、
陛下の意を汲んでのことだろう。
羽毛田氏だけではない。
平成21年11月11日、日経
新聞にこんな記事が載った
「宮内庁には『このままでは宮家が
ゼロになる』との危機感から、
女性皇族を残すため
女性宮家設立を望む声が強い。
しかし、『女系天皇への道筋』として
反発を招くとの意見もある。
渡辺允前侍従長は私見として
『皇統論議は将来の世代に委ね、
今は議論しないという前提で
女性宮家設立に
合意できないものか。
女系ありきではなく、
様々な可能性が残る』と話す」
平成22年1月31日サンデープロジェクトでも提案
渡邉允《まこと》氏は陛下の傍に10年半も
侍従長として仕えてきた人物であり、
現在も宮内庁侍従職御用掛であり、
今や天皇陛下の「代弁者」と言われる。
女系容認の典範改正が
反対運動もあって頓挫《とんざ》したため、
せめて女性宮家設立に
希望をつなごうという考えらしい。
天皇の側近たちはみな、
「女系天皇への道筋」をつけようと
苦慮しているのだ。
天皇陛下ご自身は、
即位20年の記者会見で
こうおっしゃった。
皇位継承の制度に
かかわることについては、
国会の論議に
ゆだねるべきである
と思いますが、
将来の皇室の
在り方については、
皇太子とそれを支える
秋篠宮《あきしののみや》の考えが尊重される
ことが重要と思います。

皇室ジャーナリスト・神田秀一氏は
このご発言について、
天皇陛下が事前に皇太子、
秋篠宮両殿下と個別に話され、
「もうまかせていい」という感触を
持たれたのだろうと推測する。
そして神田氏はさらに、
秋篠宮殿下が誕生日の
記者会見で述べられた発言は、
陛下の強い思いとご意向を
代弁されたものではないかと
見ている。
皇位継承の制度というもの自体に関しましては、これは陛下も述べられているように、国会の論議に委ねるべきものであるというふうに私も考えます。
しかし、その過程において今後の皇室の在り方ということも当然議論されることになるわけですけれども、その将来的な在り方ということについては、将来その当事者になる皇太子ほかの意見を聞くという過程も私は必要なのではないかと思っております。
この言葉をもう少し
わかりやすく言えば
こういうことだ。
皇位継承の制度は、国会の審議に
委ねるものだと、これは憲法上、
決まっている。
陛下といえども、立憲君主である以上、
憲法は守らなければならない。
しかし、皇位継承の問題は
今後の「皇室の在り方」に関わる。
だから将来的な「皇室の在り方」に
ついては、当事者である皇太子と
私・秋篠宮の意見も聞いてほしい。
なにしろ皇位継承者を、
愛子内親王にするか、
悠仁親王にするかの話であり、
我々はその二人の親なのだから。
まったくその通りである。
当事者の考えが一番大事だ。
お二人はどちらの子を
将来、即位させたいのだろう?

この会見では、さらに次の発言が注目を浴びた。
国費負担という点から見ますと、皇族の数が少ないというのは、私は決して悪いことではないというふうに思います。
皇室ジャーナリスト・久能靖氏はこの発言について、皇位の安定的継承、及びご公務軽減のため、「女性宮家」が新設されることを前提に、その場合に逆に皇族の数があまりに増えすぎないよう「皇族の適正な数を念頭に置いてください」と意見表明したのではないかと推測する。
さらに皇室ジャーナリスト出身の静岡福祉大学教授・高橋紘氏も、これは「皇族が減ってもいい」という意味ではなく、
親としての立場から眞子さま、佳子さまの将来を心配した発言だろうと推測する。
秋篠宮さまにとっては、皇室典範改正の問題を早急に決めてもらうことで、女性も宮家をきちんと継げるようにしていただきたいという思いが、あの発言に含まれているのではないかと思います。
さらに『週刊文春』（09年12月10日号）の記事では、宮内庁関係者がこう語る。
「旧皇族を皇族に復帰させて、新たな藩屏《はんぺい》とせよという声もありますが、これに対して陛下は慎重なご姿勢で、今回の秋篠宮のご発言は、陛下のご意向を汲んだものかもしれません」
天皇陛下は、旧宮家の皇籍取得には慎重！つまり賛成しておられないのだ！
男系絶対主義者は口を開けば「旧宮家の皇籍取得」を主張してきたが、わしもまずあり得ないなと思っていた。
これには論拠がある。後述しよう。

▲『女性セブン』09年12月17日号

宮内庁や、長年皇室を見続けてきたジャーナリストの見解は一致している。
天皇陛下と皇太子、秋篠宮両殿下が女性宮家の創設、ひいては女系天皇に道筋を開く方向で考えておられることはほぼ間違いなかろう。
『天皇論』最終章でも、わしは皇統の問題は本来、天皇陛下と皇太子殿下が決めるべきことだと描いている。
だとしたら本来は、天皇陛下や皇太子殿下が決めることだ。
そもそもわしは、当事者である陛下と皇太子以上に皇室の歴史を知り、伝統を理解している者などいないはずだと思っている。
それとも男系絶対主義者は、「オレたちの方が天皇より知っている」と言い張るのか？
現憲法では、皇統の問題は、国会の判断に委ねられることになっている。
これは明らかに憲法上の不備だ。
なにしろ国民も、国会議員も、皇室の歴史や伝統について全然詳しくないのだから。
これまで天皇陛下は憲法を守る立場から、皇統の問題は「国会の論議に委ねるべき」としかおっしゃらなかったが、今回、皇太子と秋篠宮の考えを尊重すべきというご意向を初めて表明されたのは、歴史的ともいえる大転換だった。
そしてその陛下の強いご意向を秋篠宮殿下は受け止め、記者会見で同様の発言をなさったのである。
天皇陛下、皇太子殿下、秋篠宮殿下は、女系天皇を認める方向であるとしか思えない。
だからこそわしも女系を認める主張をしているのだ！

「陛下が女系容認なら従います。従いますが、皇統は断絶です。」この論法は恫喝である。
「目の前のコインをどうぞ取ってください。私はあなたに差し上げます。ただし、その腕は断絶されます。」
こう言ってるのと同じだ！

だが、もしもわしの観測が全くはずれていて、陛下、殿下が「男系絶対」というご意向ならば、わしは直ちにそれに従うとあらためて言っておく。
ところが男系絶対主義者の中には、こんなことを言っている者がいるのだ。
万々が一、天皇陛下が女系天皇でもいいとおっしゃったなら、その時は私も従います。
しかし女系天皇を認めたら皇統断絶です！国体の断絶です！
それでも天皇陛下が皇統断絶、国体断絶を選ぶというのなら仕方がないですけれども！
チャンネル桜　水島総社長
何だこれは？
天皇陛下を恫喝《どうかつ》してるのか？
自分がとてつもなく不敬な発言をしていることに全く気づいてない！
女系天皇が皇統に属するか、もしくは皇統断絶になるのか、最終的にその判断を下す資格があるのは、天皇陛下だけだ！
一介の草莽《そうもう》の臣が、何様のつもりで「天皇が女系を認めるなら仕方がないが、その判断は間違ってるからな！」などと言えるのだろうか？
天皇陛下よりも己れの方が皇室の伝統についてはわかっていると主張するのか⁉
いくら保守を自称しても、天皇より国民である自分の皇室に対する見解の方が上だと思っているのなら、それはやっぱり「国民主権病」の小沢一郎の傲慢さと変わらぬではないか！

わしは陛下のご真意を「勝手に」忖度し、これを背景に自分の考えを押し付ける気はない。あくまでも「状況証拠」を提出している。陛下のご真意が意に反して「男系」だったとしても、「だったら皇統断絶だ」などと捨てゼリフを残したり、脅したりするような不敬なことはしない。
そもそも「皇統断絶」だの、「国体破壊」だのという言葉は、そんなに軽々しく口にしていいものではない！
大東亜戦争末期、特攻隊を始め、多くの将兵が「皇統護持」「国体護持」を願って死んでいった。
生き残った者も、もしも「皇統断絶」という時には、最後の覚悟は決めていたという人は非常に多い。
男系絶対主義者は女系容認が決定した時点で全員、腹を切るのか？亡命でもするのか？
旧宮家の血筋の男を担いで、南北朝の戦いを再現する覚悟くらいしてるのか？
どうせ何もなかったかのようにこの日本で生きていくくせに「皇統断絶」などと連呼するな！
確実に言えることは、彼らには「恋闕《れんけつ》」の情がない！
陛下を好きで好きでたまらないという情感がない。
天皇を単なる「器」としか思っていない。皇統を入れる「器」と考えているのだ。
わし自身の心情を「恋闕」とまでは言わない。
だが『天皇論』を描くうちに今上陛下を好きになってしまっていることは間違いない。個人的にも尊敬している。
国民をひたすら思ってくださる陛下に、恩返しがしたい。だから陛下のストレスはなくしたい。

皇室は「安定的」に、「永遠」に続かなければならない。
一夫一婦制で男系を続けるのは、永遠にカミカゼが吹き続けると言ってるようなものだ。
いよいよ女系にも道を開く時が来た！
手厳しく言ったが、無意味なメンツは捨てて陛下のご真意を実現する世論を作ろう！
男系絶対で運動を起こしデモをやって吠えまくり、論敵を中傷し、ネットでバッシングをするような馬鹿はやめなさい！
わしの意図は、天皇陛下、皇太子、秋篠宮両殿下に、自由な(心理的)決定権を与えることである！
自称・保守派の連中が「皇統断絶だ！」とすごむから、陛下が決定できないというような圧力を、わしが粉砕する！
ごーまんかましてよかですか？
陛下はわしを含め、何も気になさる必要はない！
わしが全力で陛下・皇太子・秋篠宮の選択・決定を守る！
「女系は皇統断絶」などと脅している連中は、真の保守ではないし、ほんの少人数しかいない。
国民は圧倒的に陛下の決定を支持するのだ!!

ゴーマニズム宣言
SPECIAL

第14章

陛下のご意思を「忖《そん》度《たく》」してはいけないか?

チャンネル桜の水島社長は「言ってないことを描くな!」と面と向かって迫ってくる。
「ユーチューブやニコニコ動画で第三者が判定してるのだから、言ってない論争はよせ!」とわしが言っても「描くな、描くな」の一点張り。
わしは『ゴー宣』の言論の自由を守るために、もう二度とチャンネル桜には関わらない!
右図は皇位継承をめぐる討論をチャンネル桜でした直後の光景である。この時の会話は、不穏な様子を察知して二人の真後ろにかけつけたわしのスタッフによって、録音されている。
水島があまりにしつこく「国体破壊」と言ってないといんねんつけるから、わしは「それなら国体断絶に単行本で修正してやる」と言ってやった。
「国体断絶」と「国体破壊」は違うのか?
「恋闕《れんけつ》」を「れんびん」と読む奴だから、話にならん!
水島はネットを鏡としていっぺん見てみたらどうだ?
前言と真反対のことを叫ぶ動画が評判になってるぞ!
油断したな
ひそかに会話を録音するトッキー
手がブルブルふるえてる。なぐるつもりか?
いざとなれば割って入るつもりの秘書岸端
水島は、批評・批判を許さない人間だ。チャンネル桜の番組だけでなく、『ゴー宣』の表現にまで干渉してくる。
水島マンセーでなければあの局にはおれない。
チャンネル桜
だからわしは水島マンセー・チャンネルに出るのは、もうごめんだ!

チャンネル桜の水島社長が前章で書かれたセリフを、「言ってない」と強弁し、わしを嘘つき呼ばわりした。卑劣だ、卑怯だ、デマゴギーだと叫び、左翼だ、共産主義の手口だと口汚く罵り、皇室の方々の絵をこれ以上描くなと言い出す。まさにこれこそが男系絶対主義者、ファナティック男系の正体だ。論敵に罵詈雑言を浴びせてくる品性のなさはすごい！

さて、その討論会で、驚いたのは、百地章氏と新田均氏が男系優先として「女系容認」の逃げ道を作ったことだ。
彼らは「逃げ道」としての女系容認だが、わしは堂々たる「女系公認」の体系理論を、編み上げているのだ！
さらに驚いたのは、彼ら男系主義者には『天皇への畏《おそ》れ』が全くないということだ。
小堀桂一郎氏は言う。
天皇のご意思を忖度《そんたく》するっていうのは実に不敬である！それはやっちゃいけない！
馬鹿言っちゃいけない。
「忖度」とは他人の心中をおしはかることである。
悪い意味はない。
陛下のご意思を「忖度する」のも、「お察しする」のも、「拝察する」のも、臣下の者の務めではないか！
陛下への感謝の念が篤《あつ》い者が、陛下のご真意を「忖度」して、恩返しをしなければならない！
非難されるのは小沢一郎のように「何の根拠もなく」、陛下のご意思を「勝手に」、「恣意的に」、「都合よく」忖度した場合である。
小堀氏ら男系主義者は、ただ、天皇のご真意を拝察したくないだけ！
耳を塞ぎたいだけ！
男系イデオロギーの臣下になってるだけ！
男
男
男
男
男
憲法の制約下で、封印されている天皇陛下のご意思が、何らかの形で察せられる時がある。
その時を見逃してはだめだ！
陛下の声は畏れ多く、耳をすまして、聞かなければいけない！
平成21年11月6日、天皇陛下ご即位20年の際、記者団から「この先、皇族方の数が非常に少なくなり、皇位の安定的継承が難しくなる」ことをどう思われるか質問があった。
この際、陛下がストレス性のご病気になられた原因を羽毛田長官が「私見」で述べた件の質問もあった。

だがユーチューブでもニコニコ動画でも「『皇統の維持』の意味するところとは」で検索すれば、水島氏の「陛下恫喝動画」を見ることができる。ネットユーザーは忽ちこの証拠映像を探し出して、「恫喝してるじゃないか!」と言っている。水島氏は自分の番組で絶対ビデオを流さない。自分が嘘つきと自覚してるから。
この質問に対する天皇陛下のご回答は、実に異例なものだった。
皇位の継承という点で、皇室の現状については、質問のとおりだと思います。皇位継承の制度にかかわることについては国会の論議にゆだねるべきであると思いますが、将来の皇室の在り方については、皇太子とそれを支える秋篠宮の考えが尊重されることが重要と思います。二人は長年私と共に過ごしており、私を支えてくれました。天皇の在り方についても十分考えを深めてきていることと期待しています。
陛下は、皇位の安定継承が難しいという現状認識を明確に認めておられる!
しかも、羽毛田長官が言った陛下のストレス性胃腸炎の原因に、皇統問題に関わる憂慮があるという「私見」も、否定なさっていない!
皇室典範改正の機運が消えてしまって、陛下が悩んでおられるというのに、何で国民の方から、お助けしたいと思う者が現れないのか、不思議でならない。
天皇陛下は憲法の制約の範囲内で、ギリギリの意思表示をなさっている。
本来は国会議員が動かなければならないはずの問題ではないか!
宮内庁を通して陛下のご意向を聞いてみなさいよ!
男系絶対主義者は陛下のお気持ちを「忖度」してはいけない、皇室典範改正を急ぐなと主張する。
その一方で、男系絶対主義者は寛仁《ともひと》親王殿下の発言を最大限に重要視する。
寛仁親王殿下は「有識者会議」の報告書提出の前後に「男系絶対」の発言を繰り返し、旧宮家子孫の男子を皇族にすべきと主張。「側室」にまで言及された。
その発言が小堀桂一郎、櫻井よしこ、渡部昇一や、日本会議など、保守系団体に与えた影響は、とてつもなく大きい!
彼らが寛仁親王の発言を天皇陛下のご意向と勘違いしたことから、この最悪の状況が生まれてしまった。

寛仁親王殿下はそもそも皇籍を離脱されたがっておられた方だ。
その父上の三笠宮殿下は建国記念日の制定に反対なさっておられた方だ。
わしはもっと色々知っているし、意見もあるが、あえて抑える。
ただ、皇族方の意見というのなら、故・高松宮妃殿下は『婦人公論』02年1月22日号で皇室典範改正に言及しておられる。
「女性の皇族が第127代の天皇さまとして御即位遊ばす場合のあり得ること、それを考えておくのは、長い日本の歴史に鑑《かんが》みて決して不自然なことではないと存じます」
婦人公論 1/22
皇族方の意見も一枚岩ではないのに、なぜ寛仁殿下の意見だけに、ここまで過剰に保守系の者たちが同調し、運動を起こしたのか？
陛下にご心痛を与えるような結果になったことを、彼らは少しも悔いてはいないのか？
室典範改悪阻止!!
本の伝統と文化を守れ!
羽毛田長官は寛仁殿下の発言に「困ったなという気持ち」と言ったが、それは当然の感想だろう。
多分、天皇陛下のご意向と違っていたからではないか？
だが、それに対して男系主義者は猛烈なバッシングを行なったのである！
まさに「君側《くんそく》の奸《かん》コンプレックス」の嵐！
羽毛田長官は、どこまで不敬不遜・無知蒙昧・低劣なる、エセ官吏・売国奴なのだろう！
タラメな万死に値する妄言を吐いたという。
寛仁さま発言に長官も「困った」
宮内庁会見
あきれてものも言えません
宮内庁長官という立場の方が、こともあろうにその
ような発言をされるとは、なんとも傲慢極まりない
わしは羽毛田長官が陛下のご意向に反する発言や行動をするとは全然思えない。
男系主義者は寛仁殿下の方が陛下のご意向に反した発言をしている可能性をなぜ考えないのか？

平成21年11月25日、秋篠宮殿下は
お誕生日に際した記者会見で、
皇位継承制度に伴う将来的な
皇室の在り方について、
天皇陛下のご発言を受けて
こうおっしゃった。
将来その当事者になる皇太子ほかの意見を聞くという過程も私は必要なのではないかと思っております。
そして関連質問で記者に「皇太子ほかの意見を聞く」という点を指摘され、謙遜して言うのを憚《はばか》ったが、それは自分のことであると明言された。
天皇陛下が、意見を聞いて欲しい皇族として名を挙げているのは、あくまでも皇太子と秋篠宮のお二人だからだ！
皇室の将来について意見が必要なのは、天皇陛下、皇太子殿下、秋篠宮殿下だけである！
他の皇族は含まれない。これは当たり前で、天皇というのは全く特別な地位であり、他の皇族とすら隔絶した存在なのだ。
チャンネル桜の討論で笠原英彦氏はこう言った。
陛下は実は、直宮《じきみや》だけ残ればいいというお考えで、三笠宮以下他の宮家が、陛下のご意向を必ずしも受け入れてくださらないということに対する不満というものがあって、これを受けて秋篠宮殿下がご発言になったというふうに私は理解をいたしております。
大胆な発言だが、納得できる。三笠宮殿下は終戦後、昭和天皇の戦争責任を言い出されたこともある。
親子二代に亘って、陛下にご心痛を与えておられるとしたら、困ったことだ。
さらにお誕生日の記者会見で、秋篠宮殿下は、こう発言された。
国費負担という点から見ますと、皇族の数が少ないというのは、
私は決して悪いことではないというふうに思います。
これは、将来の皇族は直宮、すなわち皇太子と秋篠宮、そしてその子供が新設する宮家に限定すべきであるというお考えにしか読めない。

宮内庁に小学館から連絡をとってもらったが、宮内庁として直接に笠原氏やチャンネル桜に抗議や事実無根の指摘があったという事実はなかった(3月23日現在)。そもそも宮内庁の報道官は笠原発言を全然知らなかった。日テレからの「事実無根の指摘」は、あくまでも「インタビューしたのは川島現侍従長ではなく、渡邉前侍従長である」という一点である。

ましてや、600年も血筋が離れた旧宮家の子孫を皇族になどという意見は、もってのほかということだ!
これはとてつもなく大胆に踏み込んだ発言だった。
笠原氏は討論の中で、すでに日本テレビが川島裕現侍従長のインタビューを収録していると言った。
川島氏が「陛下は女系容認だ」と発言しているとまで笠原氏が口走ったのは失敗だっただろう。
第一に、インタビューに答えたのは渡邉前侍従長である。
第二に、陛下のご真意は憲法上、公表できない。
我々はやはり「拝察する」しかないのである。
それでは公にされた陛下のお言葉から、女性皇族についてのお考えを見ていこう。
敬宮《としのみや》愛子内親王が誕生された直後、平成13年のお誕生日の会見では、こうだ。
皇族の立場について男女の差異はそれほどないと思います。
女性皇族の立場は過去も大切であったし、これからも重要と思います。
そして平成17年のお誕生日会見では…
皇室典範に関する有識者会議が「女性・女系天皇」容認の方針を打ち出しました。実現すれば皇室の伝統の一大転換となります。陛下は、これまで皇室の中で女性が果たしてきた役割を含め、皇室の伝統とその将来について、どのようにお考えになっているか、お聞かせください。
皇室の中で女性が果たしてきた役割については私は有形無形に大きなものがあったのではないかと思いますが、
皇室典範との関係で皇室の伝統とその将来についてという質問に関しては、回答を控えようと思います。
私の皇室に対する考え方は、天皇及び皇族は、国民と苦楽を共にすることに努め、国民の幸せを願いつつ務めを果たしていくことが、皇室の在り方として望ましいということであり、またこの在り方が皇室の伝統ではないかと考えているということです。
ものすごく重要な発言である。有識者会議が打ち出した方針について、何ら否定的な言葉がない!
皇室の伝統は男女の別には何も関係ないとのお言葉だ。

天皇と国民でつくる国体、これが安定的に続きさえすれば他の問題は何とかなる。一刻も早く皇室典範改正をしなければ、今の継承順位では将来「皇太子」の座が空位になる！宮中三殿での祭祀の継承は皇太子にしかなされていない。これは大問題なのだ！

そして平成22年2月19日、皇太子殿下は、お誕生日会見で「将来の皇室の在り方」についてこうおっしゃった。
その時代時代で新しい風が吹くように、皇室の在り方もその時代時代によって変わってきていると思います。
過去から様々なことを学びながら、将来の皇室の在り方を追い求めていきたいと考えています。
これだけのお言葉を聞けば、天皇陛下、皇太子殿下、秋篠宮殿下が、将来の皇室における女性宮家女系天皇の可能性について、どうお考えかは誰にでも「お察し」できようというものだ。
だが男系主義者は一切合切、何も聞かぬ！
いやだ聞きたくない！
忖度するな！
俺のプライドの方が大事なんだ〜〜〜〜っ!!
せっかく発しておられるサインを、こんな形で国民から無視されると知ったら、陛下はどう思われるか？
ごーまんかましてよかですか？
どんなにしても国民は真意をわかってくれない。受け取ってくれない。
それは絶対の孤独感ではないか!?
これは不敬どころの話ではない。「非情」そのものである！
もっと真剣に陛下のご意思を忖度しろ!!

ゴーマニズム宣言
SPECIAL

第15章
陛下のご真意を「察する」感性

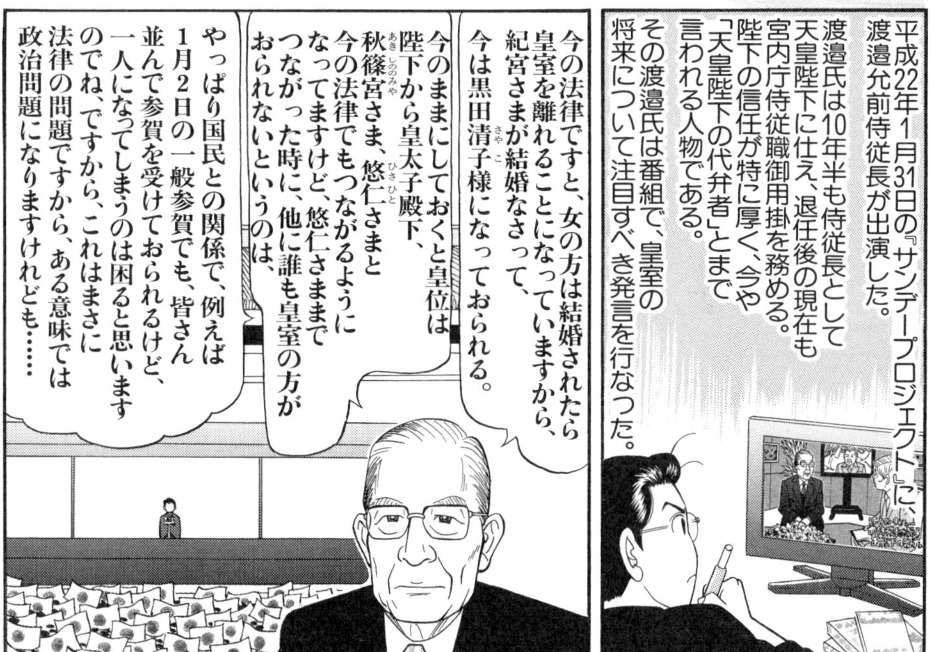
平成22年1月31日の『サンデープロジェクト』に、渡邉允前侍従長が出演した。
渡邉氏は10年半も侍従長として天皇陛下に仕え、退任後の現在も宮内庁侍従職御用掛を務める。今や陛下の信任が特に厚く、「天皇陛下の代弁者」とまで言われる人物である。
その渡邉氏は番組で、皇室の将来について注目すべき発言を行なった。
今の法律ですと、女の方は結婚されたら皇室を離れることになっていますから、紀宮さまが結婚なさって、今は黒田清子《さやこ》様になっておられる。
今のままにしておくと皇位は陛下から皇太子殿下、秋篠宮《あきしののみや》さま、悠仁《ひさひと》さま今の法律でもつながるようになってますけど、悠仁さままでつながった時に、他に誰も皇室の方がおられないというのは、
やっぱり国民との関係で、例えば1月2日の一般参賀でも、皆さん並んで参賀を受けておられるけど、一人になってしまうのは困ると思いますのでね、ですから、これはまさに法律の問題ですから、ある意味では政治問題になりますけれども……

私個人的な意見としては、少なくとも女の方がですね、特に悠仁さまと同世代の眞子《まこ》さま、佳子《かこ》さま、愛子さまが結婚なさっても、一応皇室に残られて、皇族としてその時の天皇をお助けになるといういう体制を作らないといけないいんではないかと思います。
皇室の将来のため、「女性宮家」が創設できるよう法律を改正してほしいと、特に踏み込んだ要望を表明したのだ。
天皇への道筋」として
を招くとの意見もある。渡
辺允前侍従長は私見として
「皇統論議は将来の世代に
委ね、今は論議しないとい
う前提で女性宮家設立に合
意できないものか。女系あ
りきではなく、様々な可能
性が残る」と話す。
渡邉氏がこのような発言をしたのは初めてではない。日経新聞09年11月11日付でも同様の主張をしている。
「女性宮家」の創設!
いずれも「私見」と断ってはいるが、陛下のお傍に10年半もおられた前侍従長が、皇室の将来にかかわる重要な話で、陛下の意向に全く反するような踏み込んだ意見を2度も公言することがあるだろうか?
しかも2度目は「政治家の注目度が高い」テレビ番組での発言だ。
「女性宮家」の創設だけでも認めてほしいというのはまさに陛下のご意向だとわしは見ている。
ところが、こういうことを言うと、陛下のご意向を勝手に忖度《そんたく》するなと言い出して、必死で耳を塞いでしまう連中がいる。
自分にマズい意見は聞きたくない!
たとえ陛下の側近の発言でも聞かないぞ!
彼らはそう言ってダダをこねているだけなのだが…
陛下自らどう思うなんてことがどこかに漏れ伝わるはずもない。陛下の傍で、陛下はこう思ってると言う人が政治動かすようになっちゃいますからね。近くにいる人ほど言ってはいけない。
そういう悪いことしようとしたのは、道鏡というのがいましたけど。
竹田恒泰
水島 総
▲わざわざ似顔絵は本人より良く描いているので。

保守の勢力が「運動」「行動」によってどんどんカルト集団化している。運動は恐ろしい。スローガンを叫びながら、単純化、純粋化、原理主義化していく。『脱正義論』で「日常に帰れ!」と言ったセリフを、今度は保守の側で言ったら、その反応は14年前の薬害エイズ運動の終焉のときと全く同じだった!

彼らは「男系」の血統に固執し、「女性宮家」の創設に反対する。
そして彼らの唯一の代案が、昭和22年に皇籍離脱して民間人になった「旧宮家」の子孫の男系男子を皇族にしようというプランだが、これはトンデモない主張なのだ。
その「旧宮家」系の国民が「男系」でつながっているという天皇は、なんと室町時代の北朝3代目、崇光天皇である。
あきれたことに20数世代、600年以上も離れている!
北朝
南朝
ココ! ここから別れたのが旧宮家。
〈旧宮家〉
山階宮
賀陽宮
久邇宮
梨本宮
朝香宮
東久邇宮
竹田宮
北白川宮
伏見宮
閑院宮
東伏見宮
明治天皇
大正天皇
昭和天皇
今上天皇
今上陛下はおろか、昭和天皇にも、大正天皇にも明治天皇にもつながらないのだ!
秋篠宮殿下は誕生日にこう述べられた。
国費負担という点から見ますと皇族の数が少ないというのは、私は決して悪いことではないというふうに思います。
宮内庁関係者はこの発言についてこう語っている。
「旧皇族を皇族に復帰させて、新たな藩屏《はんぺい》とせよという声もありますが、これに対して陛下は慎重なご姿勢で、今回の秋篠宮のご発言は、陛下のご意向を汲んだものかもしれません」(『週刊文春』09年12月10日号)
そもそも直系の敬宮《としのみや》愛子内親王殿下や、直宮家《じきみや》の眞子さま、佳子さまがいらっしゃるのに、
聖域で育てられたその方々よりも、ほとんど一般国民と化した男に、皇統の正統性があるかのような主張をしている「男系偏執主義者」は異常としか思えない!
現行の皇室典範では、皇位継承権は男系男子に限られているものの、皇統には女系も含まれている。
女系、女子が皇位を継承できるように法改正しても、「皇統断絶」になどなるはずがない。

※・笠原英彦氏は政治学者であり、「男系優先派」である。「直系優先」のわしとは立場が違う。笠原氏は宮内庁の意向で動いてるなどと「男系絶対派」が吹聴してるが、じっくり話してみたところ全くのウソ！笠原氏は民間の立場で皇統の危機を察知して、あと3年くらいで典範改正をやらねば危ないと考えている。この危機感は共有できる。
小泉政権下で設置された「皇室典範に関する有識者会議」が平成17年に提出した報告書は、女系天皇容認、長子優先を結論として、「旧宮家」系の一般国民を皇族にする案は否定した。
首相官邸
皇室典範に関する有識者会議
報告書
平成17年11月24日
目次
これに対して、「チャンネル桜」の討論で、慶應義塾大学教授・笠原英彦氏が貴重な発言をした。
政府関係者によると、旧皇族の男系男子の子孫の方に調査を行なった結果、保護者、ないしは本人から(皇族に)戻るという意思表示はなかった。
それを前提にして、女系容認論をとらざるを得なかったという。
皇族になるということは国民の権利を失うということだ。
親兄弟や友人などの関係性も今までの様に自由ではなくなり、ほとんど失ってしまう。
そんな身分を望む者など、そう簡単にいるはずがない。
だが討論中、笠原氏の発言を聞いた男系主義者の狼狽ぶりはすごかった。
あなたは学者じゃない！
彼らは現実との折り合いをつけて、机上の空論を避ける政治学の意義がわかってないのだ。※
男系主義者こそ、我々の前に、その旧宮家の男子を紹介したことは一度もない！
まるで「UFOはいる！」と言っているようなもので、現実は未確認男子に過ぎず、600年も離れた血をありがたがる気にもなれない。
まさに机上の空論ではないか！
「皇室典範に関する有識者会議」は、小泉政権のやっつけ仕事ではない。
平成以降、宮内庁が極秘裏に典範改正を検討、政府も遅くとも橋本政権時代の平成9年頃には準備を始めた。
皇室史の専門家が集まる宮内庁書陵部の協力で詳細な「参考資料」が作られ、
宮内庁と官邸は、女系天皇容認、女性宮家の創設の方向で、改正案のたたき台を用意していた。
その過程で「旧宮家」系国民の当事者の意向ぐらい当然調査していただろう。

笠原氏は男系派の言い分を考慮して、「旧宮家の復帰」を含む法改正でもいいと考えている。ただし、セーフティ・ネットで「女性宮家」創設も認めてほしいと言っている。わしは天皇陛下のご意向である「女性宮家」創設を副次的に扱うのはけしからんと思うが、とにかく時間がないから典範改正に着手してほしい。
この「有識者会議」の報告書に、天皇陛下が目を通されていないなんてことがあるだろうか?
I. 問題の所在
象徴天皇の制度をとる我が国に
事項である。
現行の皇室典範を前提にする
在となるおそれがあり、日本国
や長い歴史を持つ皇位の継承
したがって、将来にわたって
築することは、現在の我が国に
II. 基本的な視点
憲法においては、我が国の
国及び日本国民の統合を象
しかるに男系カルト教団は、ろくに報告書も読んでないくせに「皇室典範改悪阻止」を叫び、保守系総動員の反対運動を起こし、結果的に何年もかけて練り上げられた典範改正案をつぶしてしまった!
皇室典範改悪阻止!!
日本の伝統と文化を守れ!
万世一系の天皇
男系天皇を守
典範改悪阻止!!
伝統と文化を守れ
平成20年12月、天皇陛下は「将来にわたる皇統の問題」を、ご憂慮されて、ストレス性胃腸炎を発症された。
天皇陛下 胃に炎症
ストレスが原因
「親の心、子知らず」とはこのことだ!
▲産経新聞08年12月10日付
そして平成21年9月宮内庁・羽毛田長官は鳩山新政権に対して「皇位継承の問題」に対処するよう要望する意向を示した。
ところが男系偏執主義者は羽毛田長官を「君側《くんそく》の奸《かん》」呼ばわりし、宮内庁陰謀説を叫ぶばかりで、聞く耳を持とうとしない。
そこで、陛下のご意向を伝える切り札のような存在である渡邉前侍従長が「女性宮家の創設だけでも」と発言するに至ったわけだが、やはり彼らは無視してしまう!
皇室の制度の改正は法律上、国会の審議に委ねられることになっているため、天皇陛下は立憲君主として、自分が口出しすることを控えておられる。
それならば、国民が、陛下のご真意はどうなのか、天皇・皇后両陛下や皇太子・秋篠宮両殿下の発言に耳を澄まして聴きとらなければならない。
そして側近たちや皇室を取材する記者たちの発言にも。
先日、わしはベテランの皇室ジャーナリスト久能靖さんから手紙をいただいたが、大いに勇気の出る内容だった。

竹田恒泰氏は天皇の血統が双系になったら「雑系」になるなどと、とてつもない不敬なことを言っている。天皇の血筋を「雑系」とは何たる言い草だ！これが男系絶対主義者の狂気なのだ。

もちろん、陛下の直接のお言葉がない限り、100%とは言えないが、天皇陛下ご自身が「女性宮家の創設、女系天皇容認」の意向であることは、もはや99・9%間違いないだろう。
長年、陛下のご意思を察して、国民との橋渡しをしてくれた本物の皇室ジャーナリストたちもそう見ている。
だがそれらの陛下のご意向を「お察しする」意見を、わしが紹介しただけでも、男系偏執主義者は必ず例の非難を浴びせてくる。
陛下のお気持ちを勝手に忖度《そんたく》するな！
小沢一郎と同じ不敬行為だ！
道鏡だ！
男系偏執主義者は陛下への敬意のある者とない者の区別すらつかない！
常識人なら小沢一郎とベテラン皇室ジャーナリストの意見を一緒にするはずがない！
男系偏執主義者がカルト化して常識人の視点を失っているだけなのだ！
男系偏執主義者は、陛下の御心を一切、お察ししてはいけないと言う。
宮内庁長官・羽毛田氏が言ってもダメ！
前侍従長・現侍従職御用掛の渡邉氏が言ってもダメ！
これでは陛下のお気持ちは永遠に封印されてしまう！
現憲法が典範改正を国会の審議に委ねるとしているため、陛下が直にお気持ちを公にすることができない。
だが側近たちには心を打ち明けることだってあるだろう。
側近たちは陛下のためを思って「女性宮家の創設だけでも」とできるだけ、さりげなく国民に訴える。あくまでも「私見」と断りながら。
なぜそこから陛下のお気持ちを拝察しないのだろう？
なぜ陛下の心の平穏を願わないのだろう？

男系固執主義者は「陛下のご意思を忖度するな」の大合唱を始めた。竹田恒泰などは陛下が女系容認だったとしても、「大義のない勅命は勅命に非ず」だから聞く必要ないと言い、渡部昇一がこれに同意してる始末だ。彼らはついに「反逆宣言」までした！「男系カルト教」への絶大なる帰依のみが彼らの主張である！
皇學館大学名誉教授・田中卓《たかし》氏が紹介した話によると、ある女系天皇反対論者は、講演を行なって「天皇陛下のご意向を承る必要があるのではありませんか？」と質問を受け、こう答えたという。
それは必要ない。そのようなことをして、もし天皇陛下が将来は女帝でも差し支えないとおっしゃったらどうするのか！
尋常ではない。もはや天皇陛下よりも「男系」が大事なのだ。これではもはや「男系カルト教」である。
カルト教団との議論は成立しない。時間だけが無為に過ぎていく。
ご高齢の陛下が皇統の問題を憂慮され、ストレスを抱えたままで！
天皇陛下はご在位20年の記者会見で、この先皇位の安定的継承が難しくなるという現状を、しっかりと認められた！
その上で国会の議論に委ねるとおっしゃっている！
天皇陛下ご即位20年
【質問2】皇室についてはこの先、皇族方の数が非常に少なくなり、皇位の安定的継承が難しくなる可能性があるのが現状です。両陛下は皇室の現状、将来をどうお考えでしょうか。
天皇陛下　皇位の継承という点で、皇室の現状については、質問のとおりだと思います。皇位継承の制度にかかわることについては、国会の論議に委ねるべきであると思いますが、将来の皇室の在り方については、皇太子とそれを支える秋篠宮の考えが尊重されることが重要と思います。
「国会で早く決めてくれ」とおっしゃったのと同じだ。
国会議員は速やかに皇室典範を改正し、女性宮家の創設だけでもできるようにしなければならないのではないか？
わしはもはや話の通じない「男系カルト教徒」よりも、一般国民に向けてていねいに説明したい。
そして国民に向かってこう訴えたい。
常に国民の幸せを祈ってくださる天皇陛下に、恩返ししようじゃないか！

男系は日本の「誇るべき」伝統ではない。シナの宗族制度の名残である。本家本元から見れば、推古天皇の出現で、すでに男系絶対は崩れている。ましてや斉明天皇（母）から天智天皇（息子）への女系継承で、さらに崩れてしまった。本家男系主義から見れば、皇統は男系では全然ない！
後醍醐《ごだいご》天皇は、政治改革に自ら乗り出すにあたり、こうおっしゃった。
今の例は古の新儀なり。
朕が新儀は未来の先例たるべし。
明治天皇は、五箇条の御誓文でこうおっしゃった。
旧来ノ陋習《ろうしゅう》ヲ破リ天地ノ公道ニ基《もと》クヘシ。
そして皇太子殿下は、こうおっしゃっている。
その時代時代で新しい風が吹くように、皇室の在り方もその時代時代によって変わってきていると思います。
過去から様々なことを学びながら将来の皇室の在り方を追い求めていきたいと考えています。
過去の「形式」を原理主義、絶対主義で墨守するのは、保守でも伝統でもない。
天皇の伝統とは、そんなものではない。
ごーまんかましてよかですか？
「シナ宗族制度」の影響を受けた「男系主義」が、かなり壊れかかって残っているのが、現在までの天皇の系譜である。
推古天皇（女帝）
斉明天皇（母）→天智天皇（息子）
元明天皇（母）→元正天皇（娘）
持統天皇（女帝）
女性天皇もいる！父が天皇だからというこじつけありの女系継承もある！
そろそろ「からごころ」から脱却して、「やまとごころ」の女系も含む「双系」への移行を実現してもいいのではないか？
政治家よ動け!!

ゴーマニズム宣言
SPECIAL

第16章
リアルな皇統の危機とは何か?

反左翼だからといって「保守」とは限らない。
なにしろいまだにこんなことを言ってる者がいるんだから。
皇位継承の話って、今やらなきゃならないことなんですか?
悠仁《ひさひと》さまがいらっしゃるんだから急ぐ必要はないんじゃないの?
外国人参政権や、夫婦別姓法案などは、まあわかりやすいから、自称保守派は右へ倣《なら》えで「反対」と言ってりゃいい。
だが皇位継承の問題はどうしても知識がいるし、「伝統」に対する深い理解がいる。
ところが、この問題で運動を先導した言論人は、そもそも基礎知識もないから、未だに危機が全然見えてない。
なぜ今、この時期に皇位継承問題を持ち出すんだ!?
今やるべきことは民主党政権打倒だ!
結局、この問題が一刻を争う事態になっているということに気づく者は、日本の中でもほんの一握りしかいないのだ。

もう一度、皇位継承が重大な危機を迎えていることをリアルに説明しておこう。
考えたくはないシチュエーションだが、今上陛下はあと何年生きておられるだろうか？
平成22年77歳をお迎えになる陛下は、平成15年に前立腺がんの全摘出手術を受けられて以来、現在もホルモン療法を続けておられる。
ホルモン療法には副作用があり、その筆頭は骨粗鬆症《こつそしょうしょう》である。
高齢者の骨粗鬆症は、脊椎《せきつい》の圧迫骨折を起こしたり、些細な転倒でも骨折して寝たきりになったりしかねない大変危険なものであり、
陛下はその予防のために、ご多忙な公務の中でもカルシウム摂取と日々の運動の不断の努力を続けておられる。
▲読売新聞03年1月19日付朝刊
天皇陛下の手術終了
医師団「前立腺全摘に成功」
平成22年2月には陛下はノロウイルスに感染し、ご公務をお休みになった。
ノロウイルス 天皇陛下が感染
宮内庁は5日、体調を崩して皇居・御所で療養中の天皇陛下が検査の結果、
これも、ご高齢による抵抗力の低下が原因と考えられる。
▲毎日新聞10年2月6日付朝刊
ここでやはり最も心配になるのは、平成20年12月、陛下は皇統問題などの不安から来るストレスが原因で、不整脈と胃腸炎を発症されていることだ。
そしてこのストレスの原因が取り除かれる目途《めど》は、今も一切立っていない。
本物の愛国者であり、天皇への敬意を持つ者なら、この現状を目の前にして、
時間はいくらでもある！
なぜ今それを急いでやらなきゃならないんだ？
…なんて言えるわけがない！
わしは第一に、国民の安寧《あんねい》を全力で祈ってくださる天皇陛下に何とか恩返しがしたい!!
一日も早く、陛下のご心配を取り除いてさしあげたい。
そして心安らかに長生きしていただきたいと思う。
▲産経新聞08年12月10日付
天皇陛下 胃に炎症 ストレスが原因

そして、皇位継承問題の解決を
急がなければならない
第二の理由は…
今上陛下が崩御《ほうぎょ》され、
現在の徳仁《なるひと》皇太子殿下が
天皇に即位なさった場合、
現行の制度では、
次の「皇太子」の地位に就く
お方がいなくなってしまう！
皇室典範では皇太子とは
「皇嗣《こうし》たる皇子」
つまり皇位継承順位第一位の、
天皇の子と規定されている。
徳仁皇太子殿下が
天皇に即位なさると、
皇位継承順位第一位は
秋篠宮《あきしののみや》殿下になる。
しかし、天皇の弟である
秋篠宮殿下は
皇太子にはなれない。
もちろん皇位継承順位第二位で、
天皇の甥の悠仁殿下も
皇太子にはなれない。
つまり「皇太子」が
空位になってしまうのだ！
我々は皇太子殿下の
いない時代に
生きることになる。
このことは国民の
皇室への関心や敬意を
薄れさせる原因となるだろう。
そしてそうなると、ただちに
第三の問題が発生する。
次世代への祭祀の継承に
重大な支障が生じることに
なるからだ！
天皇とは「祭司王」であり、
祭祀を行なうことこそが
天皇の本質である。
そして、天皇陛下が自ら行なわれる
祭祀の大部分には、
皇太子殿下がご一緒に
殿内にて拝礼される。

中でも一年で最も重要な
「新嘗祭《にいなめさい》」では、宮中三殿の
隣にある神嘉殿《しんかでん》で
天皇陛下ただお一人で行なわれる
「神人共食《しんじんきょうしょく》」の祭儀の間、
皇太子殿下は脇の隔殿《かくでん》に
ずっと控えておられる。
秋篠宮殿下や他の皇族は
誰も入れず、
ここには天皇と皇太子しか
昇殿できないのである。
だが皇太子が不在になれば、
こうして一子相伝のような形で
行なわれてきた祭祀の継承が、
不可能になってしまうのだ!
さらに第四の問題。
皇太子が空位で、皇位継承順位
第一位が、天皇と5歳しか違わない
秋篠宮殿下になれば、
天皇と秋篠宮殿下はお二人同時に
年をとり老いていかれることになる。
さらに年月を経て徳仁天皇が
ご高齢で崩御されたら、
次の天皇には、すでにご高齢に
なっている秋篠宮殿下が
即位されることになる。
新しい御代《みよ》の幕明けが
例えば80歳の天皇誕生
ということになった時、
国民の天皇への関心や求心力は
保たれるだろうか?
しかも秋篠宮殿下が天皇で
おられる時代は当然短い。
元号が数年で
変わってしまう
ことになる。
極めて短い期間に
次々皇位が移動する、
不安定な状況になるのだ。
そもそも
秋篠宮殿下は
天皇になるための
教育を受けておら
れない。

第五の問題。
天皇のご公務の問題もある。
天皇陛下には国事行為があり、
書類への署名だけでも、
上奏書類だけで年間1000件超。
宮内庁関係書類を合わせると
2000件を超えるという大変な
激務である。
そのため、国事行為がない皇太子が
各種行事への臨席や、
内外の要人との接見などの
ご公務を数多く行なっている。
皇太子が不在になると、
これらの公務を担う人が
いなくなり、
天皇陛下のご負担が
桁外れに重くなってしまう。
第六の問題。
敬宮《としのみや》（愛子）さまは平成22年に9歳、
悠仁さまは4歳になられたが、
どちらが帝王学を学ぶのかを
早く決めなければならない。
浩宮《ひろのみや》（現皇太子）さまは、
学習院初等科の7歳の時から
6年間、毎週、東大名誉教授の
宇野哲人博士を東宮御所に招き、
『論語』の素読を続けられ、
さらに中等科でも14歳まで
それに『唐詩選』を加え学ばれた。
歴代天皇の事蹟も10代のうちから
東大教授らのご進講で勉学されている。
天皇や皇太子の教養の深さを
侮《あなど》ってはいけない。
幼い頃から学び始めた教養に
裏打ちされているから、
『昭和天皇論』で描いたように、
日本国の緊急時に
政治家よりもすごい政治性を
発揮することだってできるのだ。
昭和天皇論
愛子さまか、悠仁さまか、
どちらを未来の皇太子とするにせよ、
帝王教育は早くから始めなければ
ならない。
そのためにも、皇太子の空位を防ぎ、
次代の皇太子、天皇になるにふさわしい
教育を行なえるようにする措置を、
一刻も早く講じなければならないのである。

「女性宮家」を将来の新年一般参賀の、ベランダ要員のためと言ってる男系馬鹿がいる。女性宮家には皇位継承資格はないと思ってるらしい。悠仁親王殿下の孤独を癒すためだけに国費を使って「女性宮家」が創設されると、無知な男系馬鹿は思い込みたいらしい。だったら「女性宮家創設」に賛成しろよ！
これらは今上陛下の崩御という事態を想定して語らなければならないことなのだが、将来起こり得ることを「縁起でもない」だの「不敬だ」だのと見ぬふりをして何も手を打たなかったら大変なことになる。
敗戦時、「元号」を制定する法的根拠が消滅。そのまま天皇が崩御したら、「昭和」を最後に元号が制定されないという危機がずっと続いていた。
だが、これも天皇の崩御を想定した問題ということもあって、なかなか議論にならなかった。
しかし昭和の時代には、危機を的確に感知し行動できる人々がいた。
昭和天皇が70代半ばを迎えられた頃から、元号法制化の運動は活発化。
民間の愛国尊皇団体「大東塾」の創始者、影山正治氏のように、これを生涯最後の活動と定め、元号法の成立を目前にして割腹自決した人までいた。
そのような人たちのおかげで、現在「平成」という元号があるのだ。
然るに現在の自称愛国者、自称保守派の体たらくはどうだ!?
天皇陛下がご高齢となり、将来にこれだけの危機が存在しているにもかかわらず、「皇位継承問題なんか、なぜ今やらなきゃならないの?」などと寝ぼけたことを平然と言っている始末だ！
あと3～4年のうちに皇室典範を改正し、「女性宮家」も創設できるようにしなければ、大変なことになってしまう！
平成22年、秋篠宮家の眞子さまが大学に進学された。遅くとも4年後のご卒業までに、女性宮家の創設を可能にして、皇室に残れるようにしなければ、いつご結婚されて皇籍を離れてしまわれるかわからない。
女性皇族方はどんどん結婚適齢期を迎えて、民間人になっていく。

そしてさらにこのまま事態を放置すれば、悠仁さまが成人を迎えられる10数年後には、女性皇族はみんな結婚されて誰もいなくなる。
次世代の皇族が悠仁さまたった一人になってしまうのである!
「女性宮家の創設」が皇位継承に関係ないと男系信者が思うのならこれだけでも賛成すればよい!
旧宮家系の子孫男子も皇籍取得する者がいるならさっさと紹介して記者会見しろ!
仮にそんな人物が名乗りを上げたとしても、600年、20数代、40数親等も離れた、もはや一般国民を、「直系の愛子内親王殿下よりも正統性がある」と、国民を説得できるかどうか、やってみるがいい!
このお方です!!
「どこの馬の骨だ!」と思われるのがオチだろう。
そもそも男系固執主義者が全然わかってないのは「国体」は天皇だけでは完成しないということだ!
天皇と国民が、互いに信頼しあえる関係性が成立して、やっと「国体」は維持されるのだ!
はっきり言って国民が関心を失ったらおしまいだ。共和制に移行するだろう。
わしが『天皇論』や『昭和天皇論』を描いたり、女性誌が雅子妃や愛子さまの記事を載せていることが、まさに「国体」を維持する効果を発揮していることになるのだ。
ひとつ、言っておくが、悠仁さまよりも、もうすでに国民は愛子さまに心を奪われてしまっている。
今後も雅子妃と愛子内親王への注目はさらに強くなっていくだろうとわしは予測している。
愛子さま
雅子さま
雅子さま
愛子さま

だが一方で、最近、愛子さまがいじめられる事件があった。
これに対して学習院側が
「わんぱく坊主を見て怖がっちゃうような環境で育てられているわけですから、それは学校が直すというよりも、ご家庭で直していただかないといけない」などと言っていたが、驚くべきことだ!
皇室、学習院がひた隠す
「隠ぺいいじめ手口」「学級崩壊」!
そのとき雅子さまは……
もはや愛子内親王が「聖域」に暮らす方であり、「競争原理」の外に置かれるからこそ「聖性」が備わるという認識も学習院にはない!
皇室に対する「畏《おそ》れ多い」という感覚が、学習院の校長にも、生徒の親たちにも欠如してしまっているのではないか?
もちろん皇室の側は、「普通の子と一緒に育ててください」とおっしゃるだろうが、だからといって、ど庶民の学校に愛子さまを通わせられるはずがない!
学習院は「聖」と「俗」の境界に、緩衝地帯として設けられた学校のはずだ。
そうでなければ学習院のブランド力など消滅するだろうが!
わしはあの学習院いじめ事件は、他愛ない子供の世界の問題とは見ていない。
学習院の校長ですら、皇室の意味も知らず、敬意も失っているのではないかと危惧してしまうのだ。
悩める雅子さまへ
～7人の緊急直言
漫画家 小林よしのり 56
「今の学習院には、皇室への"敬意"が欠けている!」
男系固執派との討論の席で新田均氏などはヘラヘラ笑いながらこんなことを言った。
小林さんがどう描くかで決まる。「神武天皇からつながってるんだよ、スゴイね～っ!」て描けば、みんな納得するかもしれないですよ。「600年を超えて継承されるじゃないか、こんなこと世界にあるのか!」みたいに描けば、『ゴー宣』で。
『ゴー宣』の読者をナメてるのか!?
どんな馬鹿げたことでもわしが描けば、右でも左でも洗脳できると思ってるのか!?
わしは人を「洗脳」はできない!
読者の本来持っている常識に、自信を与えることしかできない!
読者を非常識に「洗脳」することはできないのだ!
▲『週刊女性』10年3月23日号
▲『女性自身』10年3月30日/4月6日号

旧宮家子孫を皇族にするという案をもっとリアルに考えてみよう。
もしそれを実行した場合、それは男系男子の継承のための超特例措置なのだから、男子を産まなければならないという圧力は、ものすごく高まる！
例えば、女性皇族の誰かと結婚させて、宮家を立てたとする。
するとその女性皇族も、あくまで男子を産むという厳格な目的のためだけに、結婚することになる。
そして国民が期待を持ち始める。
さあ、男子を産んでくださるぞ！
そのためだけに、600年も血の離れた人を皇族にしたのだから！
そして妊娠されれば、いやが上にも高まる期待！
さあ男子だ！
号外
そりゃあ男子さ！
当たり前じゃねーの！
ご懐妊
ご懐妊
数か月後、ついにお生まれになりました！
男のお子様か!?
…いいえ、女子でした！
この時、国民はどう思う？
落胆と非難の嵐になるだろう！
こいつ、何のために皇族になったんだ？
税金のムダ遣いではないか！
もう女性皇族はいないんだぞ！
どうしてくれるんだ――っ!?
それ以上に悲惨なのは生まれた子供だ。
この子は何のために生まれたんだ？
必要もない女子なんか生まれて！
とにかく最近はマスコミの言論もネットのことばも情け容赦ない。
雅子妃に向かっていたバッシングが今度は新宮家に集中だ！

晩婚、少子化の中で、多くてたった2・3回の出産では、女子しか生まれない可能性は極めて高い。現に41年間も皇族に女子しか生まれなかったではないか。そもそも、一人も子供が生まれない可能性だってある。常陸宮のように。旧宮家系子孫を少なくとも4人は皇族に復帰させるのが、竹田恒泰の案らしいが、絶対に国民の同意は得られない!

しかもその上でプレッシャーは続く。
さあ、今度こそは男子を産みなさいよ!!
こんな残酷な話があるだろうか?
ところが、こう言って聞かせても、男系信者は平然とこう言うのだ。
それは五分五分でしょう。男の子ばっかり生まれる可能性もあるし。
なんという阿呆か!
制度設計は、最悪のシミュレーションに基づいて行なうのが常識じゃないか!
男系固執主義者は、最高・最良・最楽観の予測しか立てない。
旧宮家子孫さえ皇族になってくだされば、必ずや男子をたくさん作ってくださる。
悠仁さまも成長されて結婚すれば、たくさん男子ができるに違いない。
皇統は安泰だ。
典範改正なんか興味なし!
これは憲法9条信者の言い分によく似ている。
日本を攻めてくる国なんてあるわけないじゃないですか!
男系信者はそういう者を「空想平和主義」と批判し、中国が攻めてくるぞ、北朝鮮が攻めてくるぞと、最悪の想定を言い募るくせに一方では全く現実感のない「空想男系主義」に逃避するのだ!
平和ボケ!
男聖マンセー
そもそも一夫一婦制で、妻は必ず男子を産まねばならぬ結婚というものが、野蛮なのだ!
雅子妃殿下だって、どれだけ苦しまれたことだろうか!? 想像すると気の毒でならない。
皇太子殿下が「雅子の人格を否定するような動きがあった」と告発された背景には、男子出産がまだだから、雅子妃の外国訪問の許可が出ないという理由があったのではないか?

こんな野蛮な風習を、21世紀の時代に続けていてはいけない！
伝統は漸進的に革新するものだ！
やはり小泉政権下の平成17年に提出された「皇室典範に関する有識者会議」の報告書は正しい。
あの結論どおりに典範が改正されれば、天皇の子である敬宮《としのみや》愛子内親王殿下が皇太子になる！
直系で皇太子の空位を防ぎ、滞りなく祭祀の継承を行なうことも可能になる！
皇太子という名称は特に男子を意味するものではなく、歴史的にも女子が皇太子となった事実がある。
首相官邸
皇室典範に関する有識者会議
報告書
平成17年11月24日
祭祀に関しても、女子ができないものはない。
宮中三殿で最も重んじられる賢所で祭祀に奉仕できるのは「内掌典《ないしょうてん》」という未婚の女性神職であり、
伊勢神宮の祭主は既婚の元内親王が務めている。
過去の8人10代の女帝も祭祀を執り行なっているし、
そもそも大嘗祭《だいじょうさい》は女帝の持統天皇の御代に始まったのである！
月の障りの時だけは不浄として祭祀を行なうことができないが、その場合は男性天皇がご不例（病気）の時と同様に掌典長に代拝させるという措置を採ればいい。
そもそもスポーツの世界で女性選手たちは、なぜ、オリンピックや重要な大会などで全員活躍できるのか？
今は月の障りを前後させる方法はあるので、祭祀についても不都合は何もない。

有識者会議報告書は、「女系容認」と共に「長子優先」と結論付けているが、これも十分納得できる。
実はこの点は、わしと高森明勅氏や所功氏とは意見が違っている。
もし高森氏が主張するように、「女系容認、ただし直系の男子優先」であれば、天皇の第一子が女子で、第二子以降に男子が生まれたら、「皇太子の交代」という事態が起きてしまう。
第一子が女子だった場合、「暫定皇太子」のような不安定な状態になってしまい、それが相当長く続くこともあり得る。
例えば秋篠宮家の長姉、眞子さまと悠仁さまは、15歳も離れている。
つまり、生まれてから15年も皇太子として育てられ、国民がそのように視線を送り、期待していても、弟が生まれた瞬間、皇太子が交代するということも、現実に起こりかねないのだ。
それはご本人にとっても相当残酷なことだろうし、国民感情としても、しこりが残るかもしれない。
やはり、安定的な継承を優先するならば、「男女を問わず長子優先」とした方がいいとわしは思う。
ギ…
そもそも「有識者会議」が立ち上げられるずっと以前から、皇室典範改正に向けた準備は始まっていた。
平成に入った頃から宮内庁が極秘裏に検討をはじめ、政府も遅くとも橋本政権時代の平成9年頃には準備を始めた。
皇室史の専門家が集まる宮内庁書陵部の協力で詳細な「参考資料」が作られ、宮内庁と官邸は「女系天皇容認」、「女性宮家創設」の方向で改正のたたき台を用意していた。

では、ずっと前から慎重に準備していたはずなのに、なぜ小泉政権下で急に「有識者会議」が立ち上げられ、「拙速」と非難されるような方法で一気に事が進められたのか？
皇室典範会議が報告書
女性・女系天皇容認
第1子優先が適当
政府 来春にも改正案
それは天皇陛下のご不例と関係があるのではないか、とわしは見ている。
天皇陛下が前立腺がんの手術を受けられたのが平成15年。
そして「有識者会議」が立ち上げられたのが翌平成16年。
それから1年足らずで「報告書」がまとめられている。
これは天皇陛下のご意思を側近たちが反映して動いた結果ではないか？
がんの手術を受けられ、70歳を超えられて、残された時間がそう長くない、
急がなければならないと陛下が思し召したのではないだろうか？
有識者会議のメンバーも、陛下のご真意については気にしていたといい、メンバーの一人はこう語っている。
「会議には宮内庁から次長が出席しています。次長がやおら立ち上がって何か言い出せば、それは天皇のご意思でしょうから大変なことでしょうが、幸いそれはありませんでした。次長の顔色を見るかぎり、会議全体がご意思に反してとんでもない方向に行っていることはないと考えています」
（『週刊文春』05年12月8日号）
そうしてもう少しで実現するはずだった皇室典範改正を、運動で叩き潰したのが男系固執主義のカルト信者たちだ。
皇室典範改悪阻止
悠久の歴史
ところがそれを指摘すると、彼らは不可解な反応を示した。
別に男系主義者がデモしたから止まったんじゃなくて、あれは完全に紀子さまのご懐妊報道があったから止まったんですよ。政治運動で止まったんじゃないですよ。
▲朝日新聞05年11月25日付朝刊

なぜそんなウソをつく？
皇室典範改正には運動の成果で、全国会議員の3分の1が反対に回っていたではないか！
皇室典範改悪阻止
悠仁さまがお生まれになっても皇位継承の危機が回避されたわけではないのに、典範改正が完全に沙汰やみになってしまったのは、こんなに反対が多い厄介ごとは、もう止めておこうと小泉が思ってしまったからではないか！
日本の伝統
皇室典範改正を力ずくで潰したのは、紛れもなく男系信者どもだ。
正しいことをしたと思っているのなら堂々と誇ればいいのに、なぜウソついてまで、自分たちがしたことじゃないと言い張る？どこか心の底で、「ヤバイことをしたのかも」と思い始めているようだな。
だが責任逃れはさせない！
現在の事態を招いたのはお前らだ！
その罪深さを知れ！
もしもこのまま皇位継承が深刻な危機に瀕し、今上陛下が重大な憂慮を抱えたまま崩御されるようなことがあったら、お前らは2000年の日本史上、最大の朝敵として歴史に刻まれるだろう！
天皇陛下のため、皇統のためを思えば、皇室典範改正は一刻も早く、最優先で取り組まなければならない課題なのだ！

それを「民主党政権には典範改正をやらせない」などと、くだらない政局の話と一緒くたにする者がいる！
それどころか政局の方を優先せよと言い出す者までいる！
愚劣きわまりない連中だ！
危機管理の常識である「最悪のシミュレーション」から目を背け、
一度思い込んだ無根拠の説を再検討してみる勇気も出せず、
実は天皇陛下を、信頼も尊敬もしていないエセ愛国者ども！
お前らこそが国体破壊者だ！
女系容認は雑系
大義のない勅命は勅命に非ず
皇統断絶！
悠久の歴史
万世一系
国体は、天皇だけでは完成しない。
「天皇と国民」、もっと厳密に言えば「天皇と公民」で成り立つ！
公民とは公の心を持つ国民のことだ。
国体は「天皇と公民」、この両者がお互いを必要とし、相思相愛の関係を育ててこそ、完成する！
男系信者は天皇陛下を信頼していない！
今上陛下が、歴代の天皇の伝統を見事に体現なさっておられる方だという信頼がない！

保守と分類されていた言論人や、それに追従するホシュ大衆が、今、大崩壊を起こしている！
600年の過去に繋がる未確認男系男子という幻を夢見て、
直系の皇族よりも正統性があると主張するまでに倒錯している！
「保守」と言いながら庶民感覚から完全にかけ離れ、人工的に制度設計しているのだ！
典範改正はすぐにでも必要なのに、この局面が動く気配はない。
「民主党にはやらせない」を彼らは口実にする。
自民党ならいいのか？それはいつだ？
政界再編したらどこの党ならいいのだ？
全く予測が立たない政局なんかに、皇統の維持の命運をかけられるか？
ごーまんかましてよかですか？
このままでは皇太子殿下がいない時代がやってくる！
祭祀の継承も不完全になる！
国民の関心と信頼をつなぎとめる陛下の血をひく女性皇族もいなくなる！
皇室典範改正を急がねば日本の国体はいよいよ危機に瀕することになろう！

ゴーマニズム宣言
SPECIAL

第17章 竹田恒泰の「皇族復帰」はありえるか？

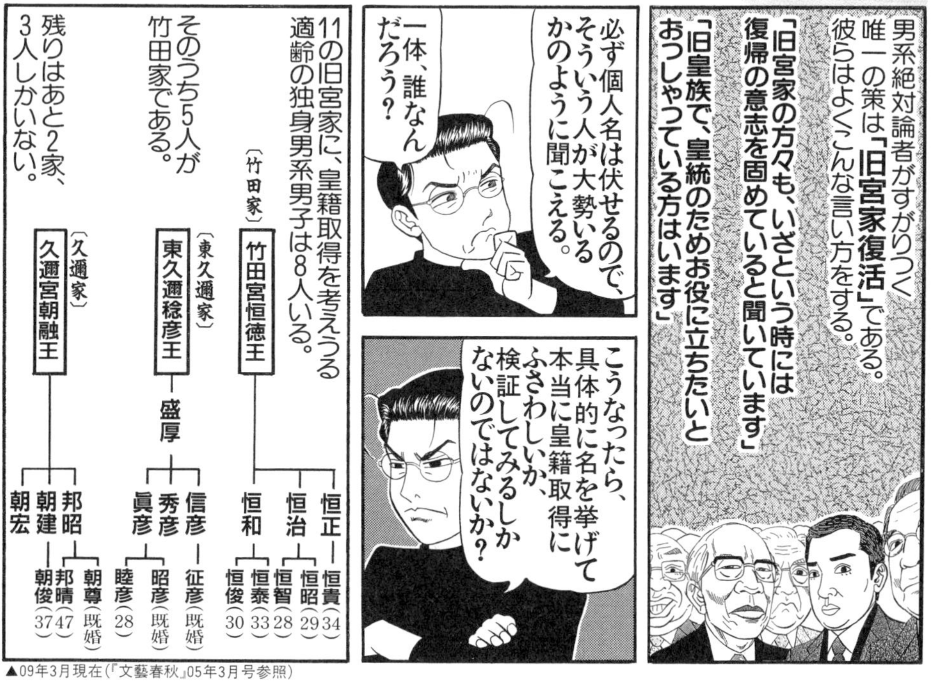
男系絶対論者がすがりつく唯一の策は「旧宮家復活」である。彼らはよくこんな言い方をする。
「旧宮家の方々も、いざという時には復帰の意志を固めていると聞いています」
「旧皇族で、皇統のためお役に立ちたいとおっしゃっている方はいます」
必ず個人名は伏せるので、そういう人が大勢いるかのように聞こえる。
一体、誰なんだろう？
こうなったら、具体的に名を挙げて本当に皇籍取得にふさわしいか、検証してみるしかないのではないか？
11の旧宮家に、皇籍取得を考えうる適齢の独身男系男子は8人いる。
そのうち5人が竹田家である。
残りはあと2家、3人しかいない。
〈竹田家〉竹田宮恒徳王
恒正 — 恒貴（34）
恒治 — 恒昭（29） 恒智（28）
恒和 — 恒泰（33） 恒俊（30）
〈東久邇家〉東久邇稔彦王 — 盛厚
信彦 — 征彦（既婚）
秀彦 — 昭彦（既婚）
眞彦 — 睦彦（28）
〈久邇家〉久邇宮朝融王
邦昭 — 朝尊（既婚） 邦晴（47）
朝建 — 朝俊（37）
朝宏

▲09年3月現在（『文藝春秋』05年3月号参照）

だが、旧宮家の数人に直接取材した保阪正康によると、彼らの中で皇族にと思っている人はただ一人、竹田恒泰しかいなかったという。
彼はいまメディアに出て旧宮家復活をさかんに訴えています。そうすると、ほかの旧宮家でも同じような動きがあるんじゃないかという錯覚に陥るけれど、私が聞いたかぎりでは復活を希望している人はほとんどゼロなんです。もう彼らは、われわれと同じ生活者としての視点を持っていますよ。
『月刊現代』06年2月号
そりゃそうだ。皇籍を離れて62年、みんな普通の国民としての生活基盤や人間関係を築いているのだ。
その全てを捨て去って、今から著しく国民の権利や自由を制限される皇族になってもいいなんて人がそうそういるはずがない。
唯一、具体的に名前が挙がってて、検証できるのは竹田恒泰氏だ。
八木秀次氏を始めとして、「男系絶対主義者」が言う「旧宮家」に関する情報は、どうやらほとんどが竹田恒泰氏が発信源、つまり竹田家の情報のようだ。
彼が本当に皇族になることを希望してるのかどうか知らないが、とにかく「男系絶対主義者」が思い描いている人物であることは間違いない。希望の星なのだ。
その竹田恒泰氏だが、そもそも彼は「旧皇族」ではない!
「旧皇族」とは、昭和22年の皇籍離脱以前に皇族の身分だった人であり、恒泰氏はもちろん、その父・恒和氏も一般国民として生まれている。
ところが竹田氏は『旧皇族が語る天皇の日本史』という本まで出しているのだ!
プロフィールでも「旧皇族・竹田家に生まれる」と、彼自身が旧皇族かと誤解させる表現を使っている。
「消防署の方から来ました」みたいなものだ。これでは旧皇族という「偽ブランド」で商売をしていると勘繰られても仕方なかろう。
旧皇族が語る天皇の日本史
竹田恒泰

そもそも竹田氏は、皇室典範改正に関する言論活動で世に出る以前、何をして生活してたのか？
本人のホームページにも、ボランティアの「ロングステイ財団専務理事」以外は、環境問題に関する企業・団体の役員・顧問といった経歴しか記されておらず、定職に就いた様子はない。
平成14年、26歳の時には横浜市長選挙出馬を一旦表明してとりやめ、
開戦前のイラクを一水会の木村三浩氏や鈴木邦男氏らと訪ねて民間外交をやっているが、その際「プリンス・タケダ」と紹介され、プリンスとして遇されている。これも皇室の尊厳を害するのでは？
ずいぶん政治色の強い人物だ。
さらに真偽は不明だが、『週刊新潮』でスキャンダル記事のネタになっている！
【特集】北京五輪直前
「詐欺師親子！」と告発された「愛人入籍」JOC竹田会長
8月8日の開幕までいよいよ残り2カ月を切った北京五輪。JOC（日本オリンピック委員会）の竹田恒和会長（60）もさぞやご多忙だろう。が、そこに加えて、何とも厄介な問題が勃発した。会長と長男に対して〝詐欺師親子！〟という告発が飛び出したのだ。
記事の信憑性などどうでもいいのだ。
過去を暴かれたらスキャンダルが噴出するということが、まさに「俗界」にいる普通の国民の証拠である！
我々と同様に決して高貴なお方ではない！
わかるかね？「男系絶対主義」の諸君！

▲『週刊新潮』08年6月19日号

そして竹田氏は「俗界」で、己れの主義主張を発表し議論するというわしと同じ土俵に上がっている！
ならばわしの主張と対立した場合わしの批判を覚悟せねばならない。
旧皇族投げ～～～っ！
ど～～～れ、わしがもっと「俗」にまみれさせてやろうかの！

竹田氏は自らのブログで、読者からわしの『天皇論』の感想を問われ、こう答えている。
「せっかく良い本なのですが、最後の女系天皇容認論には失望しました。女系天皇を絶対悪と見るか必要悪と見るかには、大きな隔たりがあります」
つまり竹田氏は「男系絶対主義者」だから、女系天皇を「絶対悪」と見ているのだ。
高森明勅氏やわしなどは、女系天皇を「必要悪」として、仕方なく認めていると、竹田氏は思っているらしい。
ふざけるんじゃない！
わしは女系天皇を「必要悪」なんて考えてない！
正統な天皇の資格があると言ってるのだ！
竹田氏は八木秀次氏との対談本『皇統保守』で、高森明勅、所功を名指しで非難した。
「（悠仁《ひさひと》親王殿下がお生まれになり）この期に及んで、『女系天皇』『女性天皇』と主張するのは著しく妥当ではない。正当性もなければ正義もない。論拠がまったく失われているわけです」
竹田氏は全然気づいていない。女性皇族方があと数年で次々、結婚適齢期になって、広い皇居内に悠仁親王がたった一人でとり残されてしまう日が来るという危機的状況があるということに！
だが竹田氏にとって女系は「絶対悪」で、「正当性も正義もないから、主張するな」と言っているのだ！
さらに竹田氏は八木氏の「Y染色体論」に完全同意し、「Y染色体論」は「天皇がなぜ尊いのか」という議論に直結すると発言している。
その竹田氏とて、男系の血は今上陛下から600年以上、40親等程も離れている。
栄仁親王
「明治天皇」の玄孫《やしゃご》というが、明治天皇の第6皇女が曾祖母という関係で女系の血縁である。

レコンキスタ掲載の竹田氏の発言。「（憲法無効論は）昭和天皇の後半生を否定しているでしょう。日本国憲法の定める天皇の姿を体現する為に、昭和天皇は戦後の後半生を費やしてきました。（中略）現憲法を無効と言うならば、（昭和天皇・今上陛下）お二人の人生を否定することになる。」要するに竹田氏は占領憲法を否定すると、天皇を否定することになるぞと言っている。
だが竹田氏は、旧宮家が頻繁に皇室から嫁をもらったり、逆に皇室に嫁を送ったりしてきたことを強調し、こう言い出す。
「つまり、男系を辿ると何百年かさかのぼるかもしれないが、実際には、近親関係を常に保ちながら血のリレーの伴走者をしてきた。それが世襲親王家なわけです。ですから、何親等も離れているというのは、重要なことではありません」
この「血のリレー」は女系のことである。
あれだけ否定した女系の血を自分の都合のいい時だけ最大限利用するのだ。
竹田氏は平成21年10月13日、民族派団体・一水会のフォーラムで、右翼関係者等を前に「我が国体の本義」というテーマで講演。
現行憲法には前文のさらに前に、天皇の「上諭《じょうゆ》」があると指摘した。
そして、この昭和天皇の「上諭」を根拠に、実に奇妙な「現憲法擁護論」を行なった！
「上諭」とは法令公布の際、その頭書に天皇の言葉として記された文章で、日本国憲法の「上諭」は次のとおりである。
「朕《ちん》は、日本國民の總意《そうい》に基いて新日本建設の礎《いしずえ》が、定まるに至ったことを、深くよろこび、樞密《すうみつ》顧問の諮《し》詢《じゅん》及び帝國憲法第七十三條による帝國議會の議決を經《へ》た帝國憲法の改正を裁可し、ここにこれを公布せしめる。」
朕は、日本國民の總意に基いて、新日本建設の礎が、定まるに至った、深くよろこび、樞密顧問の諮詢及び帝國憲法第七十三條による帝國議會の議決を經た帝國憲法の改正を裁可し、ここにこれを公布せしめる。
竹田氏はこれを根拠に、右派論客が主張する現行憲法無効論・破棄論は「天皇のご意思に反する」と発言！
当時の国会に自由意志がなく、連合国の思い通りにつくられた憲法だとしても、天皇が公布されたという事実は重く、
『現行憲法無効論』は先帝陛下と今上陛下のお考えを否定する「ことになる」と重ねて主張した！

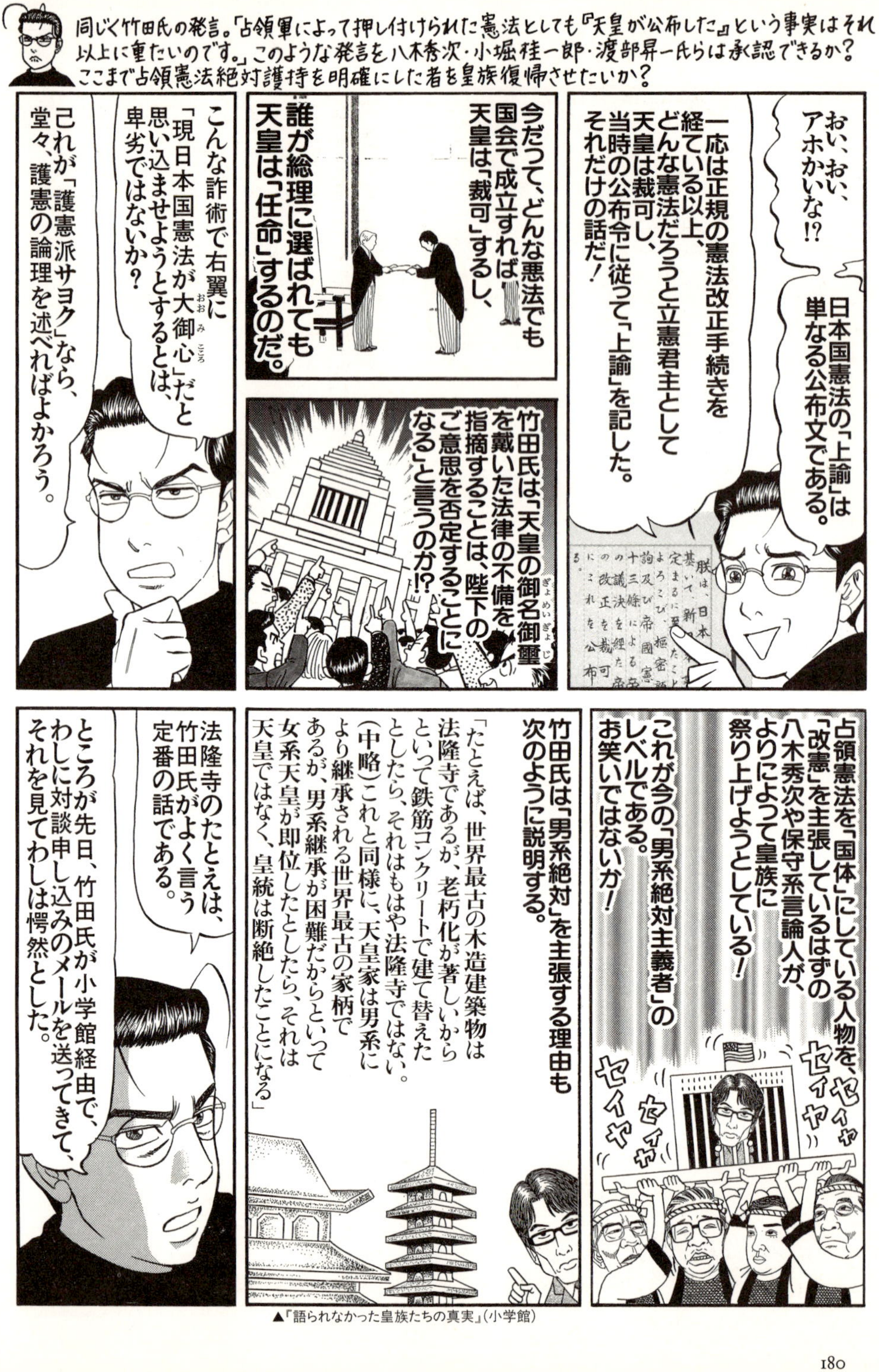
同じく竹田氏の発言。「占領軍によって押し付けられた憲法としても『天皇が公布した』という事実はそれ以上に重たいのです。」このような発言を八木秀次・小堀桂一郎・渡部昇一氏らは承認できるか？ここまで占領憲法絶対護持を明確にした者を皇族復帰させたいか？
おい、おい、アホかいな!?
日本国憲法の「上諭」は単なる公布文である。
一応は正規の憲法改正手続きを経ている以上、どんな憲法だろうと立憲君主として天皇は裁可し、当時の公布令に従って「上諭」を記した。それだけの話だ！
今だって、どんな悪法でも国会で成立すれば天皇は「裁可」するし、
誰が総理に選ばれても天皇は「任命」するのだ。
竹田氏は「天皇の御名御璽《ぎょめいぎょじ》を戴いた法律の不備を指摘することは、陛下のご意思を否定することになる」と言うのか!?
こんな詐術で右翼に「現日本国憲法が大御心《おおみこころ》」だと思い込ませようとするとは、卑劣ではないか？
己れが「護憲派サヨク」なら、堂々、護憲の論理を述べればよかろう。
占領憲法を「国体」にしている人物を、「改憲」を主張しているはずの八木秀次や保守系言論人が、よりによって皇族に祭り上げようとしている！
セイャ
セイャ
セイャ
これが今の「男系絶対主義者」のレベルである。お笑いではないか！
竹田氏は「男系絶対」を主張する理由も次のように説明する。
「たとえば、世界最古の木造建築物は法隆寺であるが、老朽化が著しいからといって鉄筋コンクリートで建て替えたとしたら、それはもはや法隆寺ではない。（中略）これと同様に、天皇家は男系により継承される世界最古の家柄であるが、男系継承が困難だからといって女系天皇が即位したとしたら、それは天皇ではなく、皇統は断絶したことになる」
法隆寺のたとえは、竹田氏がよく言う定番の話である。
ところが先日、竹田氏が小学館経由で、わしに対談申し込みのメールを送ってきて、それを見てわしは愕然とした。
▲『語られなかった皇族たちの真実』（小学館）

竹田氏は、自分にとって男系さえ守れればいい、
男系が途切れたあとに女系で繋ごうがどうしようがその時の国民が決めればいい、
70年80年先のことだから自分は生きてないと書いてきたのだ！
法隆寺が朽ちた後に鉄筋で復元したって興味はないと書いてきた！
これはもう…
「皇室の弥栄《いやさか》」を願うわしの感覚とは完全にかけ離れている！
わしが対談に応じなかったのは言うまでもない。
「男系絶対主義者」がいかに権威主義で、ブランドに弱いか、竹田氏に対するウブな反応を見てると実に滑稽である。
大御所・渡部昇一氏は竹田氏の著書を読んでベタボメした。
「本当に毅然として真に勇気あるお方ですね。やはり、旧皇族は何代経っても皇族だなと、私は実感させて頂きました。『有識者会議』が『旧皇族は六十年経ったから、完全に民間人化している』と結論したが、自分の天皇制廃止を理屈づけるこんな出鱈目《でたらめ》、いかに空空しい虚構、嘘であったかを、白昼に暴露しましたね」
渡部昇一氏といい、小堀桂一郎氏といい、西尾幹二氏といい、最近、大御所の感覚がやばい！
やっぱり歳なのかな？
「旧宮家復活」というあり得ない夢にすがりつき、竹田恒泰に目を輝かせて期待をかける「男系絶対主義」の保守言論人たち……
彼らは「ニセ有栖川宮」の結婚式にご祝儀を持っていった芸能人と何も変わらない！
10年前から「ニセ宮さま」
詐欺容疑 古装束、軍服 次々着替え

◀読売新聞03年10月21日付夕刊

▲『皇室消滅』（中川八洋との共著、ビジネス社）

君臣の分義は厳かに守る！
この伝統がなぜあるのか、これでもう、よ〜〜くわかっただろう。
君臣の別が明確でなければ愚かな者たちがニセ皇族を崇めて商売したり、主張したり、デモしたり、混乱を極めるからだ。
皇室典範改悪阻止!!
一君万民！
天皇がいて、皇族方さえもその臣下である。
我々国民の中においてはもはや身分の差はない！
わしは皇族以外は誰だって平等に、こっぴどく批判する。
わしに批判される人物が皇籍を取得するなどあり得ない。
政治家だろうと、経済人だろうと言論人だろうと、一般大衆だろうと男だろうが、女だろうが、新人だろうが、大御所だろうが、
わしの批判の対象になる可能性からは逃れられない。
ごーまんかましてよかですか？
ただ天皇陛下のみが「聖なるタブー」なのである！
皇室の尊厳や神聖さを、俗界で言論活動してる者と同列にあつかうとは、「男系絶対主義者」は、本当に皇室への敬意を持っているのだろうか？

ゴーマニズム宣言
SPECIAL

第18章 継体天皇から傍系の限界を学ぶ

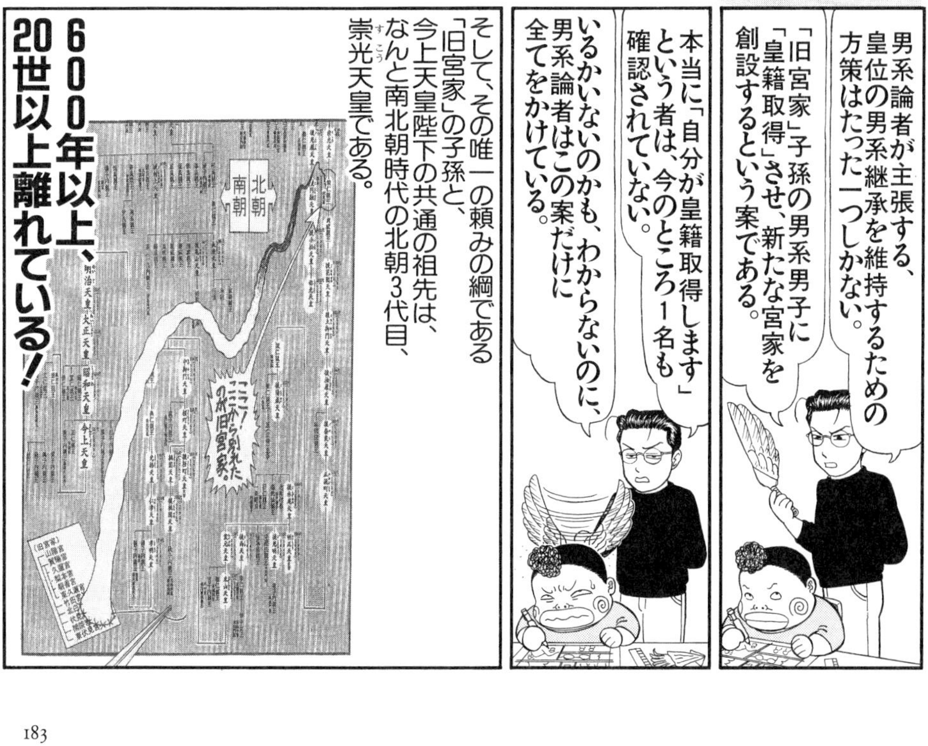
男系論者が主張する、皇位の男系継承を維持するための方策はたった一つしかない。
「旧宮家」子孫の男系男子に「皇籍取得」させ、新たな宮家を創設するという案である。
本当に「自分が皇籍取得します」という者は、今のところ1名も確認されていない。
いるかいないのかも、わからないのに、男系論者はこの案だけに全てをかけている。
そして、その唯一の頼みの綱である「旧宮家」の子孫と、今上天皇陛下の共通の祖先は、なんと南北朝時代の北朝3代目、崇光《すこう》天皇である。
北朝
南朝
明治天皇
大正天皇
昭和天皇
今上天皇
ここ! ここから別れたのが旧宮家。
600年以上、20世以上離れている!

このことは何度も指摘しているのだが、男系論者はそれでもこの方策だけをひたすら強弁し続ける。
2600年の歴史の中では600年くらい離れても大したことない！
彼らは徹底的に無知で不勉強なのだ。
ちょっと歴史を勉強すれば、600年以上、20世以上隔絶した大傍系に皇位を移すなど、絶対にあり得ないということぐらい誰にでもすぐわかる。
歴史上、最も離れた皇位継承の例は、第26代・継体《けいたい》天皇。第15代・応神《おうじん》天皇の5世子孫と伝えられている。
15応神
16仁徳
17履中
18反正
19允恭
20安康
21雄略
22清寧
23顕宗
24仁賢
25武烈
1世 稚渟毛二派皇子
2世
3世
4世
5世 26継体
子を「1世」と数えるので、「5世子孫」とは「玄孫《やしゃご》の子」になる。
「4世子孫」（玄孫）が皇位を継いだ例は一つもなく、あとは全て「3世」（曾孫）以内である。
どんなに傍系に移しても、曾孫以上に離れたことは、「5世」の継体天皇1例しかない。
それを今の時代に男系論者は「20世以上」に移そうというのだから、いかに途方もないバカ話であるかは一目瞭然！
しかも唯一の「5世」である継体天皇のケースをもっと具体的に学べば、「20世以上」があり得ないのはもう議論の余地はなくなってくる。
5世紀終わりから6世紀初めにかけて、大きな皇位継承の危機が2度続けて訪れた。
現在の皇位継承の危機はこの時代以来のものなのだ。

「2600年の間には、今のような危機は何度もあって、それを切り抜けてきたんでしょ?」
…という程度に軽く考えている人もいるようだが、今、我々が直面しているのは、実に1500年ぶりの危機なのである。
5世紀の「倭の五王」の時代。
倭王「武」こと第21代雄略《ゆうりゃく》天皇が皇位継承のライバルとなる兄2人、いとこ3人をことごとく殺したために、次の皇位継承資格者がほとんどいなくなってしまった。
雄略天皇の没後に皇位を継いだ清寧《せいねい》天皇が子のないまま夭折《ようせつ》、ここに皇統断絶の危機が訪れた。
雄略天皇が行なったのは顕著な例だが、この時代には他にも多くの皇子が殺されている。
いくら皇位を得るためとはいえ、なぜ兄弟間でまで殺し合いが起きたのか?
それは、兄弟といっても一夫多妻による「異母兄弟」であり、それぞれが母方の親類である豪族と密接に結びつき、その後押しで皇位を目指したからである。
これは皇族の内紛というよりは、天皇の后妃たちの「実家」である豪族間の争いであり、
それに勝ち残った蘇我氏が6、7世紀に権勢を誇ることになる。
つまり、この頃の皇族は「女系」の帰属意識の方が強く、「男系」の結合は極めて脆弱《ぜいじゃく》だったのだ。
決して不勉強な男系論者が妄信するような「2600年間、一貫して男系を尊重してきた」なんて単純な話ではない。

清寧天皇の没後、
「天の下治《し》らしめすべき王無かりき」
と『古事記』は記している。
そして、第17代、履中《りちゅう》天皇の娘、
飯豊皇女《いいとよのひめみこ》が事実上の皇位に就いたことが書かれ、『日本書紀』にも飯豊皇女が政治を執ったと記している。
両書とも正式に即位したとは書いていないが、天皇の臨時代理を務めたことは間違いなく、
後世の史書『扶桑略記《ふそうりゃくき》』『本朝皇胤紹運録《ほんちょうこういんじょううんろく》』では飯豊皇女を天皇として扱っている。
後に推古女帝が登場する下地はここで作られていたと言えよう。
一方、履中天皇の孫で、父を雄略天皇に殺されて播磨に隠れていた兄弟が発見され、飯豊皇女はこの二人を上京させ、皇位につけた。
第23代・顕宗《けんぞう》天皇、第24代・仁賢《にんけん》天皇である。
これで危機を脱したと思ったら、それもつかの間。
仁賢天皇の子、第25代、武烈《ぶれつ》天皇が子のないまま崩御してしまい、
『古事記』が再び
「日続(ひつぎ)知らす可《べ》き王(みこ)無し」
と記す事態がやってきた。
これが日本史上最大の皇位継承の危機である。
現在我々が置かれている、将来の皇位継承資格者が、傍系の親王たった一人しかいないという事態は、これに匹敵する1500年ぶりの危機だということは、改めて強調しておく。
そして1500年前は、唯一の「5世子孫」への皇位継承が行なわれたのである。
継体天皇は『古事記』では近江、『日本書紀』では越前の出身となっている。
いずれにしても、当時の政権の中心地である畿内を離れた「地方」の出である。

当時は皇位を継ぐのは「1世」の皇子であるのが原則で、2世、3世となれば皇位継承の可能性はまずなく、地方に下って土着していったのだ。
その子孫を迎えて即位させようというのだが、何しろ5世といえば、150年は離れている。正統性が疑われても仕方がない。
『日本書紀』は武烈天皇を残虐な暴君として描き、継体天皇を高潔な人物として描いているが、これも継体天皇の正統性を強調するための脚色と見られる。
とはいえ日本の皇位はシナとは違って「徳」の有無によって即位の資格が決まるわけではない。
では、継体天皇はいかにして皇位継承の資格を担保したのか？
『古事記』は、こう記している。
「品太（ほむだ）天皇（応神天皇）の五世孫、袁本杼（をほど）命（継体天皇）、近淡海（ちかつおうみ）国より上り坐（いまさ）しめて、手白髪（たしらかの）命に合（めあわ）せて、天の下を授け奉りき」
「手《た》白《しら》髪《かの》命《みこと》」は仁賢天皇の娘、武烈天皇の姉である。
先帝に最も近い血縁の皇女を皇后とすることで、天下を授けられたのだ。
要するに「入り婿」である。
これには前例があって、播磨にいた仁賢天皇も、雄略天皇の娘、清寧天皇の妹の春日大娘（かすがのおおいらつめ）皇女を皇后にして「入り婿」で即位している。

古代の天皇は男系の血筋
だけではなく、女系の血筋も
尊重されていた！
特にこれらの場合は、
男系の血筋の不足を
女系の血筋で
「格上げ」することで、
やっと皇位に就くことができた。
それが日本における「男系継承」の
実態というものなのだ。

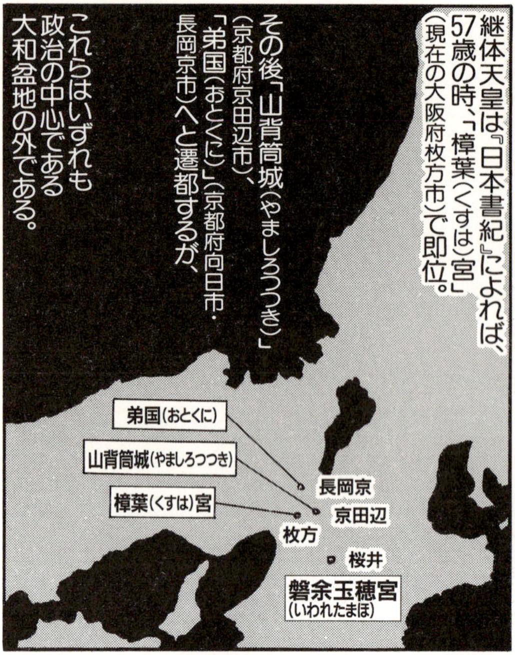
継体天皇は『日本書紀』によれば、
57歳の時、「樟葉（くすは）宮」
（現在の大阪府枚方市）で即位。
その後「山背筒城（やましろつつき）」
（京都府京田辺市）、
「弟国（おとくに）」（京都府向日市・
長岡京市）へと遷都するが、
これらはいずれも
政治の中心である
大和盆地の外である。
弟国（おとくに）
山背筒城（やましろつつき）
樟葉（くすは）宮
長岡京
京田辺
枚方
桜井
磐余玉穂宮
（いわれたまほ）

その後、大和国の「磐余玉穂（いわれたまほ）宮」
（奈良県桜井市）に遷都し、
ようやく大和に入るわけだが、
なんとその時すでに
即位から20年もの月日が
流れていた！
継体天皇は即位25年、または28年で
崩御したということだから、
天皇に即位しながらその大半の期間、
大和に入ることができなかったのだ。
もちろんこれも
異例中の異例の事態である。

『日本書紀』には、なぜ即位してから
20年も大和に入れなかったのかという
理由は一切書かれていない。
そこに記すほど大規模な反抗が
あったわけではないが、
やはり大和には5世も離れた
継体天皇を認めない勢力があって
それを融和するには20年の在位という
期間を要したということなのだろう。

5世、150年離れただけで、天皇として認められるためには、これだけの困難があったのに、
20世、600年離れた者が明日から皇族、皇位継承もあり得ると、認められるわけがない。
単純計算で4倍して皇籍取得後、80年ほど東京に入らせず、埼玉か千葉あたりに宮を構えさせて、国民が認めるようになるかどうか試してみればいい。まあ無理だろうが。
唯一の「5世子孫」の即位という事例は、戦後に「継体新王朝説」を生み出すことになる。
「応神天皇5世子孫」と称したのは虚偽で、それまでの皇統とは無関係の地方豪族が皇位を簒奪《さんだつ》したのが継体天皇だという説である。
終戦直後、戦前戦中の「万世一系史観」に対する反動を背景に、天皇の先祖は東北アジアから朝鮮半島を経由して渡来した騎馬民族だという「騎馬民族征服説」が大きな衝撃を巻き起こし、その影響を受ける形で「三王朝交代説」が登場した。
皇統は2度断絶して、新王朝と交代しているという説で、その2度のうち一つが「継体新王朝」だというのである。
その後「騎馬民族征服説」はトンデモ学説であることが証明され、今でも信じているのは小沢一郎ぐらいだが、「三王朝交代説」は今も影響力がある。
その論争の過程で、継体天皇の系譜を記した史料『上宮記一云《かみつみやのふみ いちにいう》』の研究などが進み、継体天皇が皇統に縁もゆかりもない地方豪族だという説に対する有力な反証となっているが、論争は今も続いている。

5世離れただけでこうなのだから、
20世以上離れた傍系に
皇位が移ろうものなら、たちまち
「皇統は断絶した、これは新王朝だ！」
という声が上がるに決まっている。
そうなっても、わしは反論する気が起こらない。
実際、全く別の王朝に簒奪されたとしか思えないだろうから。
2000年以上の歴史に真面目に向き合うなら、やはり傍系継承は3世が限度、5世は例外中の例外、
20世以上なんて論外と考えるしかない！
そもそも20世がいいのなら、30世でも40世でもいいだろう。
そこまでさかのぼれば、誰でも天皇の血を引いていると言えてしまう。
「君臣の別」が崩壊してしまう。
ごーまんかましてよかですか？
600年隔絶した人物の「男系」に頼ろうという案は、君と臣がしっかり分けられ、君と臣の信頼で成り立つ「国体」を破壊するものである。
万世一系は万世男系ではない！
皇位は直系で継ぐことを原則としなければならない。

ゴーマニズム宣言
SPECIAL

第19章 旧宮家復活なんてありえるか？

さて、皇位継承問題の続きである。今日、明日の政局の話ではない。
未来永劫のテーマ、スケールの大きなテーマである。
悠仁《ひさひと》親王殿下は愛情たっぷりに育てられてたまらない可愛さだし…
敬宮《としのみや》愛子内親王殿下は、つい先日まで運動会でガッツポーズをして、闘争心旺盛な元気さを見せておられたかと思ったら、
最近ではもう少女の中にレディーな恥じらいを覗かせるようになっておられる。
秋篠宮《あきしののみや》家の内親王や、寛仁《ともひと》親王家、高円宮《たかまどのみや》家の女王たちは、もうすぐに結婚適齢期を迎えて、皇籍離脱してしまわれるだろう。

いずれは悠仁親王殿下がたった一人、皇居に残されてしまうが、そこに嫁いでくる女性がいるだろうか？
何がなんでも男子を産まねば皇統が絶えるという重責を引き受ける女性なんかいない！
男子を産まないというだけで雅子妃をバッシングする野蛮な連中がいっぱいいるのをもう誰もが目撃したじゃないか！
さて、男系絶対論者は「旧宮家復活」を唯一の策として固執している。
だがそもそも彼らは「旧宮家」とは何か、知っているのだろうか？
昭和22（1947）年に皇族を離れ、民間人となった11の宮家は全て、600年以上前の南北朝時代に創設された「伏見宮《ふしみのみや》家」の系統である。
600
500
400
300
200
100
今まで最も離れた傍系の天皇は継体《けいたい》天皇で、応神《おうじん》天皇の5世子孫。
だが旧宮家の者は、今上陛下とはなんと20数世代、40数親等も離れているのだ!!
旧宮家の子孫に皇籍を取得させて男系の血を繋ぐということは、つまり600年も遡ったバイパス手術を行なって、国民（一般大衆）を皇族にするという、歴史上空前の「君臣《くんしん》の分義《ぶんぎ》」の破壊行為なのだ！
ムチャクチャ不自然！
こんなに遠くから血を繋ぐのが旧宮家の復帰案なのだ！
北朝
南朝
（旧宮家）
山階宮
賀陽宮
久邇宮
梨本宮
朝香宮
東久邇宮
竹田宮
北白川宮
伏見宮
閑院宮
東伏見宮

600年も遡っていいなら、800年だっていいだろう。
源氏の子孫だって平氏、橘氏の子孫だっていいだろう。
いっそのこと2600年遡れば、国民の中に皇族復帰できる男が膨大にいるはずじゃないか！
「君臣の分義」を弁《わきま》えねば天皇の尊厳が失われてしまう！
江戸時代後期、宮家は伏見宮、有栖川宮《ありすがわのみや》、桂宮《かつらのみや》、閑院宮《かんいんのみや》の四親王家だけだった。
皇族はよく皇統の「血のスペア」だと説明される。天皇の直系の跡継ぎがいなくなった時、皇位を継ぐ「お控《ひか》え」として宮家は存在していた。
だから今こそ旧宮家を復活させるべきというのが男系絶対主義者の主張だ。
現実に、これらの宮家から天皇が出たことが3例ある。
伏見宮出身の後花園《ごはなぞの》天皇（在位1428〜64）
有栖川宮出身の後西《ごさい》天皇（在位1654〜63）
閑院宮出身の光格《こうかく》天皇（在位1779〜1817）
である。
だが幕末頃の時点で、伏見宮家はすでに400年も天皇を出していなかった！
また、桂宮は一人も天皇を出していないものの、8人の皇子を当主として入れ、有栖川宮も3人の皇子を入れているのに対し、伏見宮は、最も新しく創設された閑院宮と共に、一人しか皇子を当主に迎えていない。
桂宮
有栖川宮
伏見宮
閑院宮
要するに伏見宮は皇室との血のつながりが最も薄い宮家だった！

ちなみに「摂家《せっけ》」「精華《せいが》家」など上級公家には皇子が何人も入ったり、天皇の外孫が家を継ぐなど、宮家よりも天皇との血縁の濃い家はいくらでもあり、
幕末の朝廷では、法事の焼香の順番も皇族より摂家が先、
道で乗り物が行き合った時は皇族が避けるなど、皇族は摂家より下位の扱いだった。
「摂家」とは藤原氏の子孫で摂政・関白に任ぜられる公家最上級の家柄で、近衛《このえ》・九条・二条・一条・鷹司《たかつかさ》の五家。
清華家は摂家に次ぐ家格で、近衛大将、大臣に任ぜられ、最高位は太政大臣まで就けた。
久我・西園寺《さいおんじ》・徳大寺・花山院家など七家、後に広幡《ひろはた》・醍醐《だいご》家を加え九家。
幕末・明治維新の混乱の中で、伏見宮家は思いがけず幸運に恵まれ、繁栄を遂げる。
明治天皇
伊藤博文
井上毅
本来、宮家を継げるのは長男だけで、次男以降は仏門に入る慣《なら》わしだった。
ところが幕末の動乱で朝廷が復権するに伴い次々還俗《げんぞく》したため、彼らの身分にふさわしい待遇を与えるべく、新宮家を立てさせることになったのである。
その後、伏見宮系以外の三宮家は後継者がなくなり、
閑院宮は明治5（1872）年に伏見宮系の親王が継承。
桂宮は明治14（1881）年廃絶。有栖川宮は大正2（1913）年廃絶が確定。
大正13（1924）年、有栖川宮が正式に断絶すると、宮家は天皇の弟が創設した「直宮《じきみや》家」以外は血の遠く離れた伏見宮系だけになった。
伏見宮
三笠宮
高松宮
秩父宮

明治の天皇中心の国家づくりにおいて、皇族は天皇の権威を補強する役割を担うことになり、宮家はかつてなかった特権階級の地位や財産を保証された。
だがそもそも明治維新の原動力となったのは薩長の武士や下級公家であり、
皇族は戊辰戦争の際に担がれた程度で、さほど維新に貢献していない。
それどころか、伏見宮第九王子能久《よしひさ》親王（のち北白川宮《きたしらかわのみや》）は彰義隊《しょうぎたい》などに担がれ一旦は「朝敵」となり、
第四王子・朝彦《あさひこ》親王（のち久邇宮《くにのみや》）は、確たる信念もなく全く思想の違う公家や武士に担がれ、「八月十八日の政変」の中心人物となり、長州藩など尊攘派を弾圧。多くの犠牲者を出している。
そんな人物までが維新のドサクサで特権を得たのだから、明治の元勲が快く思うはずがなかった。
新たに立てられた宮家は当初「一代限り」とされ、二代目以降は華族として臣籍降下《しんせきこうか》するはずだった。
ところが新宮家は天皇の「特旨《とくし》」（特別のおぼしめし）で存続。明治22（1889）年制定の皇室典範で「永世皇族」として追認された。
明治天皇直系の男子が病弱の皇太子（大正天皇）一人しかなく、明治天皇が皇位継承に不安を抱いていたためだった。

しかし政府は、伏見宮系皇族の血の遠さを常に問題視し、そのリストラを考えていた。
このままでは皇族が無限に増えて国家財政を圧迫しかねず、皇室の権威を傷つける者が出る懸念もあったからである。
現に一時「朝敵」となった「会津のミカド」能久《よしひさ》親王は後に海外留学に出されるが、そこでドイツ貴族の未亡人と婚約を発表。元勲たちを驚愕させた。
つい数年前まで「攘夷」が叫ばれていた時代である。
明治天皇は親王を帰国させ、謹慎を命じた。
能久親王は台湾出兵で戦病死するが、その死後、側室以外の女性との間に二人の子どもを儲けていたことが判明して騒動になった。
側室制度があった時代でも、皇族が側室以外の女性と関係を持てばスキャンダルとなった。
そして皇族が使用人や芸者などと子を作るといった事件は、昭和の時代まで数件起きている。
皇太子（大正天皇）は無事成人、結婚して4人の男子を儲け、皇位継承に心配はなくなった。
大正天皇
3人目の皇子が誕生した後、明治40（1907）年に政府は皇室典範を増補。
皇族が臣籍降下できる規定を加えた。

ところが望んで臣籍降下する
皇族は全くなかったため、
さらに大正9（1920）年に
「皇《こう》族《ぞく》降《こう》下《か》準《じゅん》則《そく》」を制定！
否応なく臣籍降下が
行なわれる制度を作った。
これにより、天皇の玄孫《やしゃご》、
つまり4世子孫までを皇族とし、
特別な理由がない限り、
5世以降は臣籍降下させて
華族とすることになった。
ただし宮家を継承する
長男の系統のみ、さらに
4世先までを皇族とした。
これだと20世以上の子孫である
伏見宮系皇族は全員直ちに
臣籍降下しなければならない。
だが、特別措置で、
分家する前の伏見宮当主である
幕末の邦家《くにいえ》親王を
天皇の玄孫と同様の位置として、
邦家親王の4世子孫まで、
各宮家を継承する長男の系統のみを
皇族の身分にとどめるものとした。
この準則は、枢密院《すうみついん》本会議上で
満場一致で可決、
続いて皇族会議で審議される。
枢密院議長・山県有朋《やまがたありとも》は、
皇族方も現状を鑑み、
枢密院の結論を追認してくれる
ことを期待した。
ところが皇族の反対が強いため、
皇族会議では意見を聞くだけで、
採決は行なわないことになった。
山県は、宮家の立場も
十分配慮したのに、
皇族たちは一体、
何を考えているのかと
苛立ちを顕《あらわ》にした。

皇族会議で山県は、枢密院で議案を可決した経緯と、それが必要な理由を述べた。
しかし、やはり会議は紛糾した。
しかも反対意見は、第一次世界大戦後の経済恐慌や労働争議などで、「民心動揺の際」であるから、いま皇族降下などを決めると、一層民心を動揺させるなどという、理屈の通らないものだった。
中には「皇統断絶の懸念」を訴える声もあった。
しかし宮内大臣は、全ての皇族を臣籍降下させるわけではなく、懸念はないとあっさり答えた。
結局、皇族たちは不同意のまま、採決を行なわずに「皇族降下準則」の制定が決まったが、既得権益の維持しか考えない皇族に山県は激怒した。
そして同じ年に「宮中某重大事件」が起こる。
山県有朋が時の皇太子（昭和天皇）と良子《ながこ》女王（香淳《こうじゅん》皇后）の結婚内定取り消しを画策したのである。
良子女王に色覚異常の遺伝子があるためという理由だったが、それは口実に過ぎず…
背景には、山県の宮家への不信感があった！
良子女王は「伏見宮」系皇族、久邇宮《くにのみや》の娘で、
しかも幕末、岩倉具視《ともみ》に「御維新の邪魔」とまで言われた朝彦親王の孫だったのである。

事件は政治問題化。
良子女王の父・久邇宮《くにのみや》邦彦王《くによしおう》は
大正天皇妃(昭和天皇の母)
貞明《ていめい》皇后に意見書を提出!
これに貞明皇后は激怒した!!
皇族が皇太子の結婚という重大事について意見するというのは臣下の「矩《のり》」を越えた完全な越権行為であり、
しかもそれを文書化し、その上、病気の大正天皇を蔑《ないがし》ろにして皇后に渡すというのは考えられない無礼だった。
貞明皇后は意見書をつき返したが、
邦彦王はその内容を周囲に公表し、写しを山県に送りつけるという非常識な行動を起こした。
邦彦王《くによしおう》の非常識はこれに止まらず、次期首相と噂される政治家に接近したり、「羽織ゴロ」と言われた札付きの人物に怪文書を書かせるという手段に出た。
山県の陰謀をほのめかした怪文書の流布《るふ》は事件の行方に大きく影響し、婚約は変更なしとして事態は収束する。
しかしこの怪文書を書いた男が久邇宮家を脅迫して大金をせしめるなど、禍根はその後長く続いた。
結局「宮中某重大事件」は山県が一方的に「悪役」にされたが、「勝利」に浮かれる邦彦王に貞明皇后の怒りは収まらず、事件終結後に改めて婚約解消の可能性を口にするほどだった。

しかも邦彦王《くによしおう》は、皇太子と、娘・良子女王の結婚から、わずか数日後に信じられない事件を起こす。
息子（良子女王の兄）朝融王《あさあきらおう》の婚約に全く理不尽な横車を押し、破棄しようとしたのだ。
相手の女性には何の落ち度もなく、「宮中某重大事件」で「被害者」を演じたはずの久邇宮家が、その終結から数日後に、全く同様の事件の「加害者」になったのである。
しかもこの婚約はすでに天皇の許しも得ており、天皇の存在も蔑ろにする暴挙だった！
事件は新聞報道され、久邇宮家は世間の批判にさらされるが、邦彦王と「不良少年」の噂が高かった朝融王の親子は、身勝手な言動に終始し、関係者は対応に苦慮した。
結局、婚約は破棄され、摂政の皇太子（昭和天皇）からは「訓戒《くんかい》」があったが、邦彦王は意に介した様子もなかった。
朝融王はそれからすぐ別の女性と結婚したが、その後、侍女に手をつけ妊娠させるという問題を起こしている。
邦彦王は以後も宮中に金の無心に現れるなど悪評が高かったが、昭和天皇の即位後、間もなく急死したため、結果的に、天皇の「外戚《がいせき》」として権勢を振るうことはなかった。
しかし山県の懸念も決して杞憂とは言えなかったのである。

皇族は軍人になることが義務付けられていた。
訓練や昇進、派遣先など、様々な特別待遇があったが、中には特別待遇を好まず、ノーブレス・オブリージュとして真剣に軍務に就き、訓練の無理がたたって早世した皇族もいる。
しかし昭和の戦前・戦中期は、軍が皇族を担ぎ、皇族軍人自身も軍の立場に同調して強硬論を唱え、
あくまでも平和を望む昭和天皇との間に深刻な確執が起きた。
昭和天皇は『独白録』で開戦前の状況について「皇族その他にも戦争論多く、平和論は少なくて苦しかった」「東久邇宮《ひがしくにのみや》、梨本宮《なしもとのみや》、賀陽宮《かやのみや》は平和論だった、表面には出さなかった」と回想している。
昭和天皇 独白録
宮内省も皇族が戦争に関して政治的発言を主張することで、天皇に責任問題が波及することを懸念した。
そして敗戦。天皇の責任問題は回避されたが、天皇の弟が創設した秩父宮《ちちぶのみや》、高松宮《たかまつのみや》、三笠宮《みかさのみや》の三直宮家を除き、
伏見宮系11宮家は皇籍離脱することとなった!
伏見宮系11宮家の皇籍離脱はGHQの圧力によって行なわれたと長らく言われてきた。
GHQが皇統の「血のスペア」をなくし、将来皇室を消滅させることを目論んでいたという陰謀説も言われた。
男系絶対主義者は今でもそう言っている。

確かにGHQが
皇族の財産に重税を
かけるなど、経済的に
圧力を加えたため
11宮家は存続できなく
なったのだが、
皇籍離脱そのものは
GHQが言い出したこと
ではない。
敗戦直後の昭和20年10月、
内閣総理大臣を辞任した直後の
東《ひがし》久《く》邇《に》宮《のみや》稔《なる》彦《ひこ》王が
最初に言っている。
陛下と国民との関係を
真に正しく結ぶことが
私の念願でもあり……従って
今日宮中関係の思い切った改革が必要で、
そのためには皇族の範囲を極めて
小範囲に限定すべき…
もともと「皇族降下準則」
により、11宮家はこの時点から
70～80年もすれば全て消滅
することが定められていた。
東久邇宮稔彦王は、
どうせそれならば
ここで敗戦の責任を取り、
改革の意志を示すという
形で臣籍降下し、
天皇と国民を
結びつける
役に立ちたいと
考えたのだ。
これに対して、ほとんどの
皇族は強硬に反対した。
国会で皇籍離脱後の
宮家の生活保障や
一時金に関する法案が
成立する状況になっても、
ついに皇族側からは
自発的に離脱するという
意思統一はできず…
結局は天皇が自ら
11宮家を集め、
皇籍離脱を申し渡す
こととなった!

▲毎日新聞1945年11月11日付

貞明皇后は、11宮家の皇籍離脱の報を聞いた時、眉一つ動かさずに言った。
これでいいのです。
明治維新この方、政策的に宮さまは少し良すぎました。

▲箕素彦『今上陛下と母宮貞明皇后』(日本教文社)

天皇から最も遠い血筋の宮家でありながら、自身の特権を守ることに汲々とし続け、中には平気で君臣の矩《のり》を越え、皇室の品格に傷をつけかねない者までいた伏見宮系皇族に対して、皇后がどう思っていたか…
それが端的に表れた一言である。
11宮家の皇籍離脱が行なわれた昭和22年は、昭和天皇の全国巡幸が行なわれ、各地で数万の国民が熱狂的に「天皇陛下万歳」を叫んでいた。
ワァァァァァ…
ばんざーい
ばんざーい!!
民衆の天皇尊崇の念が最高潮に達していた時代である。
にもかかわらず、皇族の皇籍離脱の中止を嘆願する国民世論が起きたという話は、なぜか全く聞いたことがない。

サンフランシスコ講和条約が発効し、日本が主権を回復すると、BC級戦犯の名誉回復を求める国民運動が起き、服役囚の即時釈放を求める署名は4000万を超えた。
SUGAMO PRISON
しかし、旧皇族の地位回復を求める運動はなぜか何も起こらなかった。
それから60年以上、その後の各旧宮家の暮らしはそれぞれだが、多くは事業に失敗して困窮。
スキャンダルを起こす者、詐欺訴訟のトラブルに巻きこまれる者、
あるいは東《ひがし》久《く》邇宮《にのみや》稔《なる》彦《ひこ》王改め、東久邇稔彦のように新興宗教の教祖になって世間を騒がす者までおり、どの家も世俗にまみれ、一般国民化していった。
「聖域」から「俗界」に降りてくるということは、そう生やさしいものではないようだ。
現在、「旧皇族」はもう数人だ。
旧皇族で「俗界」に降りた人々を「俗界一世」とすれば、その子孫は、「俗界二世・三世」だ。
それを今になって、これら旧皇族の末裔を再び皇族になどという妄想を本気で信じているのが現在の男系絶対主義者だ。
悠久の歴史 日本の皇統を守れ!!
皇室典範改悪阻止!!
そもそも、旧皇室典範の下でも「皇族降下準則」で伏見宮系皇族は邦家親王の4世子孫を最後に消滅することになっていた!
その4世子孫とは、現在60～70代の当主にあたる。

11宮家の皇籍離脱が行なわれた昭和22年の時点で皇族だった人を「旧皇族」という。その後生まれた人は「旧皇族」ではない。

「男系絶対主義者」たちが期待をかける竹田恒泰氏らの世代は5世である。
要するに彼らの言う「GHQの陰謀」がなくても、旧皇室典範の下でも彼らの世代は皇族ではなく、臣籍降下させられる身分だったのだ！
セイャ
セイャ
セイャ
さらに竹田恒泰氏についていえば、彼の父・恒和氏は竹田家の三男なので、父の代で臣籍降下していたはずである。
仮に時代がどう違っていても、彼が皇族だった可能性は全くないのだ！
整理しよう。旧宮家で男系の血を繋ぐということは、600年も遡る血のバイパス手術をするというとんでもなく不自然な行ないである。
ここまで遠い血筋で皇統を繋いだことは歴史上ない！
昭和天皇から今上陛下、そして皇太子殿下から直系で皇統が繋がる内親王が、現在「聖域」で育っておられるのに、
わざわざ「俗界」に住む600年バイパス傍系の男の血に期待することに国民が正統性を感じるだろうか？
北朝
南朝
明治天皇
大正天皇
昭和天皇
今上天皇
ここ！ここから別れたのが旧宮家。
まず無理だ。
常識はずれである。
なおかつ旧皇室典範の下でも、大正9年の「皇族降下準則」で伏見宮系皇族は邦家親王の4世子孫を最後に消滅することになっていた！
「GHQの陰謀」は関係ない！

最後に秋篠宮《あきしののみや》殿下の誕生日会見での発言を紹介しておく。
今後、皇族方の数が少なくなり、このままでは皇位の安定的継承が難しくなる可能性があるという記者の言葉に対して秋篠宮殿下はこう答えられた。
国費負担という点から見ますと、皇族の数が少ないというのは、私は決して悪いことではないというふうに思います。
秋篠宮殿下が将来、広い皇居に悠仁《ひさひと》親王殿下一人だけになっていいと考えておられるわけはない!
現状、女子しかいない宮家は、いずれ消えていくだろうが、
秋篠宮殿下は、旧宮家を復帰させてまで、皇族の数を維持させようとは思っておられないようだ。
国費負担という点から見ると、旧宮家の皇族復帰など論外ということらしい。
ごーまんかましてよかですか?
このような「皇族降下準則」が出来た経緯やその内容や、伏見宮家が降下するまでのこと、そして貞明皇后の言葉や、あるいは「宮中某重大事件」のことなど…
陛下や皇太子・秋篠宮両殿下が、ご存知ないはずがあるまい。
なんにも勉強せずに、なんにも知らないままで、自称・保守の扇動に乗って「旧宮家の血で繋げ」と騒いで、皇室に迷惑をかけるんじゃない!
悠久の歴史 皇統を守れ
皇室典範改悪阻止!
皇室典範改悪阻止!!
悠久の日本の伝統と文化を守れ!

ゴーマニズム宣言
SPECIAL

第20章
側室なしの男系継承は不可能である

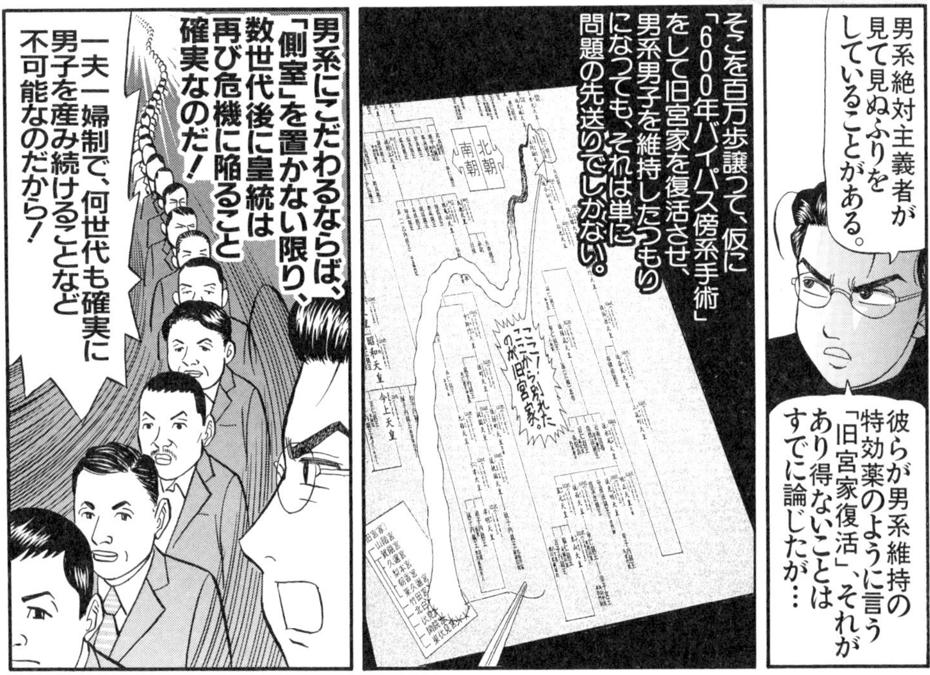
男系絶対主義者が見て見ぬふりをしていることがある。
彼らが男系維持の特効薬のように言う「旧宮家復活」、それがあり得ないことはすでに論じたが…
そこを百万歩譲って、仮に「600年バイパス傍系手術」をして旧宮家を復活させ、男系男子を維持したつもりになっても、それは単に問題の先送りでしかない。
北朝
南朝
ここ！ここから別れたのが旧宮家。
昭和天皇
今上天皇
男系にこだわるならば、「側室」を置かない限り、数世代後に皇統は再び危機に陥ること確実なのだ！
一夫一婦制で、何世代も確実に男子を産み続けることなど不可能なのだから！

「側室」……わしとしては夢だ。
結婚してるくせに女といっぱい付き合ってたじゃないかと突っ込むのはやめてくれ。
50過ぎて煩悩《ぼんのう》を克服したんじゃから。
フッ……短い……
今は明鏡止水の心境で暮らしている。
小康状態ってことですね？
うむ。少し休んで……
おいっ！
わしを見抜くなっ！
さて、真面目な話に戻る。
側室なしで男系が続くか？
実際に「旧11宮家」を見てみればよくわかる。
たとえ子孫全てを皇籍取得させたとしても、皇籍離脱からたった60年の間に、もうすでに山階《やましな》、閑院《かんいん》、東伏見《ひがしふしみ》、梨本の4家が後継者がなく断絶している。
さらに北白川、伏見には女子しかなく、男系は絶たれることが確定している。
現在、男系男子の子孫がいるのは、東久邇《ひがしくに》、久邇、竹田、賀陽《かや》、朝香《あさか》の5家まで減っている。
チャンネル桜の討論で、新田均氏は「人数では35人で、実は60年の間に逆に増えている」とペテンを言ったが、
その内訳は50代以上が19人、40代、30代が11人、20代以下は5人。
間違いなく先細っている！
50代以上
30代、40代
20代以下

※『文藝春秋』05年3月号によるが、現在では梨本徳彦氏が亡くなるなどしている。

竹田恒泰が「昔は乳児死亡率が高かった」と主張するために、「昭和天皇はお子様が7人いらしたが、成人した皇子はたった2人」と言った。おいおい、昭和天皇の7人の子のうち、5人は女子じゃないか！皇子の生存率は100％じゃないか！そもそも生存率は関係ないだろ！男子を産むための側室なんだから！ペテンがひどいね、この男！

庶子《しょし》（側室の子）による継承なしで男系維持にこだわれば、やがて先細りになり、断絶に至るのは確実なのである。
男系絶対主義者の中には、この事実から目をそらして「側室がなくても、傍系継承（旧宮家復活）で男系は維持できる」と言う者もいる。だがそれは大嘘だ。
その宮家にも側室を置かなければ、男系だけで続けることは絶対にできない。
それどころか、側室を置いても必ず血統の維持ができるとは限らないのだ。
側室があった江戸時代に「四世襲親王家」と言われた伏見宮、有栖川宮《ありすがわ》、閑院宮、桂宮《かつら》の各宮家の場合を見てみよう。
「伏見宮」は正室の子が継いだ場合が12代。それ以外が継いだ場合が11代。うち側室の子が9代である。その他は天皇の子や他の親王家から養子を迎えている。
「有栖川宮」は正室の子は1例もなく、10代全て正室以外で、うち側室の子が7代。
「閑院宮」は正室の子が2代、それ以外が5代。うち側室の子は3代。
「桂宮」は正室の子が1例だけで、それ以外が10代。側室の子は2代である。
側室の存在が大きかったことは一目瞭然。しかも側室があったにもかかわらず、有栖川宮は男子が早逝、閑院宮は子ができず、桂宮は内親王が生涯未婚のため後継者がなくなり、
3宮家の血筋は大正13年までに断絶したのである！

似たような例はいくらでもある。
例えば徳川将軍家では、大奥まであったのに、直系の男系男子の跡継ぎがいなくなり、その都度、御三家・御三卿の「傍系」によって血統を継いできた。
もちろん、それぞれの傍系の家にも大奥があった。
こんな話は、少しでも歴史に興味のある人なら誰でも知っているだろう。
そして天皇の場合、初代・神武天皇と重祚《ちょうそ》2代を除いた122代の天皇のうち、
神社本庁教学研究所の資料でも嫡子は72代、庶子は50代、4割は側室の子である！
初期の天皇の実在を信じない人には、この割合はもっと高いことになる。
明治天皇も、大正天皇も、側室の子である。
その後に昭和天皇、今上陛下、皇太子殿下と3代も嫡男が続いたのは異例の幸運だったのであり、逆に女子ばかり続くことだって当然起こる。
現にその後は41年間、9人連続で女子しか誕生しなかった。
現在の皇統の危機は、一夫一婦制を維持する限りいつかは必ず訪れた事態であり、GHQのせいでも何でもないのだ。

つまり必要な議論は、「女系容認か？ 旧宮家復活か？」ではない。
『女系容認か？側室復活か？』である！
たとえ旧宮家を復活させても、男系継承は側室制度とセットでないと、絶対に存続できない！
男系絶対主義者はこの厳然たる事実から目を背け、議論をごまかし続けているのだ！
男系絶対主義者は「男系を維持してきたのは美しい日本の伝統」とまで言う。
それならば、なぜ「側室制度は美しい日本の伝統」と言わないのか？
実はあきれた話だが、男系絶対主義者の中にも「側室復活」を公言する者がいる！
制度として言えば、側室は当然、あってもいいものだと私は思います。
そういう者は愛人の一人も持ったことがあるのだろうか？
しかも妻公認で子供まで産ませたことがあるのか？
自分にはできないことを皇室にだけ要求してるのだから呆れた連中だよ。
しかも側室復活を唱えている男どもに平然と同調してる保守系の女も究極の嘘つきである。
自分の彼氏や夫が愛人に子供産ませたら耐えられないくせにな！
そういう嘘つきと自己欺瞞《ぎまん》に満ちた連中が保守を自称してる姿を見ると、わしは思わず、「自分は保守じゃない」と言いたくなる。
だが、男系絶対主義者の中にも「側室復活」までは主張しない者もいる。
今の時代に実現できるわけがないことは、さすがにわかっているようだ。

そこで側室復活まで言わない
男系固執主義の知識人は、
「現代医学の進歩が側室制度に代わる」と言うのだが、
この意見は根本的におかしい。
大原康男
櫻井よしこ
皇位継承の危機いまだ去らず
側室制度がないから男系は先細りだという意見がありますが、側室がおられた昔も大変だった。しかし、今は乳幼児の死亡率もきわめて低いし、不妊治療も発達しているし、また帝王切開のような技術もある。その意味では、一夫一婦制であろうと、医学が飛躍的に発達している現在のほうがむしろ当時よりも男系の維持を可能にしていると言えるでしょう。
その点は明確にしておかなければなりませんね。
残念ながら大原康男氏も櫻井よしこ氏も、側室が何のためにあったのかわかっていないようだ。
昔は多産多死で、とにかくたくさん子をつくらねばならなかったから側室が必要だったと思っている。
今は医療の発達で少産少死になったから、側室がなくてもいいと言っているが、そんな話ではない！
側室は乳幼児の生存率が低かったからあったのではない。
男子を産ませるためにあったのだ！
産む腹が一つだけなら、10か月に一人しか子は産めない。
生まれた子が女児だったら、次の子を産むまで最低でもまた10か月かかる。
それでまた男子が生まれなければ、また10か月以上先になる。
しかし産む腹が10個あれば、10か月に10人産める。男子が生まれる確率が飛躍的に高まる。
側室はあくまでも「男子を産む」ための制度だったのだ！

▲『皇位継承の危機いまだ去らず』(扶桑社新書)

いくら現代医学が進歩しても、確実に男子が生まれる産み分け方は開発されていない。
だから皇室で41年も男子が生まれなかったのだ。
一般的には生物の遺伝子のY染色体がオスを作り、X染色体がメスを作ると言われている。
XY
XX
だから男系主義者はY染色体の継承が皇統だと言ってきた。
ならば「医学の進歩」で側室制度に代替させるには、人工授精で受精卵を作り、Y染色体を持つ受精卵だけ妃殿下の胎内に戻し、X染色体しか持たない受精卵は廃棄するしかない。
ところが残念ながら、生物のオス・メスを決定する要因は、単純に「Y染色体」とは言えないものだった!
その決定は、実はY染色体の端に近いところにある「SRY遺伝子」によってなされていたのだ!
つまり「Y染色体をもつ女性」も、「X染色体しかない男性」も、ある割合で生まれているのだ!!
「XY女性」は、Y染色体のSRY遺伝子を含む部分が欠けるか、
SRY遺伝子が変異して活性を失った場合に生まれる。
「XX男性」は、X染色体の上にSRY遺伝子を含む染色体断片がくっついて生まれる。
X染色体とY染色体の先端部分が似ているため、その部分が組み換わることがあるのだという。
歴代天皇の中にも「XX男性」がいたかもしれない。
男系絶対主義者の「Y染色体・皇統論」は、生物学では、まさにトンデモ学説、崩壊しているのだ!
マウス実験では、メスになるはずの受精卵に「SRY遺伝子」を組み込むと、オスのマウスが生まれることも証明されている。
性の決定は「SRY遺伝子」である!

「現代医学の進歩」は、いずれ遺伝子操作によって必ず男子が生まれる技術を開発するだろう。
男系絶対主義者は、それで男系の皇統が維持できると喜ぶのか?
それならいっそのこと、クローン技術を駆使して、明治天皇や昭和天皇のコピーを作ったらどうだ?
「バイオ天皇工場」を作れば、男系男子の天皇を、未来永劫作ることができるぞ。
だがそんな天皇を誰が尊敬するんだ!?
皇統を論じるのに「現代医学の進歩」など持ち出すのは、忽《たちま》ち不敬につながる恐れがある!
一夫一婦制では男系の維持は不可能である。
ここでもう一つ、男系絶対主義者が目を背けていることがある。
断固とした決意の下、皇室に一夫一婦制を導入したのは、昭和天皇だという事実である!!
昭和天皇論
小林よしのり
『昭和天皇論』(幻冬舎)は万人の涙をふりしぼっているようだ。
2000年以上の天皇の歴史上、これほどすごい運命を生きた天皇は他にいないと知るはずだ。
皇太子時代、欧州を訪問し英国王室に影響を受けた昭和天皇は、帰国後、摂政に就任すると次々に宮中改革を行ない、生活様式を洋風に改めた。
そして、女官を側室候補として宮中住み込みで勤務させる風習を廃し、通勤制にした。

昭和天皇と香淳《こうじゅん》皇后の間には結婚後の7年間、4人続けて女児が誕生した。
男児が生まれないことを懸念した側近は、側室を勧めたが、
昭和天皇は「良宮《ながみや》（皇后）でいい」「一夫一婦は人倫の大本」と、頑として拒否し続けた。
ある時は側室候補として華族の娘3人の写真を見せられたが、即座に写真を返して仰《おっしゃ》った。
皆さん、なかなかよさそうな娘だから、相応のところに決まるといいね。
また皇后には、男児が生まれなくても皇位は弟宮が継げばいいと仰った。
昭和天皇が側室を廃止した日、いつか男系天皇が続かなくなることは運命づけられたのである！
聡明な昭和天皇が、未来の事態を予想していなかったはずはない。
そもそも昭和天皇は生物学者なのだから。
なぜそれでも側室を廃止したのか？
皇后に対する愛情だけが大事で、皇統に関しては弟もいるし、自分の代さえよければ、後の代で不安が生じ、最悪の場合、皇統が断絶しても構わないと考えておられたのだろうか？
わしはそうは思わない。
やはり昭和天皇は皇室の行く末まで見据えた上で、「側室による男系維持」と「一夫一婦制」の二者択一に結論を下されたのだ！
そして、やはりそれは聡明で正しい判断だったと言う以外にない。

お馬鹿な男系固執主義者が「正統な悠仁さまをさしおいて愛子さまとは!」などと言っている。憲法と同様に、現行の皇室典範が絶対のはずはない!皇位継承順位が変われば愛子さまは「男系」の女帝になる。おまえたちは「男系女帝」もダメと言うようになったのか?どんどんカルト化していくな!

今では天皇皇后両陛下は、世界中どこへ行っても歓迎され、尊敬される存在である。
だがもし現在も側室が存在していたら、21世紀の世に一夫多妻制をとる国家元首を世界が尊敬するだろうか？
時代を先取りして「人倫の大本」として一夫一婦制を取り入れたような、「漸進《ぜんしん》的な近代への適応」それを今上陛下も立派に継いでおられるから、国の内外を問わず、尊敬を得ているのではないか！
そして、その志は皇太子殿下も継いでいかれるだろうし、敬宮《としのみや》愛子内親王殿下もきっと継がれることだろう。
雅子妃殿下は男の子を産めなかったことを気に病む必要は全くない。
むしろ、新しい時代の幕開けにふさわしい堂々たる女帝の誕生を予感させてくれる内親王をよくぞ産んでくれたと感謝したいくらいだ。
それに比べて、男系だか、Y染色体だか、SRY遺伝子だかに執着し続けることに、何の意味があると言うのだろうか!?

「側室なしの男系維持は不可能！カミカゼが吹く奇跡に頼るしかない！皇統の維持が極端に不安定！」この真理の前に、男系固執主義者は今後も「ウソ」「ペテン」を考えつくしかないだろう。どんな「ごまかし」「インチキ」を出してくるか、読者しょくん、監視して、見破って、批判できるか？

現在の事態は昭和天皇がもたらした。それが大御心《おおみこころ》だったのだ！
GHQに責任転嫁せずに、我々は正面からこの問題を受け止めなければならない。
ごーまんかましてよかですか？
もはや「女系容認」などと消極的で不遜な言葉を使うのも心苦しい。
「容認」とは「許す」ということだ。女系を許すなどと国民が言うのは不敬である！
したがって我々は今後、「女系公認」と言わなければならない！

ゴーマニズム宣言
SPECIAL

第21章 Y染色体論はとっくに崩壊している

「元々、天照《あまてらす》大神《おおみかみ》は女性神である。ならば日本の天皇は女系だったと考えることもできる！」
『天皇論』の中のこの言葉にあせった男系絶対主義者が、実に馬鹿馬鹿しいことを言い始めた。
国民が天皇に注目し、
かえって伝統が強化される
ことだってあるかもしれない。
そうなるように
皇室の意義を子孫に
我々が伝えてゆかねばならない。
元々、天照《あまてらす》大神《おおみかみ》は女性神である。
ならば日本の天皇は女系だったと
考えることもできる！
天照大神はイザナギノミコト（男）から生まれた。
天照大神が誓約《うけい》で生み出した五男神はスサノオノミコト（男）の子だ！
だから皇統は神話から男系だ！
しくしくしくしく
彼らはイザナギやスサノオを「皇祖神《こうそしん》」だと思っているらしい。
しくしくしくしく

皇統のいろはも知らぬ男系絶対主義者のために当たり前のことを言わねばならないのか…
皇祖神は天照大神です!!
現在の天皇につながる皇統は、天照大神の『天壌無窮《てんじょうむきゅう》の神勅《しんちょく》』によって始まったのだ!
男系絶対主義者たちの心性の根底には「男尊女卑」のシナ思想が潜んでいるとわしは思っている。
そういう感覚を一度疑ってみた方がいいのではないか?
福岡伸一氏の『できそこないの男たち』(光文社新書)は面白い。
できそこないの男たち
福岡伸一
それは女である
生命の基本仕様は女であり、女をむりやり作りかえたのが男である。
だから男は女のできそこないのようなものだというのである。
性を決定するのはY染色体ではない。
「SRY遺伝子」だ!
男系絶対主義者はY染色体こそが絶対神聖なものであり、これこそが国体の正体であり、歴代天皇はY染色体を運ぶ容器に過ぎないと主張している。
わしには頭がどうかしてるとしか思えないのだが彼らは言い張っている。
男系天皇を守れ!!
皇室典範改悪阻止!!
日本の文化と伝統を守れ!

実は今日の生物学の研究の成果では、この「Y染色体＝男性」説そのものが否定されている。
「XY型女性」（染色体は男性なのに身体的特徴は女性）という人間もいるし、
「XX型男性」（染色体は女性なのに身体的特徴は男性）という人間もいる。
Y染色体のない男性だっているということなのだ！
歴代天皇の中にY染色体のない男性だっていたかもしれない。
八木秀次が喧伝《けんでん》していた「Y染色体論」はとっくに崩れている。
それでもいまだに皇統はY染色体だと盲信してるお馬鹿さんがいるのだからあきれる。
46億年前に地球が誕生して、10億年経って生命が発生し、それからさらに10億年、この間、生物の性は単一で、全てがメスだった。
本来、全ての生物はまずメスとして発生するのである！

分子生物学者である福岡博士が生物学の到達した説を教えてくれるところによると、要するにこういうことだ。
生物の基本仕様（デフォルト）としての女性をむりやり作りかえた（カスタマイズ）ものが男であり、カスタマイズした不具合が男の脆弱さになる。男は女のできそこないだ。縦糸で紡がれてきた女系の遺伝子を混合するための横糸、遺伝子の「使い走り」が男であるに過ぎない。
女性の身体には全てのものが備わっており、男性の身体はそれを取捨選択しかつ改変したものに過ぎないらしい。
じろじろ
生物は本来、メスだけの単為生殖の方が効率が良かったのだが、地球環境の変化に適応するためには、多様性と変化が求められる。
そこでメスからオスをむりやり作りだしたのだ。
オス（男）なんてものは、メス（女）の遺伝子を他のメスのところへ伝達する「使い走り」に過ぎないのだよ、男系絶対主義者の諸君！
福岡博士はこう言う。
「メスは太くて強い縦糸であり、オスは、そのメスの系譜を時々橋渡しする、細い横糸の役割を果たしているに過ぎない」
メス
メス
オス
メスの遺伝子を伝達する「運び屋」として急場しのぎで作られたのがオスだから、生物学的に女より男の方が圧倒的に弱い。
だから男はがんになりやすく、感染症にかかりやすく、ストレスに弱く、事故に遭いやすく、自殺も多く、寿命が短いのだ。

こんなことを言うと、今度は「小林よしのりはフェミニズムだ」と言い出す馬鹿がいるだろうが、これは生物学の研究成果だからしょうがない。
Y染色体なんて偉大でも神聖でもなんでもない!
男性は生命の基本仕様である女性を作りかえて出来上がったものに過ぎない!
だから急場しのぎの不細工な仕上がり具合になっている個所がある!
つまりちんこやタマキンだ!
これふざけて言ってるのじゃなく、生物学者が言ってるのだからしょーがない!
これ不細工だったのか~~~~っ!
なんかそんな気がしてたんだよな~~~~っ!
男性はできそこない!
女性こそは完全な生物!
ごーまんかましてよかですか?
やっぱりか~~~~っ!
Y染色体論は生物学的に完全に崩壊している!
女性天皇、女系天皇は、不完全な天皇では全然ないのだ!

ゴーマニズム宣言
SPECIAL

第22章
男系継承はシナ宗族制の模倣

「女系容認」という言葉は、国民が容認するという、上から目線の不敬な言葉である。
公が認める「女系公認」が正しい!
そして、何が何でも男系を主張する人たちを「男系絶対主義者」と称してきたが、これも実をいうと、正確な呼称かどうか疑問がある。
理由は後で説明しよう。
「なぜ天皇は男系でなければいけないのか?」
この質問に対して明確に答えた人は未だ一人もいない。
いわゆる「男系絶対主義者」たちは、終いには異口同音に「そうなっているんだ、理屈じゃない!」と言い出すのだ。

▲最近、キシリトールの入ったミントのガムを眠気ざましによく噛んでいる。

昨今、「なぜ人を殺しちゃいけないの」と子供に訊《き》かれて、答えられない小学校の先生や親がいるという話があります。それと同じことでして、「そういうことに決まっているからいかんのだ」ときっぱり答えることが大切なのです。
（中略）「なぜ男系でなければならないのか」という問いに対しては、「男系の皇統を守るというのが日本の皇室の伝統です。答《こたえ》はそれ以外にありません」と突っぱねればよろしいと思うのです。
小堀桂一郎
『「女系天皇論」の大罪』（PHP研究所）
なぜ男系天皇でなければならないのかを考える場合、「説明できない大事な価値観」があるということを謙虚に認めなければいけないと思います。日本文化を構成するすべての価値観が、明確に言葉によって定義されたり説明がついたりするものではないということ、理屈を超えて無条件で守るべき価値観があるということを、認識しなければならないと思います。
櫻井よしこ
完全なる思考停止である！
勉強するのがめんどくさくなったんじゃないか？
殺人は「ならぬことはならぬ」という会津の掟で封じてもいいが、
皇室の伝統を殺人と同列に論じてはならぬ！
伝統とは単なる頑《がん》迷《めい》固《こ》陋《ろう》ではない！
皇后陛下の方がはるかに伝統に対する考えが深い！
伝統と共に生きるということは、時に大変なことでもありますが、伝統があるために、国や社会や家が、どれだけ力強く、豊かになれているかということに気づかされることがあります。
一方で型のみで残った伝統が、社会の進展を阻んだり、伝統という名の下で、古い慣習が人々を苦しめていることもあり、この言葉が安易に使われることは好ましく思いません。
▲09年4月8日の記者会見

男系継承が「型のみで残った伝統」かもしれず、「人々を苦しめる古い慣習」かもしれぬと考えてみることが思想なのである。
考えなくて済ます理由を考え出してはならぬ！
ならぬことはならぬ！
なぜ天皇が男系男子で続いてきたのか？
それも歴史を学べば案外、簡単にわかるのだ。
「男系絶対主義」を唱える自称・保守の者たちは、ほぼ全員が「シナ・朝鮮から独立した日本文明」を誇りにしている。
彼らはそこに致命的な矛盾を抱えていることに全く気づいていない。
古代日本は、シナから文明を学んだ。しかし、朝鮮がシナ文明の完全コピーを目指したのと違って、日本はシナ文明を直輸入せず、日本に合うように巧みに換骨奪胎《かんこつだったい》し、独自の文明を形成した。
例えば、漢字は受け入れたが、シナ語は受け入れず、かな文字を発明し、日本語の表現手段として取り込んでしまったように。
こうして朝鮮がシナの半属国であり続けたのと対照的に、日本は古代から独立を保ってきた。

この「シナ文明・換骨奪胎説」は、わしも以前から繰り返してきた。
だからこそ、わしは女系天皇を公認する！
なぜなら「男系絶対主義」とはシナ文明の家族制度そのものであり、
日本の文明でも伝統でもないからだ！
ちょっと考えればわかる話だが、日本では昔から一般に「男系絶対主義」で継承している家などない。
どんなに跡継ぎにこだわっている家でも娘しかいなかったら婿養子をとる。女系継承である。
妻との間に女子しかいない場合に、妾《めかけ》に男子を産ませるとか、遠縁の男子を養子に迎えるというようなことをしてまで男子に家を継がせ、絶対に娘には継がせないなんて人はまずいない。
日本はもともと女系公認の国であり、男系・女系にはそれほどこだわらない。
それどころか日本には「夫婦養子」といって、夫婦で養子に入る場合まである。
男系でも女系でも血は繋がらないが、家は続く。
血統すら絶対視しないのが、日本の伝統であり、文化である。
こんなことは、シナ・朝鮮では絶対にありえない！
完全な男系絶対主義なのだから！

シナ・朝鮮は伝統的に「夫婦別姓」である。
これは民主党や社民党やフェミニズム学者が主張しているような「男女平等」だからではない。
その正反対で、徹底した男尊女卑のためである！
要するに「女ごときが男の家と同じ姓を名乗るなんて、許されない！」ということだ。
「夫婦別姓」を推進する社民党や民主党の者たちは、「男尊女卑」イデオロギーの者たちである！
シナで旧来、主に行なわれていた婚姻形態は、妻とする女子の対価を親に支払う「売買婚」であり、女子を財産視する風習は長く続いた。
中国の農村では現代でも「売買婚」の話を聞くほどである。
シナでは婚姻は自分のためというよりは家のため、親のため、祖先のためだった。
祖先祭祀は男系男子によって行なわれるため、必ず男子を得なければならない。
婚姻形式は一夫多妻制で、離婚権は夫にのみあり、妻の法律上の地位は夫に比べて著しく低かった。
子供は男子も女子も必ず父の姓を名乗る。
妻だけ別の姓で、系図にも載らず、死んでも夫の家の墓には入れず、自分の父の家の墓に入る。
「男系」のみが継承され、女性が当主になることは決してない！

そしてシナでは「宗族《そうぞく》」という、ある特定の父親の血統で出来上がった強固な親族集団が形成されている。
同じ宗族は同じ姓を持ち、その中の男女は絶対に結婚できない。これを「同姓不婚」という。
たとえ一夫多妻でも男子が生まれない場合はある。庶民層は妻を一人しか持てない者が多いから、なおのことである。
そういう場合は、同じ宗族内の他の家の男子を養子にする。異なる宗族から養子を迎えることは絶対にない。これを「異姓不養」という。
「同姓不婚・異姓不養」だから、娘が婿養子をとって家を継ぐ可能性は全くない。
この原則は絶対的なもので例外は一切許されない。
さて、この「宗族」の仕組み、皇室および皇位継承の仕組みにそっくりなことにお気づきだろうか？
皇室も特定の父親（神武天皇）の血統による親族集団である。
そして男子の跡継ぎがいない場合は、同じ宗族内の他の家（宮家）の男子を迎える。女系継承は認めない。
似ているのは当然で、古代日本の豪族・貴族層が一夫多妻制によってシナ文明の男系主義の家族制度を輸入し、
それが皇室にのみ、側室制度という一夫多妻制と共に残ったというのが、天皇が「男系継承」である理由なのだ。

男系はシナだけではない、イスラムでもヨーロッパでもあるなどと男系固執主義者が頓珍漢な言い訳している。「日本が影響を受けた男系は、シナの宗族制度だ」と言っとるのだ！日本独自じゃないから「皇統を純粋に見れば、斉明⇒天智、元明⇒元正という女系継承が行なわれている」と言っとるのだ！
「天皇の男系継承は、美しい日本の伝統・文化である」「男系天皇こそが、日本の国体だ」とまで言う人がいるが、
これはシナの風習である！
男系継承が「美しい」のなら、シナや、その風習を直輸入した朝鮮には、現在でも庶民層に至るまで「美しい」家系がゴロゴロ存在している。
逆に女系でも何でもアリの日本の家系は、シナ・朝鮮に比べて、とてつもなく「醜い」ことになってしまう。
日本で評論活動をしている「孔子の子孫」という中国人がいるが、孔子の子孫は現在200万人を超えているそうだ。
孔子は紀元前551年生まれで、生誕2560年だが、「孔子世家譜」というはっきりした家系図があり、現代でも改訂作業が行なわれているため、子孫が確定できるという。
そしてこの家系図は、現在に至るまで完全な男系男子継承で貫かれている。唯一の例外もなく、男系男子のみの系譜である。
孔子世家譜
男系継承に価値を置くのなら、天皇の系譜は孔子の家系図に完全に負ける。
なぜなら日本の皇統には、8人10代も女帝が入っているからだ！

※則天武后は例外中の例外であって、正史では皇帝と認めていない。のちに「牝帝（ひんてい）」と呼ばれるようになった。日本の正統にして偉大なる女帝とは全然違うのだ！
8人10代の女帝は「男系女子」だったとか、単なる「中継ぎ」だったとか、言い訳しても通用しない。
シナの正史に女性皇帝は一人もいない。※
孔子はもちろん、名もなき庶民に至るまで、本家本元の「男系絶対主義」の系図には、一人の女性も入っていない。
本物の「男系絶対主義」では、たとえ男系女子だろうと、中継ぎだろうと、女帝は「ニセ天皇」でしかない！
女帝が入った時点で、皇統は断絶したことになるのだ！
しかも、香淳《こうじゅん》皇后が宮家の娘だったように、皇室には天皇やその子女と、宮家の子女との結婚が数多くある。
これはシナ・朝鮮の家族制度では、同じ宗族内の男女が結婚していることになり、「同姓不婚」のタブーを平然と犯していることになる。
本物の「男系継承」の民族から見れば、日本の皇統は近親婚にも等しい言語道断のルール逸脱で成り立っている。
日本の天皇の「男系継承」は、美風として誇るべき「伝統」とは言えない！
シナ・朝鮮の家族制度を十分に日本化せず、不完全に模倣した「因習」に過ぎない！

最初に「男系絶対主義者」という呼称は、正確かどうか疑問だと言った理由はもうおわかりだろう。
彼らが本当に「男系絶対主義者」なら、シナ・朝鮮の家族制度に比べて日本の皇位継承の「男系」は著しく劣ることを認めなければならない。
天皇の系譜が、シナ・朝鮮の庶民の家系図より劣るのだから、日本文明は劣等だと認め、中華文明の前にひれ伏さなければならない。
現実にシナ人・朝鮮人は古代より現代に至るまで、そういう理由で日本人を徹底的に蔑視してきたのだ！
男系天皇維持を唱える者が「シナ・朝鮮から独立した日本文明」を誇るのには致命的な矛盾があると言ったのは、そういうことだ。
彼らは結局「男系絶対主義者」でもない。「男系継承」とはどういう歴史的経緯を持つのか知ろうともせず、中途半端な男系主義を盲信しているだけであり、「男系固執論者」と呼ぶのが正確であろう。
なお「男系固執論者」の命名は田中卓氏である。
元東大教授で朝廷儀礼の研究者、酒井信彦氏は「女系天皇こそ日本文明に適う」と主張している。
確かにその通りで、女系も認め、双系継承に移行した方が、日本人一般の家の継承に関する伝統・文化に適合するのだ。

ごーまんかましてよかですか？
女系を認めたら皇統の断絶だとか、日本文明の終わりだとか言ってる者もいるが、これはむしろ逆である。
女系天皇公認は、古代から続いていた不完全なシナ文明の最後の頸木《くびき》を解き放つ画期となる歴史的英断なのである！

ゴーマニズム宣言
SPECIAL

第23章 易性革命なんか起こらない

男系固執主義者は、こんなことまで言う。
女性天皇が誕生したら、易姓《えきせい》革命が起こるぞ！
女性天皇がホリエモンと結婚したら、ホリエモン王朝ができるぞ！
話にならん！
彼らは「易姓革命」とは何かも知らないで、こういう馬鹿馬鹿しいことを言う。
そもそも「姓《せい》」とは何か、知っているのか？
どうせ「堀江」や「小林」や「田中」を「姓《せい》」だと思ってるのだろう。その程度だ、彼らの知識は。
「姓《せい》」と「氏《うじ》」と「苗字《みょうじ》」の違いも知らないくせに、
よく「易姓革命」なんて言葉を乱暴に使ってるものだ。

男系固執主義者の無知、無学習は全く途方もない。
完全なる無知のくせに全然勉強もしないで、ただわしに対して暴言を吐いている。
こんなみみっちい野郎がデカイ面していたのか
共産主義者と同じ！スターリニズム！
自分の商売しか考えないくせに
風見鶏は調子のいいほうに行く！
はっきり言えばアホ
しかも皇統問題とは全く関係のないところで、いんねんをつけてくる。
議論をする気がないのだ。ただケンカをしたいだけなのだ。
「チンピラ」としか言いようがない。
まず、ごく初歩の質問をしよう。
徳川家康の姓《せい》は何でしょう？
「徳川でしょ？」なんて答えた者は失格。
正解は「源」。より正確には「源朝臣（みなもとのあそん）」である。
徳川は「苗字（名字）」であって、「姓《せい》」ではない！
現代では「姓《せい》」「氏」「苗字（名字）」は混同され、すべて同じ意味で使われているが、歴史的には全くの別物である。
古代には「姓《せい》」は「カバネ」とも読んだが、「カバネ」と「姓《せい》」も違う。
氏名
ふりがな
注文商品についてのお
メールに記載の 12 桁の注文
様
名
姓
例：e
前章で触れた「シナ宗族制《そうぞくせい》」を今一度思い出してもらいたい。
シナには「宗族」という、ある特定の父親の血統で出来上がった強固な血縁集団が形成されており、
同じ宗族は同じ「姓《せい》」を持つ。
これは日本人が想定する「親戚」とは全然違う。
そしてシナでは「宗族」という、ある特定の父親の血統で出来上がった強固な親族集団が形成されている。
同じ宗族は同じ姓を持ち、その中の男女は絶対に結婚できない。
これを『同姓不婚』という。
シナ人は必ずいずれかの宗族に属し、一人の人間が二つの宗族に属することは絶対にない。
地縁も面識も関係なく、シナ大陸全土に散らばっており、全く初対面の人でも同じ宗族とわかれば一転、兄弟同様となって苦楽を共にする。
たとえ一夫多妻でも男子が生まれない場合はある。庶民層は妻を一人しか持てない者が多いから、なおのことである。
そういう場合は、同じ宗族内の他の家の男子を養子にする。異なる宗族から養子を迎えることは絶対にない。
これを『異姓不養』という。

姓《せい》は必ず男系で継承され、
一生変わらない。
よって夫婦も別姓である。
男系継承だから子供は
すべて父親の姓《せい》になり、
妻だけが「異姓の人」となる。
「夫婦別姓」とは、
「妻はよそもの」という徹底的な
男尊女卑思想の産物なのだ。
子供は男子も女子も必ず父の姓を名乗る。
妻だけ別の姓で、系図にも載らず、死んでも夫の家の墓には入れず、自分の父の家の墓に入る。
「男系」のみが継承され、女性が当主になることは決してない！
そして、シナの皇帝も
それぞれ姓《せい》を持ち、
王朝が替わるたびに
皇帝の姓《せい》が易《か》わった。
これを「易姓革命」という。
陳
劉
趙
朱
李
武
この「宗族」に基づく
「姓《せい》」の制度が
日本に入ってきた。
成立したのは
7世紀後半の
天智《てんじ》朝くらいといわれる。
古代の大和朝廷は
「氏（ウジ）」という、共同の祖先を
持つ集団の連合体だった。
氏の長には、それぞれ
「カバネ」という、
朝廷内の身分を表す
称号（「伯爵」「男爵」のようなもの）があった。
古代日本では
この「氏の名＋カバネ」を
「姓《せい》」といったが、
「カバネ」は平安時代後期
には形骸化して
省略されるようになり、
この時点で「氏」と「姓《せい》」は
ほぼ同じになる。

わしはかつて男系派だった。だが大した確信があったわけではない。保守系知識人やメディアに騙されていた。自分で本を読み、学習したら間違いがわかった。わしは自分の間違いがわかって、訂正しないような不誠実な人間ではない。勝ち負けよりも真実だ！真実の前に素直になるだけ。

大伴《おおとも》 宿禰《すくね》 家持《やかもち》
ウジ
カバネ
個人名
姓(せい)
「姓《せい》」は平安初期の『新撰姓氏録《しんせんしょうじろく》』では1182氏が記録されたが、その後「四姓」と呼ばれる源・平・藤原・橘の他、菅原・大江・清原など少数に集約された。
そしてシナ同様に男系で継承されていった。
源
平
橘
藤原
ただし、例によって日本人はシナの制度を直輸入はしなかった。
第一に、シナでは絶対である「同姓不婚・異姓不養」の原則を取り入れなかった。
そしてシナでは「宗族」という、ある特定の父親の血統で出来上がった強固な親族集団が形成されている。
同じ宗族は同じ姓を持ち、その中の男女は絶対に結婚できない。これを「同姓不婚」という。
第二に、これが重要だが、日本では「姓《かばね》」は天皇が下賜《かし》するものとされ、天皇には氏も姓《かばね》もない！
源
平
橘
藤原
そしてさらなる日本化が続く。日本の「氏族」は、シナの「宗族」のように強固ではなく、「氏族」よりも、その中の「家」が重視されたのである。
奈良時代頃から氏族よりも「家」で政治的地位が分かれるようになり、平安時代後期には「家」の方が主流となっていた。
シナの「姓《せい》」の数は3000程度。
その制度を直輸入した朝鮮では200あまりしかなく現代でも韓国人は金さん、朴さんばっかりである。
金
朴
日本の「姓《せい》」は「源《げん》・平《へい》・藤《とう》・橘《きつ》」などに絞ったため、誰も彼もが、源さん、藤原さんばっかりになった。
平
源
橘
藤原

しかし「家」を重視する日本では、それぞれの「家」が「姓《せい》」とは別に、主に領地の地名を取って自らの「家名」を名乗った。
これこそがシナ・朝鮮にはない決定的な日本化、『苗字《みょうじ》』の登場である！
佐竹
小野
新井
岡田
片桐
小笠原
明智
細川
浅野
三好
石川
池田
「源氏」という「氏族」の中で、下野国《しもつけのくに》足利の地を本拠とした家は「足利家」を名乗った。
同様に「源氏」で、上野国《こうずけのくに》新田庄世良田得川を発祥の地とする家が「徳川家」を名乗った。
なお個人名との間に「の」が入るかどうかも「姓《せい》」と「苗字」を見分ける一つの目安になる。
下野国
足利
上野国
得川
中世では「名字」と書かれたが、後に「種」や「胤（ちすじ）」を意味する「苗」が当てられ、江戸時代には「苗字」が一般的となった。
苗字は自ら名乗るものだから、その数は「姓《せい》」に比べて桁違いに多く、現在30万種類もある。
中村
高橋
渡辺
山本
小林
佐藤
鈴木
田中
「姓《せい》」は「氏族」の名であり、
「苗字」は「家」の名である。
夫婦でも「氏族」は別々だから「別姓」である。
源頼朝の妻が平政子（「北条」は苗字）だったように。
源頼朝は源氏の本流だったので苗字は名乗っていない。
「姓《せい》」に対して「苗字」は「家」の名だから、当然、家族は同じ苗字である。
要するに日本は「夫婦別姓・同苗字」だったのである！
そしてもう一点、「姓《せい》」と「苗字」の決定的な違い。
「苗字」は自ら名乗った「私称」であるのに対して、
「姓《せい》」は天皇に賜《たまわ》った「公称」、というより「皇称」だということである。

江戸幕府が享和元年(1801)7月に出した御触書が、「苗字・帯刀」を禁じたもののように誤解されているが、この対象は「領主地頭」であって、領主らが借金のために裕福な百姓に苗字帯刀を免許するというペテンをやっていたからだ。
そのため、普段は「苗字」しか名乗らなくても、朝廷に差し出す文書などの公的な場では「姓《せい》」を名乗った。
毛利輝元は「大江輝元」、前田利家は「菅原利家」、織田信長は「藤原信長」と名乗った。
(信長は後に「平」も名乗る)
同様に徳川家康は「源家康」である。
もっと正式な場では、平安時代以降省略されることが多かった「カバネ」の「朝臣《あそん》」も加えて、「源朝臣家康」となった。
「姓《せい》」は中世には庶民にまで広がり、百姓も「源・平・藤・橘」などの堂々たる「姓《せい》」を名乗っていた。
これは「氏神様」の祭りや共有財産の管理などの必要から地域ごとに「氏」が形成され、それぞれに貴族を擬した「姓《せい》」を名乗ったのではないかと考えられている。
しかし室町時代以降は庶民層も「姓《せい》」に代わって「苗字」が急速に広がった。
なお江戸時代の庶民は苗字を持たなかったという俗説は全くの誤りで、禁令が出されたという事実もなく、せいぜい武士の前では「自粛」していたという程度で、村の中や庶民同士では堂々と苗字を名乗っていたということは、現在では定説となっている。
日本では武家でも「婿養子」すなわち女系継承が普通に行なわれていた。
初期の徳川幕府は、違う姓《せい》の男を養子に迎えてはならないという「異姓不養」の厳守を命じたが、大名家に跡継ぎがなく取り潰しになり、浪人が大量発生して治安が悪化するという事態が起きかねないため、異姓養子の容認に転ずる。
こうして日本では、「家名」すなわち「苗字」さえ継がれれば、「異姓」の男が入ってもいいというほどに、「姓《せい》」は形骸化するのである。

その一方、歴代の徳川将軍が
朝廷に対しては「源姓《みなもとせい》」を
名乗り続けたように、
上級武士や公家には
「姓《せい》」の観念は根強く残り、
明治維新の際は木戸孝允が
「大江朝臣孝允」というように
「本姓」を名乗る動きもあった。
しかし、もはやシナ文明の
残滓《ざんし》である「姓《せい》」は
文明開化の時代に合わず、
明治4(1871)年、
「姓尸(せいし)不称令」で
「姓《せい》」は公式に廃止された。
それ以来、日本人に
「姓《せい》」はない!
現在言われる「姓《せい》」とは
単に「苗字」との混同で
本来の「姓《せい》」とは全く違う。
もっとも、公的に廃止されたとはいえ、
明治初期にはまだ人の心に
「姓《せい》」の観念が残っていた。
例えば、明治23年に
乃木希典が揮毫《きごう》した
「教育勅語」の石碑が
宮城県志波彦《しわひこ》神社にあるが、
その署名は「源希典」になっている。
もともと天皇に
「姓《せい》」はないのだから、
「易姓革命」など
起こらない。
まして明治4年以降は
全ての日本人から
「姓《せい》」がなくなったのだから、
なおのことである。
だがそれでも、当時の
男尊女卑意識も加わって、
「もし女帝が誕生し、臣下の
男性が婿に入ったら、
易姓革命になる」という
国民感情は強かった。
その結果、明治の皇室典範から
女系継承は排除されたのである。

しかし、もうそれから120年以上経っている。
それでも今なおシナ文明の残滓でしかない「男系継承」にこだわり、
とっくに日本人に「姓《せい》」はなくなってるのに、「姓《せい》」と「苗字」を混同してまで「易姓革命が起きるぞ!」と言ってる連中の精神は「シナ文明の奴隷」みたいなものだ!
それでいて彼らは「シナ文明圏から独立した日本文明」を誇るのだから、その支離滅裂ぶりにはめまいを感じてしまう。
男系固執主義者が、全く無知で、まともに勉強もしていないことはもうわかっている。
関心があるのは皇室のことや皇位継承の問題ではなく、ただ自分のプライドだけなのだ。
カルト信者の洗脳を解くと、最後にはプライドの皮一枚だけが残る。
真実を知って考えを変えることは恥でも何でもない。
案外、勇気のいることなのだ。
ごーまんかましてよかですか?
臆病者の列に並ぶのをやめよう!
易姓革命なんか起こるわけがない!
シナ文明を巧みに日本化していったのが日本の歴史であり、
「女系天皇公認」はその先人たちの知恵と努力に連なるものに他ならないのだから!

ゴーマニズム宣言
SPECIAL

第24章
「男系固執」は明治以降の男尊女卑感情

男系固執主義者は言う。
「男系の皇統は、2600年の間、日本人の不断の努力で保たれてきた、美しい伝統である！」
だが、はっきり言ってこれは全くの嘘である。

そもそも古来、日本には皇位継承に関する成文法は存在しなかった。
シナから輸入した男系主義をベースにしながらも、
さほど確固たるルールもなく、その時その時の都合によって臨機応変、女帝を立てたり、傍系に継がせたり、母から息子へ、母から娘へ、子から親へ継がせたケースまであり、実に融通《ゆうずう》無碍《むげ》、柔軟に皇位継承が行なわれてきたのが実情で、
皇位継承は男系に限るなどという法が作られたことはなかったのである！

わが国で初めて皇位継承のルールが明文化されたのは、明治22（1889）年制定の旧皇室典範で、その第1条に「皇統ニシテ男系ノ男子」と規定され、現在の皇室典範にもそのまま受け継がれた。
これは明治になって初めて登場した「縛り」である。
しかも、その旧皇室典範の制定に至るまでには、女系天皇を認めるか否かで侃侃諤諤《かんかんがくがく》の議論が巻き起こり、草案は二転三転、紆余曲折《うよきょくせつ》を繰り返した揚げ句、
半ば強引に男系男子に限る規定に決定されたという経緯があるのだ。
もし本当に日本人が「男系男子の皇統」を2600年もの間、不断の努力で保ってきたのなら、明治初年にそんな議論など起こるはずがない！
しかも当時は側室もあり、宮家も多数存在し、今よりずっと男系を維持しやすい環境があったのだ。
すんなり男系継承の規定が決まっていてもよかったはずではないか！
要するに男系固執主義者は、制定されて121年にすぎない皇室典範の「男系男子」の規定を、2600年もの間、日本人が墨守《ぼくしゅ》してきたかのように言い募っているのだ！
徹底的に無知なのである。
明治初年、女系天皇を認めるか否かの大議論が起きた。
…と言うと、何となく政府が「男系絶対」を唱え、民権派が「女系容認」を唱えた、かのようなイメージを抱きがちだが、実際には政府・民権派ともに二分されていた。

そして、憲法試案に「女帝容認」の規定を盛り込んだのは、実は政府側が先だった。
明治9年、明治天皇が「国憲起草を命ずるの勅語」を発せられた翌月に、元老院が起草した「日本国憲按」の第一次草案に、男子優先ながらもやむを得ない場合には女帝の即位を認めるという条文が入ったのだ。
さらに民間でも、数多くの私擬憲法が作られ、その多くは皇位継承規定を含んでいたが、それらの憲法草案で女帝の即位を認めたものは、男子のみに限定したものをはるかに上回っていた。
その根拠はやはり歴史上、8人10代の女帝が存在したという事実であった！
8人10代の女帝は「男系女子」であり、皇統は全て男系だという主張は、実はこの皇統をめぐる議論が起きてから出てきたのであって、
それまでは8人の女帝が男系か女系かなど重要視されていない。
それどころか、歴史的には「女系継承」と考えられていたケースすら、2例も存在していた。
1例目は、第37代斉明《さいめい》天皇（女帝）から第38代天智天皇への継承である。
斉明天皇
母
息子
女系
天智天皇
天智天皇は、斉明天皇の実子。
すなわち、母から息子へ皇位が移ったのだから、素直にこれは「女系継承」と意識されていた。

しかし、斉明天皇は第34代舒明《じょめい》天皇の
未亡人であり、天智天皇を産んだのは
天皇に即位する前だったということで、
あくまでも天智天皇は、男帝・舒明天皇の
子として、男系に位置付けられるという、
少々ややこしい解釈・こじつけ・言い訳が
なされ、今ではこれを「男系継承」だった
ことにされている。
舒明天皇
斉明天皇
天智天皇
2例目は、第43代元明《げんめい》天皇（女帝）から
第44代元正《げんしょう》天皇（女帝）への継承である。
元正天皇は元明天皇の実子で、
これは母から娘への譲位である。
元明天皇
母
女系
娘
元正天皇
しかも元正天皇の父は
天皇ではなく、草壁《くさかべ》皇子だ。
祖父は天武《てんむ》天皇だが。
元明天皇は天智天皇の娘、
元正天皇は天武天皇の孫と、
「シナ男系制度」の感覚を
無理にこじつければ、
「男系継承」と言うことも
できるが、素朴に見れば、
「女系継承」と見た方が
自然である。
天武天皇
草壁皇子
天智天皇
元明天皇
元正天皇
しかも「養老継嗣令《ようろうけいしりょう》」には
「天皇の兄弟、皇子は、
みな親王とすること
（女帝の子もまた同じ）」とあり、
この規定は元明・元正帝の時代に
施行されていた「大宝令」にも
定められていたと言われている。
「親王」とは皇位継承資格を
有する皇族中、より
天皇に近い者を指す。
つまり、女帝の子は男系でなく、
女系で即位可能な者として
処遇されていたわけで、
単に意識上だけではなく、
法的にも女系継承と認められて
いたことになるのだ。

皇位継承問題で討論をした際に新田均が「女帝の配偶者が皇族に限定されていた」と言ったが、原則はその通りだ。
だが条文自体の主旨は「男帝の子も女帝の子も差はない」というもので、
母が女帝なら父の身分にかかわりなく「親王」とする
というものである。
女帝
王
親王
新田均はこの「女帝の子もまた同じ」というのは条文ではなく、注に過ぎないと言ったが、それは間違い！
これは「本《ほん》注《ちゅう》」といって、注であっても法的拘束力を持って条文の一部を成す部分なのである。
こうしてみると、「男系の皇統は、2600年の間、日本人の不断の努力で保たれてきた！」というのは大ウソだとわかる。
実際には、当時は女系継承とみなされていたケースまで、後付けの理屈で「男系」に位置付けたのである！
日本には8人10代の女帝の「先例」があり、女帝を認める慣習があった。
本来はそれだけで根拠として十分なのに、この主張に対して、過去の女帝は「先例」ではなく「例外」だとするために持ち出されたのが、「男系女子」という概念である。
男系女子
皇位継承の条件を男系だの女系だのと言い始めたのは明治以降のことで、2600年の伝統でも何でもない！

最初に女帝を認めた
憲法草案である元老院の
「日本国憲按」だが、
翌明治10年末の
草案校正作業で
早くも女帝容認の
記述が消え、
明治11年の第二次草案でも
「男統」を強調し、
女帝に言及しない内容となる。
逆に明治13年の第三次草案では、
男統の後継ぎが全くいなくなった
場合に限り、女統を認めるという
内容に戻り、二転三転して
最終的には不採択となり、
幻に終わる。
一方、伊藤博文は宮内省に
設置した専門部局で
皇室法規の立案に取り組み、
明治18年頃「皇室制規」
という法案が完成。
それはいかにして
皇統を存続させるかに
特に力点を置いた
柔軟なもので、
男系継承を優先しながらも、
男系皇族が絶えた場合は
女系継承を認め、
さらに嫡子《ちゃくし》と庶子《しょし》では
嫡子を優先することを
明記していた。
だがこの「皇室制規」に対して、
井上毅《こわし》は「謹具《きんぐ》意見」という
意見書を提出して
猛反対を唱えた。
これによって
宮内省は方針を一転、
以後、女帝を認める案は
完全に姿を消す。
井上は「謹具意見」で、
反政府の自由民権結社で、
政敵でもあった「嚶鳴社《おうめいしゃ》」の論客
島田三郎の
「女統女帝を否とするの説」を掲げ、
全面的同意を示した。
この島田の説が、
現在の「男系固執論」の
源流といえる。

島田は、女帝賛成論の二つの意見に論駁《ろんばく》する形で持論を展開している。
第一には、「歴史上に女帝が存在する」という意見に対して、「歴史上の女帝は臨時・中継ぎのいわば摂位《せつい》であり、先例にならない」と反論した。
8人10代の女帝は、わずか7歳で即位した明正《めいしょう》天皇以外は全て、即位した時点で次の皇位継承者が想定されており、時を待って譲位することが前提になっていたというのである。
改めて詳述するが、この主張は一面的である。
女帝の存在は単なる「中継ぎ」に留まるものばかりではなく、逆に歴史上の転換期に重要な役割を果たした者もいる。
例えば「天皇」という君主号が成立したのは、推古《すいこ》天皇の時代！
「日本」という国号が成立したのは持統《じとう》天皇の時代！
いずれも女帝である！
天皇と日本！この「国体」がつくられたのは、女帝の時代だったということを、我々は自覚せねばならない！

さてここで重要なのは、第二の論点だ。
女帝容認論者が主張する
「男女同権の時代に男女が等しく皇位を継承するようになるのは各国共通で、日本だけ男系に固執するのは時代に反する」
という意見に反駁して、
島田三郎が主張した意見は、要するにこういうものだった。
「日本は男尊女卑の国であり、わが国に存在した女帝は外国の女帝と同じではない」
過去の日本の女帝はその在位中、配偶者はいなかった。しかし今日、女帝を認めた場合、一生涯独身を強いるということは天理人情に反する。
そこで女帝の結婚を認めるとなれば、女帝の配偶者「皇婿《こうせい》」の立場が問題となる。
「男尊女卑」の国民感情、社会慣習があるわが国では、女帝よりも、その婿の方が上位に見られ、天皇の尊厳を傷つけかねない、と島田は指摘した。
さらに「皇婿」が女帝を動かし、政治に干渉するおそれもあると、島田は指摘したのである。
歴史上の女帝が全員、即位後、独身を通したのも同様の理由で、「皇婿」の立場が問題となり、また、女帝が子を産んだ場合、皇位継承をめぐる争いが起こることなどが危惧されたため、結果的にそうなったものと考えられており、
最初に「男系継承」を守るという目的があったわけではない！

島田の意見は、そのような歴史的経緯を踏まえている。
ということは、男系継承こそが守るべき価値だと主張していたわけではなく、単に「男尊女卑」の国民感情によって不都合が生じるという理由だったことになる！

井上毅は意見書に、島田と同じ嚶鳴社の論客、沼《ぬ》間《ま》守《もり》一《かず》の主張も引用しているが、そこにはさらに端的に、こう記されていた。

男を尊《たっと》び、女を卑《いやし》むの慣習、
人民の脳髄を支配する我国に至ては、
女帝を立て
皇婿《こうせい》を置くの不可なるは、
多弁を費すを要せざるべし。

皇位継承を男系に限るべきという根拠は、歴史や伝統の中にはない。
その根拠は、「男尊女卑」の感情論だったのだ！

明治初年の時代には、「男尊女卑」の国民感情ゆえに、女帝を立てたら天皇の尊厳を保てないという意見も、決して杞憂《きゆう》ではなかったかもしれない。

しかし、国民感情は時代で変わる。
平成の現在、「草食男子」が
話題になるばかりか、
不敬にも皇太子殿下が
雅子妃に動かされ、
「小和田王朝」ができるなどという
妄言を本気で叫ぶ者までいる。
もし女帝が誕生した場合の、
民間人から入る「皇婿」のイメージは、
黒田清子さまの夫の温厚な
人柄を見ればよい。
最近ではあのような温厚で
女性に優しい男性は圧倒的に多い。
それどころかわしの周囲では、
むしろ完全に女性に
イニシアティブを握られる
男性の方が多いくらいだ！
情けない、情けないと
思っていたが、
もうあきらめた。
妻に子供の世話たのまれてるからお先に〜〜〜
バツイチ金なしで不安〜
蒼井優ちゃんのドレイになりたい…
もうすぐ妻がくるぞ明日かな？
女ができたらもうおしまいだ。
自分を放棄して女の
言いなりになる男ばかりだ。
貯金も、労働力も、
全て女に貢いで
がっちり保険金をかけられて、
カマキリのオスになる。
あとは食い散らされて
捨てられないようにと
祈るばかりだ。
女帝は民間にはいくらだっている！
保守系のメディアで活躍している
女性たちを見よ！
男がふがいないから
私が頑張るしかないのよ
と言わんばかりだ。
日本で最もネオコン的な
強硬保守は、
櫻井よしこ氏ではないか！
金美齢氏もあの通り、
男が恐れている有り様だし、
上坂冬子氏も、男なんかより
個人主義で生きた人だった。
死ぬまでそうだった！

自称保守の男どもの卑小《ひしょう》さに
比べたら、保守系メディアで活躍する
女性は、全然、男を立てる女ではない！
男なんかに左右されず、
適当に男を手玉にとって、
自分の意のままに生きている！
わしは福岡出身だから、
女はいつの間にか自分の身の回りの
世話をしてくれるものだと
思い込んでいた。
中学・高校の掃除時間中に
男子がムダ話してても、
女子はそれを咎《とが》めもせずに、
「どいて！どいて！」と言いながら、
掃除は女だけでやってくれた。
東京に来たときは驚いた。
女がやけに尊大で、
男が女にサービスしていた。
女にメシだけ食わせる
メッシー君、
女を車で送り迎えする
アッシー君、
女にプレゼントするだけの
ミツグ君、
東京は
女尊男卑やったと
か～～～～～っ!!
それから25年は経っただろうか？
東京で男に頼らず、バリバリ働く
女性と何人も付き合ったが、
わしに手を焼いて別れた後に
彼女たちが捕獲した男は
必ず草食系だ。
最近では、このわしとの
食事中に、わしの盃が
カラになっていても、
気づかない女ばかりだ。
わしが気をきかせて
女に注いでやってから、
手酌で自分の盃を
満たしたりしている。
もう時代は
すっかり変わったのだ。

わしほど女に不自由したことのない男が、「もう女性の時代でいいじゃないか」と言えるようになったのに、
今どき「男系絶対だ！」と叫ぶ男って、どんなツラしてるんだ？
な～～んだ、ジジイとブ男とネットでしかいばれない、小さな小さな男ばっかりじゃないか！
女にもてないコンプレックスから、必死で男系を主張しているしょぼい男ばっかり！
この時代、男尊女卑の慣習に「脳髄を支配」されている者なんて、極めて少数の「自称保守の論壇オヤジ」と、それに媚《こび》を売る「論壇ホステス」ぐらいしかいない。
そういう、ごくごく少数の者たちが、歴史的にも根拠もなく、時代的にも錯誤としか言いようのない男系固執論を大声で叫んでいるに過ぎないのである。
皇太子殿下は、50歳の誕生日に「将来の皇室のあり方」について、こうおっしゃった。
その時代時代で新しい風が吹くように、皇室の在り方もその時代時代によって変わってきていると思います。過去から様々なことを学びながら、将来の皇室の在り方を追い求めていきたいと考えています。
さすがですな。本当に強い男は余裕がある。
伝統を守るということは頑《がん》迷《めい》固《こ》陋《ろう》に時代に逆らうことではないのである。

伊藤博文は、皇統維持のためには
女系天皇も容認すべきだと
「皇室制規」を作ったが、
井上毅の「謹具意見」を受け、
皇統は皇族の範囲を拡大する
ことによって確保されるとして
妥協し、女帝案を見送った。
宮内省は井上の意見を大幅に
受け入れた「帝室典則」を作成。
女帝を否定、皇位継承を
男系男子のみに限定、
さらに皇族の庶子にも
皇族として同等の優遇が
されるべきとした。
この規定は一貫して保存され、
旧皇室典範に採用された。
こうして皇位継承は
男系男子に限るという
歴史上例のない窮屈な制約が
決められたのである。
この旧皇室典範の作成に至る経緯に
多大な影響を及ぼしたのが、
外務官僚の柳原前光《さきみつ》だった。
柳原はかねてから熱心に
皇室関連の法制を研究し、
岩倉具視や西園寺公望らに
皇室法の立案を強く働きかけていた。
柳原が作成していた皇室法の
試案は宮内省が作成した
「帝室典則」よりも、はるかに精緻《せいち》で、
「帝室典則」が不備を指摘されて
事実上廃案になると、
井上や伊藤は積極的に
柳原を登用、
皇室典範の原案作成に
当たらせたのだった。
なぜ柳原はそこまで自ら熱心に
皇室法の制定に関わったのか?
実は柳原の妹、愛子(なるこ)は
明治天皇の側室に入っており、
唯一の男子を産んでいたのだ。
明宮嘉仁(はるのみやよしひと)親王、
後の大正天皇である。

柳原はおそらく皇統の安定継承よりも、
妹や甥の将来を先に考えていたのだろう。
皇位継承に関して柳原が推進した案は、
女系を排除し、男系男子継承とすること、
庶子を嫡子と同様に優遇すること、
傍系よりも直系を重視すること。
要するに、
甥を天皇にするために
最も有利な案だったのである。
井上毅は「謹具意見」において、
「皇統は男統に存するというのが
国民の考え方である」と唱えた。
井上は男系継承の強い
ドイツ王家の制度を模範に、
もし現在の男統が絶えた時は
有栖《ありす》川宮《がわのみや》家に、
有栖川宮が絶えれば伏見宮《ふしみのみや》に、
次は閑院宮《かんいんのみや》家に、次は桂宮《かつらのみや》家に、
決して女系には継がせず
次々と傍系に移ってでも男系を
繋《つな》いでいこうという考えだった。
そのため、皇族の数は
いくら増えても制限せず、
何代先までも永遠に
皇族は皇族の位置に留まるべき
と主張した。
井上と柳原は、女帝論を排除する
という目的では共闘したものの、
柳原は直系を重視しており、
傍系の皇族は数を制限し、
臣籍降下《しんせきこうか》させるべきという意見
だったために確執が生じ、
皇室典範の制定に曲折を生じさせた。
結局この時は、事実上
井上の案が通った形となり、
この時点で、すでに500年近く
血が離れていた伏見宮系皇族
までも「永世皇族」となる
恩恵を受けた。
今の男系派が
「旧宮家復帰」と言っている
「600年隔絶宮家」である。
しかし大正時代に入ると
皇室財政の負担増の
問題などから、再び
皇族のリストラ策が
考えられるように
なっていくのだ。

日本の歴史上初めて、皇位継承者を男系男子に限ると明文化した旧皇室典範の規定は、歴史とも伝統とも無縁にでき上がった。
当初は素直に歴史や伝統に学び、女帝も認めるべしとする意見が多かったにもかかわらず、
時代の「男尊女卑」の感情から、
あるいは甥を天皇にしたいという計算から、
無理やり男系男子に限定されていってしまったのである！
ただし、井上毅が「謹具意見」で主張した意見が全て皇室典範に採用されたわけではない。
井上は、天皇が生前譲位できるようにするべきだと主張していたが、それは採用されなかった。
そしてもう一つ。「皇統は男統に存する」という主張、実はこれも皇室典範には採用されず、代わりにこう記された。
「大日本国皇位ハ祖宗ノ皇統ニシテ男系ノ男子之ヲ継承ス」
「皇統ニシテ男系ノ男子之ヲ継承ス」とは、第一に「皇統には男系・女系の両方を含む」ということを前提にした上で、そのうち「男系が皇位を継承する」という意味である。
皇統は男統のみとする井上の説を退け、女系も皇統に入るという含みを残した条文になっている。
そして、これはそのまま現行の皇室典範にも引き継がれている。

「皇位は、皇統に属する男系の男子が、これを継承する」
現行の皇室典範第一条のこの条文の「皇統」には女系は入らないと竹田恒泰は主張していたが、もちろん間違いである。
条文は同義語反復では書かれない。
「皇統」＝「男系男子」ならば、「皇位は『男系男子』に属する『男系男子』に継承する」となってしまう。
この条文の「皇統」には、女系も含まれるのである！
皇室典範でも、女系は皇統に含まれている。
あとはただ、女系も皇位継承ができるように条文を改正するだけでいいのだ。
ごーまんかましてよかですか？
女系天皇は皇統断絶でも何でもない！
現在においても、それを阻もうとするのは、
ただ頑迷固陋な「男尊女卑」の感情だけなのである！
男系天皇を守れ
皇室典範改悪

ゴーマニズム宣言
SPECIAL

第25章
偉大なる女帝の歴史

日本の歴史には、8人10代の女帝（女性天皇）が存在する。
「8人10代」というのは、2人が重祚《ちょうそ》（一度退位し、再び皇位に就く）しているからである。
「それらは全て〝中継ぎ〟の天皇にすぎない」と男系固執論者は言うが、それは明治以降、男尊女卑感情から言われ始めた虚構で、歴史研究の上ではすでに否定されている。
そもそも「中継ぎ」の天皇なら、男帝にも多く存在する。例えば「大化の改新」の際に中大兄皇子《なかのおおえのおうじ》が自ら即位することを回避したため、代わりに皇位についた孝徳《こうとく》天皇である。
中継ぎ「にすぎない」かは、その天皇が在位中に何を為したかで判断すべきで、「女だから中継ぎ」という発想こそ、男尊女卑以外の何物でもない。

産経新聞も馬鹿だね。いっぺん男系絶対の論陣を張った手前、もう引き返せないのだろうね。保守系知識人が男系絶対の「世間」を作ってしまったから、「世間」に逆らえない。日本人はどうしてもこうなるわけだね。日本人に「個」は確立しない証明だ。

古代の天皇は権威と権力の両方を掌握し、血みどろの権力闘争の渦中に置かれることも少なくなかったため、たとえ「中継ぎ」の役割でも、特に傑出した人物でなければ皇位に就けなかった。
そして、日本の古代はまさに「女帝の世紀」だった。8人10代の女帝のうち6人8代までが古代に集中している。
古墳時代
飛鳥時代
奈良時代
安時代

その女帝の間に登場した男帝も8代だが、明治になって歴代天皇に加えられた弘文《こうぶん》天皇を除けば、女帝の方が多い。
期間で言うと、最初の女帝・推古《すいこ》天皇から、古代最後の女帝・称徳《しょうとく》天皇までは飛鳥・奈良時代の大部分を占める178年間で、そのうち実に92年間が女帝の御代である。

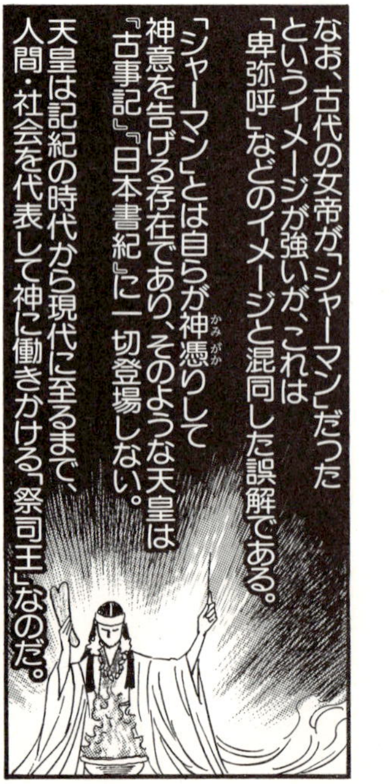
なお、古代の女帝が「シャーマン」だったというイメージが強いが、これは「卑弥呼」などのイメージと混同した誤解である。
「シャーマン」とは自らが神憑《かみがか》りして神意を告げる存在であり、そのような天皇は『古事記』『日本書紀』に一切登場しない。
天皇は記紀の時代から現代に至るまで、人間・社会を代表して神に働きかける「祭司王」なのだ。

日本史上、最初の女帝は第33代・推古天皇である。
推古天皇は29代・欽明《きんめい》天皇の皇女であり、30代・敏達《びだつ》天皇の未亡人、31代・用明《ようめい》天皇の妹、32代崇峻《すしゅん》天皇の姉に当たる。
26 継体
27 安閑
28 宣化
29 欽明
30 敏達
31 用明
33 推古
32 崇峻
聖徳太子

女帝・推古天皇が誕生したのは、まさに血みどろの権力闘争の結果だった。
ライバルの物部《もののべ》氏を討った蘇我《そが》氏の頭首・蘇我馬子は、次に対立した崇峻天皇をも暗殺してしまう。

小沢一郎が男系の男性にはこだわっていないと言ったからダメとか、民主党政権は皇位継承問題を扱ったらダメだとか、私利私欲に捉われて全然「天皇陛下のご心配」や「皇統の維持」、「国体の危機」に関する「公」の精神がない。自我とプライドのみ、それが産経新聞と男系絶対主義者だな。

天皇暗殺という前代未聞の事態により、どの皇子を後継にしてもさらなる対立激化が免れない状況となり、それを回避できる唯一の人物として推古天皇の即位となったのである。
これは日本史上初であるのみならず、アジアでも初の女性君主だった。
推古天皇は**聖徳太子**を摂政に登用し、「冠位十二階の制定」「憲法十七条の発布」などの大事業を行なった。
そのため実質的な治世は聖徳太子が行ない、推古天皇は「お飾り」と見られがちである。
また推古天皇は蘇我氏の血を引き、蘇我馬子の後ろ盾で即位したため、蘇我氏の「傀儡《かいらい》」だったという印象もある。
だがこれも近年では、推古天皇のもとで聖徳太子と蘇我馬子が補佐する形の共同執政だったとする説の方が有力である。
実際に推古天皇は自ら積極的に軍事・外交の判断をしており、任那《みまな》に侵攻した新羅《しらぎ》を征討するため1万余の軍勢を差し向け、帰順させている。
新羅はその後再び任那を侵し、推古天皇は新羅征討を再開しようとする。
女性は平和的で男性は戦闘的という観念は、古代には通用しない。
古代の女帝や、さらに古い時代における神功《じんぐう》皇后の勇ましさは大変なものである。
そして何より重要なのは、推古天皇が日本で初めて「天皇」という君主号を用いたということである！
天皇

それ以前の君主号は「大王《おおきみ》」などが使われていたが、シナから見れば、天下を統べる唯一の存在であるシナの「皇帝」に服する属国の「王」の一人に過ぎなかった。
その皇帝に対して対等を主張したのが「天皇」の名なのである。
東の天皇、敬《つつし》みて西の皇帝に白《もう》す
「天皇」の称号こそが、シナに対する自主独立の宣言だった。
推古天皇は聖徳太子や蘇我馬子の死後も在位し、75歳で崩御《ほうぎょ》した。
在位期間は36年間、この時代としては異例の長期に及んだ。
なお、『古事記』の記述は推古天皇で完結している。
推古天皇の跡は男帝・舒明《じょめい》天皇が継いだが、病弱のため在位13年で崩御、その皇后が跡を継いだ。
2人目の女帝、第35代皇極《こうぎょく》天皇である。
即位の経緯は『日本書紀』には記されていないが、蘇我氏ら群臣が、皇位継承争いの緩和に役立った推古天皇の先例に倣ったと見られる。
蘇我氏は聖徳太子の子の一族を滅亡させ、天子の位をも狙うに至った。
そして皇極天皇の即位から3年目、皇極天皇と舒明天皇の子である当時19歳の中大兄皇子《なかのおおえのおうじ》が、皇極天皇の面前で蘇我入鹿《いるか》を惨殺。
入鹿の父・蝦夷《えみし》を自殺に追い込み、蘇我本宗家を滅亡させる。

この「乙巳《いっし》の変」に始まる
「大化の改新」は特に注目されるが、
一方この時、女帝・皇極天皇は
重大な行為に及んでいた。
日本史上初の
「生前譲位《じょうい》」である。
それまでの天皇は終身在位だった。
それは日本に限らず世界中の
君主のほとんどがそうである。
シナの皇帝も、
失脚して強制的にではなく、
自発的に退位した者など
ほとんどいない。
ところが日本ではこれ以降、
譲位が慣例化し、
54人の天皇が譲位した。
125代の天皇のうち、
「皇極までの34代と、
皇室典範で生前譲位が
禁じられた明治以降を除けば、
何と生前譲位が6割超である。
譲位の通例化が、平安期の院政を
生み出すなど、天皇の在り方に
大きな変化をもたらした。
皇極天皇がその画期となったのである。
皇極天皇から皇位を譲られたのは、
弟の孝徳《こうとく》天皇だったが、
皇太子・中大兄皇子らと対立、
失意の中で病没。
中大兄皇子は29歳、
当然即位の資格はあったが、
この時も自ら回避した。
孝徳天皇から皇位を簒奪《さんだつ》したとの謗《そし》りを
避けるためだったとも言われる。
そして何と「皇祖母尊」(すめみおやのみこと)
と呼ばれていた62歳の皇極が
再び即位(重祚《ちょうそ》)、
第37代
斉明《さいめい》天皇となる。
一人の人物が2度天皇になったのも、
もちろんこれが初めてだった。

この時、朝鮮半島では日本と親交のある百済が唐・新羅の連合軍によって滅亡、百済復興を目指す者たちが日本に援軍を求めてきた。
朝鮮半島南部が唐の勢力下に入ると日本にとっても脅威となるため、斉明天皇は朝鮮に出兵を決意、自ら軍船を率い出陣。
68歳の女帝の意気込みは大変なもので、緒戦は攻勢を続けていた。
このときすでに68歳になられていた斉明天皇は、
百済が滅んだら次は日本が危ない！
…と、百済復興軍を救うため、出兵を決意した！
唐
高句麗
新羅
百済
しかし開戦2か月ほどで、斉明天皇は朝鮮に渡ることなく筑紫の地で病没してしまう。
そして2年後、白村江《はくすきのえ》で日本は大敗を喫する。
斉明天皇の崩御により、ついに中大兄皇子が皇位に就く。
第38代・天智《てんじ》天皇である。
ここで注目しなければならないのは、
天智天皇は斉明天皇の実子であり、これは母から子へ、すなわち女系による皇位継承になるということである！
それを現在は、天智天皇の父親が舒明《じょめい》天皇だから「男系継承」だと解釈しているが、
当時の感覚として、天智天皇がすでに27年前に崩御した4代前の天皇の男系の血筋に基づいて即位したとみなした者などいるわけがない。
直接、母の女帝から子の皇太子が皇位を継承したとしか思わなかったはずである。
天智天皇の代から独自の律令編纂が始まる。
シナ文明からの自立も一層明確に目指すこととなったのである。

天智天皇が46歳で崩御すると、
天智天皇の子と弟による
後継争い「壬申《じんしん》の乱」が起き、
弟が勝利して即位する。
※第40代・天武《てんむ》天皇である。
天武天皇は天智天皇が推進した
中央集権体制をさらに進め、多くの
業績を残すが、即位15年で崩御。
そこで未亡人となった皇后が、
正式に即位はせず、天皇の代行を務める。
その時、有力な後継候補が2人存在した。
一人は天武天皇と皇后の子、
草壁皇子で、もう一人は異母弟、
大津皇子だった。
ここで、かつて壬申の乱の際に
自ら軍勢に呼びかけ
行動を共にしたと言われ、
天武天皇の最大の政治参謀でもあった
皇后の動きは速かった。
天皇崩御から1か月経たないうちに
大津皇子を「謀反」の罪で捕え、
翌日に処刑してしまい、
わが子である草壁皇子の
皇位継承を確実としたのである。
ところが草壁皇子は病弱で、
即位することなく28歳で亡くなる。
そのため、天武天皇崩御以降
4年間、天皇代行を務めてきた
皇后が正式に即位する。
3人目の女帝、
第41代・持統《じとう》天皇である。
この経緯ひとつ見ても、
「女帝は中継ぎ」説の浅さは
明白だろう。
持統天皇が当初
正式に即位しなかったのは、
確かにわが子・草壁皇子への
「中継ぎ」と考えていたからだろう。
しかし壬申の乱以来、
血みどろの権力闘争の中心にいた
持統天皇の実力にはどの男も及ばず、
結局は自ら天皇になって
しまったのである。

※明治に入って、天智天皇の子を第39代天皇に加えたため、天武天皇は第40代となる。

持統天皇が正式に即位する直前、
「飛鳥《あすか》浄御原令《きよみはらりょう》」が制定され、
天皇・皇后・皇太子の称号が
正式に法制化された。
つまり初めて
「天皇」の称号を用いたのも
女帝（推古天皇）なら、
初めて法的に確立した
「天皇」の称号で即位したのも
女帝（持統天皇）だったことになる！
天皇
そしてもうひとつ、この「浄御原令」で、
初めて『日本』という国号が、
制定された！
それは単に従来の国名だった
「倭」というシナによる蔑称《べっしょう》を
嫌ったというより、
日の大神・天照大神《あまてらすおおみかみ》の下にある国
という誇りある認識に基づく、
積極的な意志の表れだった！
天武天皇は、壬申の乱の際に
伊勢神宮を遥拝《ようはい》し、
天照大神の神助によって勝利した
という思いから、天照大神に対する
信仰が厚かった。
その意を受け、伊勢神宮の
「式年遷宮《しきねんせんぐう》」が持統天皇の下で
初めて行なわれた。
また、天照大神を祭神とする、
皇位継承に伴う最大の祭儀
「大嘗祭《だいじょうさい》」も、
持統天皇が初めて行なったのである。
他にも持統天皇は、
「藤原京への遷都《せんと》」などの
大事業を行なった。
『日本書紀』は
持統天皇で終わる。
記紀ともに女帝で
完結している。
古代日本は女帝によって
完成したと言えるだろう。

持統天皇は53歳の時、草壁皇子の遺児、
つまり自分の孫に譲位する。
第42代
文武《もんむ》天皇である。
当時としては異例に若い、
15歳での即位だった。
そして退位した持統天皇は
「太上《だいじょう》天皇」という
天皇と同格の位に就き、
若い天皇と共に統治を続けた。
退位した天皇が
「上皇」として影響力を持ち続けた
平安時代以降の「院政」も、
その元祖は持統天皇だったといえる。
持統太上天皇は58歳で崩御、
遺体は遺言により火葬された。
天皇の火葬も持統天皇が最初である。
仏教の帰依《きえ》の深さのためという
説の他に、従来のように
長期にわたる葬礼をすると、
その間に皇位継承争いが
起きかねないと心配したため
という説もある。
とにかく、死ぬまで偉大な
女帝だったのである。
強大な後見人を失った病弱な
文武天皇は、度々退位を口にしたが、
認められぬまま、持統天皇の死から
わずか5年後、25歳で崩御してしまう。
遺児・首《おびと》皇子はまだ7歳。
(のちの聖武天皇)
そこで次に即位したのはなんと、
亡き文武天皇の母(草壁皇子妃、
持統天皇の異母妹)。
4人目の女帝、
第43代
元明《げんめい》天皇である。
これはまさしく孫の首《おびと》皇子が
成長するまでの「中継ぎ」だった。
息子から母親へという
異例の皇位継承。
しかも元明天皇は以前の3人の
女帝とは違って、崩御した天皇の
后ではない。
政治的な実績もない。
それでも支障なく即位に至ったのは、
律令制による国家体制が始動し、
従来ほどに天皇個人の資質が
必要とされなくなったためと見られる。

とはいえ元明天皇が軽んぜられたようなことはない。
すでに持統天皇が女帝の地位を男帝と遜色《そんしょく》ないものとして確立し、女帝だろうが中継ぎだろうが、即位すれば天皇としての大権を得て、政策を遂行できる体制が出来上がっていたのである。
しかも元明天皇自身の政治手腕は実際には優れたもので、大きな業績を残している。
一つは「平城京への遷都」である。
その計画は文武朝から始まってはいたが、それを正式決定し、造営を命じたのは元明天皇である。しかも人民にいたずらに負担をかけないような配慮も示していた。
また、『古事記』の編纂も元明天皇の詔《みことのり》で行なわれた。
天武天皇の崩御で『帝紀』『旧辞』が未完成になっていたのを惜しみ、太安万侶《おおのやすまろ》に編纂を命じて完成させたのが『古事記』である。
太安万侶は、その序文で元明天皇について、その聖徳は天下に満ちわたり、シナの伝説上の皇帝、夏《か》の禹王《うおう》や殷《いん》の湯王《とうおう》にも勝ると、最大限の賛辞を記している。
元明天皇は即位の9年目、55歳で退位した。当時、首皇子は15歳。その父・文武天皇が即位した時と同じ歳になっていた。
しかし元明天皇はまだ若年だという理由で首皇子への譲位を見送った。
若くして即位し、結果として早死にした文武天皇の轍《てつ》を踏まないためだったのだろう。
そこで代わりに譲位した相手がまた異例だった。自分の娘（文武天皇の姉）に譲ったのだ。
第44代 元正《げんしょう》天皇である。
母から娘への譲位、2代連続の女帝というのは、現在のところこの1例のみである。

母から娘へ継いだのだから、当然、女系継承である！
「4代前の天武天皇の皇子・草壁皇子の娘だから男系」という現在の解釈の方がどう見ても無理がある。
しかもこの時代は大宝・養老令の「継嗣令《けいしりょう》」が制定された後であり、法的にも女系継承が認められていたのである。
それまでの女帝は、天皇・皇子の未亡人だったが、元正天皇は生涯独身だった。
以前から「中継ぎ天皇」として即位することが期待されていたからだと見られる。
元正天皇の命によって養老律令が編纂・制定。
『日本書紀』もこの時代に完成した。
元正天皇は9年間在位の後、24歳になった首皇子に譲位。
第45代 聖武《しょうむ》天皇である。
母娘2代の「中継ぎ」は、決して単なる「お飾り」だったのではない。
台頭する藤原氏と、長屋王《ながやおう》の微妙な反目にうまく対処しながら国の安定を図る政治手腕が必要だった。
元正天皇は退位後も太上天皇として没するまで24年間、聖武天皇の母親代わりともいえる後見役を務めた。
聖武天皇は特に仏教の振興に力を入れ、東大寺大仏を造営させた。
聖武天皇の息子は夭折《ようせつ》し、残ったのは娘一人だけだった。この娘が初めての「女性皇太子」となり、聖武天皇の譲位で即位する。
第46代 孝謙《こうけん》天皇である。
なんと男帝が女帝に譲位したのだ。女帝がすっかり定着していた証拠だ。

孝謙天皇は「中継ぎ」とはいえない。
後継者が全く決まっていなかったからである。
一旦は聖武太上天皇が遺言で指名した王が皇太子となるが、1年足らずで皇太子の地位を剥奪されてしまう。
先帝の遺勅《いちょく》すら平然と無視される権力闘争が行なわれたのである。
代わりに藤原氏に近い王が皇太子に立てられるが、それに反対するクーデター未遂事件が起こる。
孝謙天皇は反対派を粛清、その皇太子に譲位する。
第47代・淳仁《じゅんにん》天皇である。
ところが淳仁天皇と孝謙太上天皇の仲は数年で険悪そのものとなり、
孝謙太上天皇は宣命《せんみょう》で淳仁天皇を激しく非難した上で、天皇の大権を剥奪し、自らが行使すると宣言した。
これに対して淳仁天皇を立てた藤原仲麻呂は反乱を起こすが、失敗して死亡。
孝謙太上天皇はさらに淳仁天皇にまで追撃をかける。
淳仁天皇は天皇の地位を剥奪のうえ、淡路に幽閉され、1年後、不可解な死を遂げた。
そして孝謙太上天皇は再び即位する。
第48代 称徳《しょうとく》天皇である。
もちろん、天皇の地位を剥奪して代わりに皇位に就くというのは前代未聞の事態だった。
淳仁天皇と孝謙太上天皇の仲が決裂したのは、淳仁天皇が道鏡に関して意見したためと言われている。
河内国の豪族・弓削《ゆげ》氏出身の僧、道鏡は孝謙太上天皇の病を治したことから信任を得て寵愛《ちょうあい》を受ける。

そして重祚した称徳天皇によつて道鏡は「太政大臣禅師《ぜんじ》」に就く。
これは僧侶と貴族、聖俗両世界の頂点に立つ地位である。
だが称徳天皇はさらに「法王」の地位を創設して道鏡に授けた。
「太政大臣禅師」は天皇に対してはあくまでも「臣下の官職」だが、「法王」は天皇と相並ぶ存在として位置づけられていた。
しかも称徳天皇は復位した後も一向に皇太子を立てなかつた。
道鏡は天皇の地位をも狙い、称徳天皇もそれを望んでいたと言われている。
そんな中、道鏡に媚びた役人が「宇佐八幡宮の神託」と称するものを持つてきた。
それは「道鏡を天皇にしたならば、天下は太平になるであろう」というものだつた。
称徳天皇は和気清麻呂《わけのきよまろ》を宇佐に派遣して神託の真偽を確かめさせる。そして清麻呂が持ち帰つた神託は「我が国は開闢《かいびゃく》以来、君臣の秩序は定まつている。臣下を君主とすることは未だかつてない。天日嗣には必ず皇統の者を立てよ。この道理のわからぬ者は速やかに除去すべし」というものだつた。称徳天皇は激怒、和気清麻呂を別部穢麻呂《わかべのきたなまろ》と改称させ、解官《げかん》して大隅国へ流した。
道鏡の野望は頓挫《とんざ》。称徳天皇はなおも道鏡を法王として重用し続けたが、神託事件からわずか11か月後に病没。それに伴つて道鏡も失脚した。
孝謙・称徳天皇は空前の規模で大仏開眼供養を行なうなど、仏教興隆の大事業を行なつたが、道鏡事件のために他の女帝より評判が悪い。
ただしこれは、称徳天皇の後継となつた光仁《こうにん》天皇以降の天智系天皇の正統性を強調するため、ことさら誇張して伝えられたためという見方もある。

いずれにせよ、孝謙・称徳天皇は
「傀儡《かいらい》」でも「お飾り」でもなく、
どの男にも及ばない政治的実力を
持った女帝だったことは間違いない。
そして称徳天皇の崩御によって、
古代女帝の時代は終わりを告げた。
卑弥呼の例に顕著なように
古代の日本には女王の存在は
珍しくなかった。
考古学による墳墓の埋葬状況の
分析でも、5世紀までは
父方と母方を重視する双系制で、
過渡期を経て6世紀頃から
父系制に移行している
という研究結果が報告されている。
もともと日本は「双系制」の社会であり、
シナから「男系主義」の思想が入り、
徐々に変容していった。
古代の女帝は、
元来の日本の社会慣行に基づき、
当然の選択肢の一つとして
登場したのである。
男
称徳天皇を最後に
女帝が登場しなくなったのは、
シナ男系主義が
定着したのと共に、
摂関政治、院政、
武士の台頭によって、
天皇が権力の座から
後退していったからである。
もはや男女を問わず、必ず有能な人物で
なければ即位できないということはなく、
9歳で即位した第56代・清和《せいわ》天皇を
皮切りに、古代では考えられなかった
「幼帝」が続々登場した。
これによって皇位継承は
「男系男子」のみで行なわれるように
なったのだ。
ところが称徳天皇の崩御から
860年も後に、
突如再び女帝が登場する。
その背景には、
権力を確立して間もない徳川家と
天皇の確執があった。

2代将軍・徳川秀忠は、半ば強引に
娘を第108代・後《ご》水尾《みずのお》天皇に
輿入れさせた。
天皇の祖父になりたかったわけである。
しかし念願の男子はすぐ死んでしまい、
育ったのは娘一人。
側室にもなぜか子供ができない。
消されていたという説もある。
そんな中、徳川幕府の
天皇を天皇とも思わないような
干渉に、度々譲位を口にしていた
後水尾天皇は、ついに譲位を強行。
そんな思いもよらない事情で、
860年ぶりの女帝が誕生した。
第109代
明《めい》正《しょう》天皇である。
即位当時、わずか8歳だった。
その後、後水尾上皇の側室に
続々と男子が誕生、
その成長を待って、明正天皇は
即位13年で譲位。
将軍家が熱望した、
徳川の血を引く天皇は、
異例の女帝一代で終わったのだった。
それからさらに120年経って、現在のところ
最後となる女帝が登場する。
第117代
後《ご》桜《さくら》町《まち》天皇である。
後桜町天皇は典型的な「中継ぎ」だった。
弟の桃園天皇が崩御した時、
その子(後の後桃園天皇)はわずか
5歳で、最初からその成長を待つ間という
条件付きでの即位だった。
そして予告通り、在位9年、31歳で譲位した。
江戸時代の2人の女帝は、古代とは全く違って、
政治的手腕など一切期待されず、
統治の実績も全く残っていない。
しかしながら、女帝が登場しなくなって
860年も経過していようと、
完全に男系主義が定着した
江戸時代であろうと、事と次第によっては
女帝が現れたという事実は重要である。
日本では女帝が完全に排除された
ことはなく、選択肢としては存在し
続けた。
明治の皇室典範制定当時、
120年前には女帝がいた
ということも人々は認識していた。
だからこそ女帝の是非をめぐる
大論争が起こったのである。

女帝が完全に排除されたのは明治典範以降。平成22年現在、たった120年のことでしかない。
それまで日本人は常に女帝が登場する可能性を認めていたし、明治以前に「男系」「女系」なんて観念もなく、「過去の女帝は男系女子だった」という屁理屈を言う人もいなかったのだ。
日本は元々、女帝を認める国だった。それを端的に示しているのが、神話の皇祖神が女神であるという事実である。
神話には民族の原初的な記憶が刻まれているのだ。
そして歴史を見れば明らかなように、「天皇」の称号、「日本」の国号、大嘗祭、伊勢神宮の式年遷宮、日本の重要な国体の多くは古代女帝の時代に完成している。
男系を妄信し、固執する者は、歴史を知らず、歴史から分断され、男尊女卑感情に支配された自分の脳内に勝手に涌いて出た「男系神」(正体はシナ宗族制度)に帰依しているだけである。
こういうのを「カルト」というのだ。
ごーまんかましてよかですか?
歴史感覚を宿した「国民」ならば女帝を排除する理由は何もない!
誇りある日本国民ならば、男系男子などというシナ感覚に支配される愚を絶対に犯してはならない!

ゴーマニズム宣言
SPECIAL

第26章 ついに神話を否定した男系主義者

チャンネル桜の討論でついに男系主義者は躍起になって「神話」を否定しにかかった。
これには心底驚き、あきれ果てた。
神話と歴史を混同するな！
神話と歴史を区別せよ！
たとえ将来、女系天皇が誕生するようなことになっても、わしは失望しない。
益々国民が天皇に注目し、敬愛を深め、かえって伝統が強化されることだってあるかもしれない。
そうなるように皇室の意義を子孫に我々が伝えてゆかねばならない。
元々、天照大神《あまてらすおおみかみ》は女性神である。ならば日本の天皇は女系だったと考えることもできる！
『天皇論』のこの一言は、彼らの主張にとっては致命傷になりかねない。
だから神話を切り離し、天照大神《あまてらすおおみかみ》も排除して、現在の天皇につながる皇統は、何が何でも「神武《じんむ》天皇から」にしたいのである。

あと3〜4年で皇室典範改正に着手しないと国体は大変な危機に陥る。愛子内親王か、悠仁親王か、
帝王学を学ぶのはどちらかを早く決定しなければならない。男系固執主義者が渡邉前侍従長の言う
「女性宮家の創設」ならいいと言うのなら、それだけでも早く実現するべきだろう。
新田均氏は、天照大神が「誓約《うけい》」で生み出したとする男神で神武天皇の5世の祖にあたるアメノオシホミミノミコトは、実はスサノオノミコトの子であり、それを天照大神が養子にしたのだから、神話から「男系」だという珍説を繰り出した。
だが、こんな素人の詭弁が、専門家の高森明勅氏に通用するはずがない。
重要なのは神話のプロット(筋書き)に立ち入ることではなくて、本来スサノオノミコトが出現せしめたはずの男性神が、結局なぜ天照大神に属することになったのか。
そして日本の皇室における皇祖神《こうそしん》はなぜスサノオではなく、天照大神として一貫して信仰信念が維持されてきたのか、ここに注目すべきなのです。
まさにその通り！
何通りもの異説を含む神話の細部をつついて「男系」に都合のいい箇所を探したところで、現実にアメノオシホミミノミコトは天照大神の系統に位置付けられているし、皇祖神は天照大神なのだ！
また「天壌無窮《てんじょうむきゅう》の神勅《しんちょく》」も論点となった。
天照大神が、孫のニニギノミコトを高天原《たかまがはら》から葦原《あしはら》の中つ国(日本)に降らせる際、八坂瓊曲玉《やさかにのまがたま》、八咫鏡《やたのかがみ》、草薙剣《くさなぎのつるぎ》の「三種の神器」と稲穂を賜り、それと共に授けた言葉が「天壌無窮の神勅」である。
「葦原の千五百秋《ちいほあき》の瑞穂《みずほ》の国は、是れ吾《あ》が子孫《うみのこ》の王《きみ》たるべき地《くに》なり。宜《よろ》しく爾《いまし》皇孫《すめみま》就《ゆ》きて治《しら》せ。行《さきく》ませ。宝祚《あまつひつぎ》の隆《さか》えまさんこと、当《まさ》に天壌《あめつち》と與《とも》に窮《きは》まり無かるべし」
日本の国は、
私、天照大神の子孫が王であるべき国である。
皇孫であるあなたが君主となり治めなさい。
さあ、行きなさい。
天照大神の系統を継ぐ皇位の栄えることは、
天地が永遠に存在するのと同じように終わることはないであろう。

こうして天降ったニニギノミコトのひ孫が初代天皇である神武天皇。
そして神武天皇から数えて125代目の天皇が今上陛下である。
日本の国は、女神である天照大神の子孫が王であるべき国であると、わが国最古の勅撰《ちょくせん》正史である『日本書紀』に明確に書かれている。
男系派にとって、これが非常に都合の悪いことなのだ。
新田氏は「天壌無窮の神勅」が『日本書紀』の「本文」ではなく、「一書」として伝えられているにすぎないことを強調した。
どうやら新田氏は「天壌無窮の神勅」を否定したいらしいが、無意味な難癖でしかない。
「一書」にすぎなかったはずの言葉が時代と共にどんどん大きくなって、三種の神器と同格の大事な神勅と見なされるようになった事実こそが重要なのだから!
その歴史的経緯を高森氏が説明する。
古事記・日本書紀が編まれたのは飛鳥時代から奈良時代。そして平安時代の初頭に斎部《いんべ》広成《ひろなり》が書いた『古語拾遺』という文献が、天孫降臨の神話の中でこの神勅を大きく取り上げた。
そして大きいのは南北朝時代、北畠親房《きたばたけちかふさ》の『神皇正統記《じんのうしょうとうき》』、ここで特筆大書され、皇位の根源を語る決定的な神勅と見られるようになった。
このように展開しながら、皇祖・天照大神という認識が定着してきた。
これに対して新田氏はこんなことを言った。
江戸時代の学問の伝統として、「神代」と「人代」は区別する、国の始まりを語る時は神武天皇からというのが歴史なので、(皇祖神が天照大神であると)歴史的に形成されてきたというのは大雑把な言い方で、実は結構新しい。近代になって教育勅語とか、皇室典範とか、あのあたりの解釈から遡及《そきゅう》して、そのように使われていった可能性が高い。
天照大神が皇祖神となったのは、明治以降と言いたいのだ。

新田氏は「江戸時代の学問の伝統」は儒教が支配していたことを知らんのか?
儒教は古臭い非合理なものと思われがちだが、実際は「怪力乱神を語らず」、理性で説明がつかないような不可思議な現象については口にしないという、非常に合理的な思想である。
儒教の影響で、江戸時代の学問は非常に合理的で、神話を切り捨てようとした。
新井白石が「神代の神は人なり」と、神話そのものを否定したのもそのためである。
また、明治初期も江戸時代の延長線上にあるから、井上毅《こわし》なども神話に対して非常に懐疑的だったのである。
しかし、それは日本史の一時期の話であり、高森氏があっさり一蹴する。
天照大神は伊勢神宮に祀られている。その伊勢の地位はすでに律令段階から特別で、神宮の祭祀って別格なんです。
国家の政策として神宮優遇が採用されていた。皇室の根源の神を祀る聖地という観念がなかったら、これはありえない。
そして平安時代の延喜式には、伊勢神宮のためだけの、伊勢大神宮式という編目が一つまとめられている。
そもそも新田氏は伊勢の皇學館大学の教授である。
そんな人が、天照大神の歴史的意義を躍起になって矮小化するとは何とも悪い冗談である。
さすがに伊勢神宮を出されてはヤバイと思ったか、新田氏は逃げを打った。
ですから私も、天照大神が特別な存在だったってことを否定するつもりはないんです。

だったらなぜ天照大神が「特別な存在」なのか言ってみろ!
「皇祖神」だからじゃないか!
それにしても、近代史でりっぱな研究をしてた人が男系イデオロギーの下僕と化すと、こうまで詭弁を並べ立てるようになってしまうのか…
続いて小堀桂一郎氏が話し始めたが、これが長い、長い!休憩をはさんで延々35分、討論番組で前代未聞の独演会!
しかし司会者は男系派のボスの独演を絶対に止めない!
途中でスタッフが何度も残り時間を知らせるが、止めずに野放し!
残り10分
実に残酷だった。司会者の男系派への特別扱いが、逆に小堀氏の老いを曝《さら》け出してしまった!
小堀氏が強調したのはやっぱり「歴史と神話を混同してはいけない」。しかもその根拠として紹介したのが、何と「比較神話学」だ!
天照大神の存在は構造的にはインド・イラン系つまりアーリア民族系
比較神話学なるものは、一種のトンデモ学説と見なされる恐れのある代物であることを小堀氏は知らないのだろうか?
要するに、長大な神話を並べ、前後の脈絡を無視して一部分を切り取れば、どこの神話にも「共通」の要素は見出せるというだけのことなのだ。
それなのに、明治時代に書かれた化石のような研究書を持ち出して得々と講義を続け、神話を否定する小堀氏。
男系のための神話否定を必死で補佐する水島氏。何という愚かな光景か!
高森氏は「公平な司会だった」と言ったが、わしはそうは思わん。公平な司会だったらこんな無残なことにはならなかったはずだ。

そもそも小堀氏が比較神話学まで持ち出して神話否定の駄弁をふるったのには、実にくだらない動機がある。
小堀氏はかつて、皇學館大学名誉教授・田中卓氏を「田中博士の説だから信じてよい」というほど信頼していた。
ところが田中氏が女系天皇を認めていると知って一転、「墜ちた偶像」と罵り、「この人達の学説の裏には暗く怪しい政治的党利党略性がひそんでゐる」と誹謗中傷するに至った。
▲『正論』09年12月号
そして古事記・日本書紀と古代史の関連を解読する田中卓氏の学説を誤解したまま「田中は神話と歴史を混同している！」と、一人でコテンパンに批判したつもりでいるのだ。
新田氏も似たようなもので、「小林さんにやっぱり素人だって笑われちゃったけど」などと、やたらわしを気にしていたが、本当の敵は高森氏なのだ。
「高森に騙されないで！」と言いたくて、高森氏の信用を落とそうと、「昔の論文と言ってることが違う」などとセコい論法を繰り出してくる。
時間が経って研究が進めば、細部の意見が変わってくることだってあるというだけの話に過ぎない。
高森氏には、それを認める知的誠実さがある。
そもそも新田氏はいまだにお友達の八木秀次氏が流布した「Y染色体論」というトンデモ生物学を信じていたのだから、こりゃ相当恥ずかしいぞ！
Yイデンシも三種の神器も何かの象徴じゃないですか？
百地章氏も、憲法二条の皇位の「世襲」には、これまで「男系男子」しか含まれないという政府見解を、たくさん紹介していたが、最も新しいのは福田康夫官房長官（当時）の「男系及び女系の両方」を含むというものである。
これが憲法違反だというなら、集団的自衛権の政府見解も変えられないことになる！　そんな馬鹿なことがあるか！
政府見解は一番新しいのが有効だろう。
男系派の知識人は、運動のための「私情」が入り込みすぎている。
知的誠実さに徹すれば、男系固執イデオロギーなど、伝統ではないと認めるしかないはずだ。
百地氏も新田氏ももったいない。意地を張って信用を落とすより、転向して知的誠実さを証明しなさい！

ニコニコ動画やユーチューブで見られる「【小林よしのり涙目】水島社長の正論つめあわせ!!!」は大傑作だ。口から出まかせ、前言と矛盾しまくり!皇統断絶も「国体破壊」も言ってるじゃないか!今まで高森氏の言論をスポンサーに配慮して封殺してたことも自分で告白!もう若者から笑われる存在になってきたようだ。

ようやく小堀氏の不毛な講義が終わり、高森氏が重要な発言をする。
三重県選出の衆議院議員、浜地文平氏が昭和35年、伊勢神宮の御神体である八咫鏡《やたのかがみ》の法的性格を問うた。
そして当時の池田総理大臣の名前で、これは皇祖から皇孫に授けられ、代々の天皇に受け継がれてきたものであり、それを今は神宮に預けてあるという、公式の政府答弁書が出ております。
皇祖から皇孫に、これは天照大神からニニギノミコトにという神話を前提にした言葉で、三種の神器が受け継がれてきた背景は、やはり神話を予想しなければ説明つきません。
また新嘗祭《にいなめさい》というお祭りも、天照大神を主祭神として、親しく天皇陛下の最も大切なお祭りとして奉祀されてきた。
古代の伊勢の神宮においても、日本と唐の律令比較の研究成果として、シナにおける宗廟《そうびょう》にあたるものとして位置付けられている。
やはり皇位の根源として天照大神が位置付けられていたという点を、単なる「神話と歴史の混同」と見ることはできない。
三種の神器、新嘗祭、伊勢神宮、そして天壌無窮《てんじょうむきゅう》の神勅《しんちょく》。
天皇の権威の根源は全て神話の天照大神に由来する!
いくら男系派が「皇統」の出発点を神武天皇にしたいと願っても、三種の神器は神武天皇がこしらえて、歴代天皇に受け継がせたのではない。
天照大神に頂いた神器を受け継いだから、カムヤマトイハレヒコノミコトは初代天皇になったのだ!
大東亜戦争末期、昭和天皇は伊勢神宮の八咫鏡と熱田神宮の草薙剣《くさなぎのつるぎ》を皇居に持ってくるよう命じた。
皇居の八坂瓊曲玉《やさかにのまがたま》と合わせて三種の神器を全て揃え、自ら命をかけて守ろうとなさったのだ。
なぜ?昭和天皇は神話イデオロギーに騙されていたのか?
そうじゃないだろう!

平成22年3月に幻冬舎から『昭和天皇論』が発売された!
昭和天皇論
これほどの覚悟、これほどの孤独、これほどの無私を貫いた日本人がいただろうか?
幻冬舎 定価(本体1600円+税)
日本という国の非常事態において、「天皇」がどのように機能するのかをぜひとも描いておかねばならなかった!
第5章 昭和21年元旦詔書は「人間宣言」ではない
神話否定の男系主義者ども、第5章「昭和21年元旦詔書は『人間宣言』ではない」をよ~く読め!
GHQが昭和天皇に「人間宣言」をさせようとして作った草案は、「divine descent」=「神の子孫」であることを否定する表現になっていた。
昭和天皇はこれに抵抗し、「神の子孫」を「現《あきつ》御《み》神《かみ》」に書き換えさせた。
昭和天皇は、天皇をGODのような絶対神とすることを、架空なる事として否定した。
だが「神の裔《すえ》」(神の子孫)であることは決して否定しなかった!
神話が天皇の権威の根源であるということを自覚されていたから、天照大神の子孫であることだけは譲れなかったのだろう。
ところが今、男系主義者どもはGHQすらできなかったことをやろうとしている!
神話否定!
なんという国体破壊者だ!!
そもそも、世界に合理的に説明できる神話なんてあるのか?
キリスト教だって、アダムの肋骨からイブが作られたとか、合理主義者には受け入れられまい。
しかし米国大統領就任式では、最初と最後にキリスト教の牧師の祈禱《きとう》があり、新大統領は聖書に手を置いて宣誓する。
権威はこのようにして纏《まと》うのである。

男系主義者のように神話と歴史を切り離し天皇を単なるホモ・サピエンスの子孫としか見なくなれば、なるほど天皇への敬意など生まれなくなる。
だから天皇のご意思を忖度《そんたく》しようとしないのか！
男系主義者は天皇の権威の発生源を否定しはじめた。
「男系」の一点をマンセー崇《あが》め奉《たてまつ》りはじめた！
マンセーマンセー
男聖《マンセー》ー
マンセー
ダンケー
男系の血ー
マンセーー
男聖《マンセー》教
これはもう新たなカルト教団の成立である。
ごーまんかましてよかですか？
フィクションだろうと物語だろうと、天皇の権威の根源が神話だ！
神話を否定することは、天皇を否定することだ！
男系主義者はどこまでカルト化していくつもりだ!?
彼らはノイジー・マイノリティー（うるさい少数者）である。
左翼プロ市民と変わらない存在である。
政治家は、これが国民だと勘違いしてはいけない！
マンセー
男の血が尊い
600年でもダンケ〜
男聖《マンセー》ー
男の血のみがデント〜
女の血なんかいら〜ん
マンセー
わしもうんざり。
女の敵！

ゴーマニズム宣言
SPECIAL

第27章 オカルト化した男系固執教団

日本国憲法第二条はこう定めている。
皇位は、世襲のものであって、国会の議決した皇室典範の定めるところにより、これを継承する。
そして皇室典範第一条で、皇位継承者は「皇統に属する男系の男子」と限定されている。
皇室典範が憲法の下位の一法律にされていること自体は問題だが、
現行憲法上は「世襲」としか規定されていないため、憲法改正は必要なく、国会議員過半数の賛成で皇室典範が改正されれば、皇位継承者を女系にも拡大できる。
これぐらいは条文さえ読めば素人目にも明らかである。

ところがである。女系天皇は現行憲法の解釈上も違憲だという専門家がいた。
これは素人としては、謙虚に拝聴せねばなるまい。
チャンネル桜の討論で、憲法学者・百地章氏は言った。
政府見解の多数はこの憲法制定以来、少なくとも世襲というのは男系を意味する。あるいは男系を原則とするということは一貫して、答弁として重ねられてきたんです。
そう言って百地氏は次から次にフリップを示し、歴代政府の憲法解釈を延々と読み上げる。
宇佐美宮内庁長官、昭和39年3月13日
山本宮内庁次長、昭和55年3月
宮内省見解、昭和21年7月25日
法制局、昭和21年11月
金森国務大臣、昭和21年12月16日
臨時法制調査会、昭和21年10月22日
林修三内閣法制局長官、昭和34年2月6日
角田礼次郎内閣法制局長官、昭和58年4月4日
その一方、男系と共に女系も含まれるという見解は…
平成13年の福田官房長官が初めてなんです！
これだけ突出している！
ぼ～～～ぜん！
何を言ってるんだ、この人は？
憲法解釈の政府見解は、過去に出された見解の多さが優先されるのではない。
見解の多数決で決まるのではない。
最新の見解が有効とされるのは当然じゃないか！

笠原氏は男系優先派だから、直系優先のわしとは違う。ただし、笠原氏の主張している「女性宮家の創設」には賛成。竹田恒泰が下記の笠原氏の爆弾発言を否定しているが、さてどっちを信用しようかね？今までウソばっかりついてきた竹田氏をわしは疑う。
そもそも百地氏は改憲派の憲法学者じゃなかったのか？
もし今後、政府が「集団的自衛権を行使できる」と憲法解釈を変更したら、
百地氏は過去の政府が積み重ねてきた膨大な「行使できない」の見解を全て列挙し、こう批判するのだろうか？
行使できるって見解は一つしかないんです！これだけが突出している！
それでは集団的自衛権の憲法解釈も、決して変更できないではないか！
百地氏は討論の前日に、自分の考えをまとめた論文をわしに送ってくれるほどにフェアな人だ。
わしはこういう人には敬意を払いたいが、残念ながら男系に固執するあまり、自分の専門分野にまで詭弁《きべん》を使っている。
運動家になってしまってはいけない！
この討論の流れで、笠原英彦氏が爆弾発言を行なった。
政府は旧皇族の男系男子子孫の方々に（皇族に）復帰する意思がありますかって聞いて回ったんです。
15歳未満の方は保護者に、15歳以上の方は本人に、戻る方は一人もいなかったそうです。
有識者会議が開かれる前に、すでに「旧宮家復帰」「男系固執」の道は閉じられていたことになる。
笠原氏は有識者会議座長代理だった園部逸夫氏にそれを聞き、内閣関係者にも確認したという。
この発言に百地氏は異様なほど逆上した。
あなたの言い方は誤解を招く！

「国体文化」(平成22年5月)の河本學嗣郎氏の「皇族は男女の別なく天皇の分身である」という論文は嬉しかった。河本氏は「国体」という観点からわしの『天皇論』を評価してくれている。保守派から孤立状態なので大変ありがたい。学ぶところ多かった。まさに男系固執派は「国体」とは何かが全然わかっていないのだ!

そんなことがありえますか!?
大変な問題ですよ!
大変な問題ですよ!
先生、学者じゃないですよ!
どこかで見た光景だと思ったら、「UFOで宇宙人がやってきて、人類を救ってくださる!」と言ってる連中が、UFOの「証拠写真」を科学者に身も蓋もなく解析された時の狼狽《ろうばい》ぶりにそっくりではないか!
「男系」はもはやカルト信仰なのだ!
旧宮家の男系男子がやってきて、皇統を救ってくださる!
しかし、その人物は未だ誰も見ていない。未確認男系男子だ!
必ず旧宮家の男系男子がいらっさる!
竹田恒泰以外にもいらっさる!
いらっさる方がいらっさって、我々、男系固執主義者を救ってくらさる!
竹田恒泰でもいいんだけれど、なぜか彼の名を出すのは抵抗があるので他にもいらっさる!
週刊誌のスキャンダル報道にも負けない旧宮家がいらっさる!
男聖教《マンセー》の誕生である。
マンセー……
ダンケーがいらっさる~~~う
男の血が絶対~~~い
女の血はきら~~~い
きっときっといらっさる~~~う
政府は旧宮家子孫の意向を確認していた。
民間でも保阪正康氏が調査し、皇籍取得の意思があったのは竹田恒泰氏一人だったと発表した。
だが竹田氏本人は、皇籍取得の意思を否定している。
それならばやっぱり一人もいないのだ!

とにかく男系固執主義者たちよ、皇族に復帰したいという旧宮家の子孫を連れてきて、さっさと記者会見しろ！わしは「宇宙人はいる」と言われても見なきゃ信じない。「皇族復帰志願者はいる」というなら見せろ！結局、竹田恒泰だったりして（笑）。がちょ～～～～～ん！
百地氏は、皇籍取得の意思があるかどうかは、国家意思が決まり、皇室典範を改正した上で聞くべきだと言ったが、とんでもない話だ。
戻りますか？戻りませんか？
もう国家意思はあなたが皇籍を取得すると決め、そのための法改正もしています！
それでも戻ってくれなかったら、皇統断絶です。
さあ戻りますか？戻りませんか？
…これは強制ではないか？
尊重しなければならないのは自由意思であり、自由意思で皇籍取得してもいいという人はいない。それが事実だ。
それなのに男系主義者は、皇籍取得の意思がある人物がいると言い張る。
これは「いるいる詐欺」もしくは「いらっさる詐欺」だ！
いる！いる！
いらっさる！
だから信じて！
いるってば！
見たことないけどいらっさる！
皇位の男系継承は「シナ宗族制度」の不完全なコピーに過ぎず、日本の伝統ではないと、わしが説明しても、新田均氏は納得せず、ついに、こんなことを言い出した。
その時点での人間の知、学問というのは、それを完璧に解き明かすほど完全ではない。
今の我々の理性で、シナの観念だと決めつけても、将来、そうじゃなかったということになるかもしれない。
おお～～～～っ！これまた、オカルト信者の理屈そのものだ！
学者じゃないのはどっちだ～～～っ!?

現在の科学が完全ではない！
今の我々の理性で迷信だと決めつけても、将来、そうじゃなかったということになるかもしれない！
そして新田氏のこの発言には、開いた口が塞がらなかった。
保守主義っていうのは、長く続いてきたものは、絶対の必要がない限り、そのまま維持しようとする。そこには人間の理性に対する限界の考え方があるんです。
それは、例えばY遺伝子説だってそうです。あれだってY遺伝子とは何だって言えるけど、そこに何か象徴されていませんかというヒントですよね。
三種の神器だって、あの神話そのまま信じているんですかって言われたら、それは象徴的な話だって言わざるを得ないでしょ。男系論もそうだと思うんです。
なんと新田氏は、「Y染色体論」をいまだに信じていた！
しかも、Y染色体が「三種の神器」にも並ぶ意味を持つと思っている！
ごーまんかましてよかですか？
わしはこの人たちを説得することは、とうに諦めている。
そんなことはまず無理だってことは、今までカルト宗教にはまった者を、何度も説得しようとして失敗したことがあるからよくわかる。
男聖《ユンセ》〜
ユンセ〜
ダンケ
ユンセ〜
男系固執主義はもう完全にカルト宗教である！

ゴーマニズム宣言
SPECIAL

第28章
自爆する男系固執主義者たち

男系固執主義者の新田均が『正論』2010年6月号や、衛星放送の番組で、わしを批判しているが、もはや「皇位継承問題」から脱線し、ひたすらわしの揚げ足取りに励んでいる。
小林よしのりはかつてこんなことを書いていた！今と違うじゃないか！
小林よしのりを信じるなー！
平成22年5月5日、わしがネットの「ゴー宣道場チャンネル」で応えたら、リンクを張って待ち構えていた男系信者が、いっせいに動画のコメント欄を荒らし始めた。これには笑った。
そんなにわしが気になっていたのか！恐かったのか！わしに夢中なのか！
だが誰も、わしの出した「男系派・3つの逃走点」に応えていない!!
彼らはこの3つの論点から逃げるしかない。
応えたらペテンを言うしかないからだ！
したがって彼らはわしの過去の言説の揚げ足取りに没頭するしかないのだ。
信用するな！
信用するな！
信用するな──！

①皇族志願の男系男子っているのか？

男系でつなぐための唯一の手段は「旧宮家復活」だ。
しかし今上陛下から600年、20数代離れた血筋の、はっきり言ってタダの人に、皇位継承させた例などない。
南朝
北朝
しかも肝心の、皇族になってもいいという「旧宮家」の子孫は、一人も名乗りを上げないのだ！
それなのに男系派は「いらっしゃる」と言い張る。
これは「いるいる詐欺」である！
竹田恒泰の提案では、皇族になる旧宮家系の、男系男子が4人いれば、一夫一婦制でも男系継承ができるという。
その4名をまず連れてきて記者会見をしなさい！
UFOに宇宙人が乗って地球に来ていると言われてもわしは信じない人なのだ！
宇宙人はいる！地球に来ている！
旧宮家子孫はいる！皇族になります！
結局、皇族志願者は、竹田恒泰しかいないんじゃないか？
本人はそんなつもりは毛頭ないと否定するが、あれだけマスコミで発言している立場では、自分から皇族になりたいとも言えず、周りからぜひと推されてやむなく、という形にしたいのだろう。
実際、男系固執派も、竹田を担保として残しているようで、「竹田宮」と呼び始めた者までいる。
まあそこまでおっしゃるなら〜
お願いします〜
お助け下さい〜
国体護持
宮様〜
念を押しておくが、竹田恒泰は「旧皇族」でも「旧宮家の生まれ」でもない。
天皇に近い血筋というだけなら、旧宮家以外にも、旧公家華族だっているだろう。
とにかく、これから皇族になるという人物の記者会見をしろ！
直系の愛子内親王よりも、いきなり出てきた誰とも知れない人物の血統の方が、皇位継承者として正統性があると言われて、「国民が納得するかどうか」を試してみなければ、話にならないではないか！
皇室復帰志願者
この4名！

しかし『正論』という雑誌は、読者欄でわしを嘲笑する和歌まで載せるようになった。ネットの「アンチ・小林よしのり」のレベルまで堕ちている。皇統問題の肝心要の論点を無視し、ひたすらわしの過去の言説の揚げ足取りと、人格攻撃と、嘲笑で読者を欺こうとする、実にたちの悪い言論誌になったものだ。
②「現代医学」の進歩で必ず男子が生まれるか?
「側室がなければ、男系維持は不可能!」
本当は、これだけで議論は終わっている。たとえ「旧宮家」を復活させても、一夫一婦制で男子誕生率100%でなければ、その「旧宮家」も続かないのだから!
晩婚・少子化の上、そもそも子供が生まれない可能性もあるのだから、男子誕生率は50%ですらない!
新田は『正論』で100%の、ペテンを書いている。
「男子の誕生率を上げるための側室制度は、同時に男子の生存率を高めるための制度でもあった。この制度がなくなったとしても、現代の医学の進歩は十分にその代替となり得ると考えられる」
小林よしのり『天皇論』を再読す
▲『正論』10年6月号
「男子の生存率」と「男子の誕生率」は全く別の話だ!
いくら現代医学で「男子の生存率」が高まっても、「男子の誕生率」は高まっていない!
今のところ、現代医学の進歩で、必ず男子を産む技術はできてないし、それって倫理的な問題が発生しよう。
新田はバカなのか? それとも「生存率」と「誕生率」をわざと混同させて、議論をごまかしているのだとしたら、もはや学者失格! ペテン師だ!
しかも新田は、「一夫一婦制でも、皇籍離脱時26人だった旧宮家の男系男子が、現在は35人に増えている」というペテンを、またしても平然と繰り返している。
ウソを百ぺん繰り返せば、『正論』の読者ごとき騙せるだろうとナメているのだ。
すでに明らかにしたが、その「35人」の内訳は、50代以上が19人、40代・30代が11人、20代以下は5人で、どんどん先細っているのが事実である。
20代以下
30代・40代
50代以上
そもそも一夫一婦制で男系が維持できるのなら、こんな問題になってないよ!
結局、新田は安定的な皇位継承制度を考える気がないのだ。
ペテンで現実に目を塞ぎながら、「必ず神風が吹く」と言っているだけだ。

③皇祖神《こうそしん》はスサノオノミコトなのか？

「元々、天照大神《あまてらすおおみかみ》は女性神である。ならば日本の天皇は女系だったと考えることもできる！」
男系固執派は、これが致命傷になると本能で直感し、躍起になって「神話と歴史を区別せよ」、「神話と皇統は別だ」と言い出した。これは神話否定以外の何ものでもない。
益々国民が天皇に注目し、敬愛を深め、かえって伝統が強化されることだってあるかもしれない。
そうなるように皇室の意義を子孫に我々が伝えてゆかねばならない。
元々、天照大神は女性神である。ならば日本の天皇は女系だったと考えることもできる！
彼らは「神話否定はしていない。区別しろと言っただけだ」と言うが、「区別しろ」というのは「否定」になるのだ。
日本では、神話と歴史を切り離すことはできないのだから！
皇統の正統性を担保する「三種の神器」も「天壌無窮《てんじょうむきゅう》の神勅《しんちょく》」も、歴史の中にその登場の由来はない。
神話の中にしかない！
神話からの連続性を認めなければ、天皇の権威の正統性を保証できないのだ！

新田は「自分は神話を否定していない、神話からの連続性を言っている」と言う。
さすがに「皇學館大学教授」の立場を考えたのだろう。
ところが新田の主張は「神話から男系だ」
皇統は神話から連続して
というものなのだから
あきれる。
天照大神の子とされている、神武《じんむ》天皇の5世の祖にあたる神、アメノオシホミミノミコトは、実はスサノオノミコトの子だ。
それは高森明勅氏も認めていると、新田は鬼の首でも取ったかのように強調するのだ。
アメノオシホミミノミコトは、スサノオノミコトが産んだと神話に書いてある。
そんなのは当たり前！
しかし、それでも
アメノオシホミミノミコトは天照大神の子であり、
皇祖神は天照大神だ！
これが決定的に大事なことなのだぞ。

①旧宮家系の皇族志願者がいない！②女性皇族が政略結婚を受け入れない！③国民もそんな男を皇族として認めない！④側室なしでは男系は続かない！…これでどうするっての？馬鹿でもわかるでしょ？

①「皇籍取得」志願者4名を国民に紹介せよ。
②側室なしでは男系は維持できない。
③皇祖神は天照大神である。
この3点から新田はとうとう逃げきれずに、衛星放送の番組で「回答」を試みた。だが……
ぶわはははは！
ついにここまでイカレたか〜〜〜っ！
これに答えるにはペテンしかないとは思っていたけど、まさかここまでとは……
①に対しては……
バッシングが起こるから、記者会見なんて恐ろしくてできません！
人生かけて名乗りを上げるのにその人が本当に皇族にふさわしいかどうかなんて、国民の品定めの目になどさらせるものか！
ほらね？いないんだよ！
男系派はこの世にいない幻（まぼろし）に固執してるんだ！
まさにカルト信者！
宇宙人は来てる！
宇宙人様控室
ここにいるよ。
来てるけど見せることはできません！
せっかく地球にいらしている宇宙人を科学者の目になどさらせるものか！
仮に皇族志願者が発見されたとしよう。
その時、おまえたち男系固執主義者は、その一般国民として生まれ育った男を、国民には全くの極秘裏のうちに新たな皇位継承資格者にしてしまおうと画策するつもりか？
男系固執主義者は「国体」というものを全く理解していない。
君民一体
国体は天皇と国民の相思相愛関係で成り立つのだ！

国民が誰も認めない皇族が出現してしまったら、それこそ国体の破壊である。
だからわしは記者会見して国民に問えと言っているのだ！
②に対して新田は……
歴代天皇の正妻は4分の3の高確率で男子を産んでいる。
だから医学の進歩で乳児死亡率が下がった現代では、4分の3の確率で男系継承ができる。
残り4分の1のリスクは、新宮家を4つ創設すれば、カバーできるから、一夫一婦制でもOK！
これは100％、竹田恒泰が言いふらしているペテンの受け売りである。
天皇の正妻の4分の3もが男子を産んでいるのは、昔は男子を産むまで5人でも10人でも子供を産み続けるのが当然とされていたからだ！
昭和天皇と香淳《こうじゅん》皇后の間には、4人続いて女子が誕生した。
香淳皇后は「女腹」などと言われ、昭和天皇は側室を勧められた。大変なプレッシャーがあったことは想像に難くない。
そうして第5子としてご誕生になったのが今上陛下である。
この晩婚・少子化の時代に、天皇と宮家の妻だけに、男子を産むまでは何が何でも多産を強制するなんてことができるのか？
たとえそんなことをしても、一夫一婦制では必ず男系継承は行き詰まる。
いるいる
いるいる
新田も竹田も「いるいる詐欺」のペテン師ではないか！

③に対しての新田の発言には心底あきれ果てた。
男神のアメノオシホミミを産んだのはスサノオなのだから…
スサノオも皇祖神です!!
あぜ〜〜ん…!
新田は、皇祖神が天照大神ひとりだというのは「近代的・キリスト教的な神観念の虜《とりこ》」の発想であり、
実際には「皇祖神」はイザナギ・イザナミなど多数いて、
天照大神はそのの中のひとりだと言うのだ!!
本当にこいつはバカじゃないのか?
皇祖神が複数いるだって?
皇祖神が天照大神ひとりという考えは一神教だって?
こりゃ、もう「イタい人」のようだな。
さらに新田は、一体不可分の「皇位」と「皇統」を切り離すというトリックを繰り出し、
天照大神は「皇位」の源ではあるが、「皇統」の源としては「間接的な存在」にすぎず、
「皇統」に直接関わる皇祖神はスサノオノミコトであり、
皇統は神話から男系だという大珍説を言ってのけた!
天照大神から賜《たまわ》った「三種の神器」を受け継ぎ、天照大神を主祭神とする新嘗祭《にいなめさい》を執り行なう「皇位」に就くのが、天皇であり、
その天皇の血統を「皇統」という。
皇位と皇統は一体不可分である!
皇位は天照大神で、皇統はスサノオなんていうのは、新田が言い出したカルト解釈である。
新田はあたかもこの解釈が皇學館大学でも通用しているかのようなことまで言っているので、皇學館の他の学者たちにぜひ問いたい。
こんな詭弁《きべん》を本当に皇學館は認めているのか?

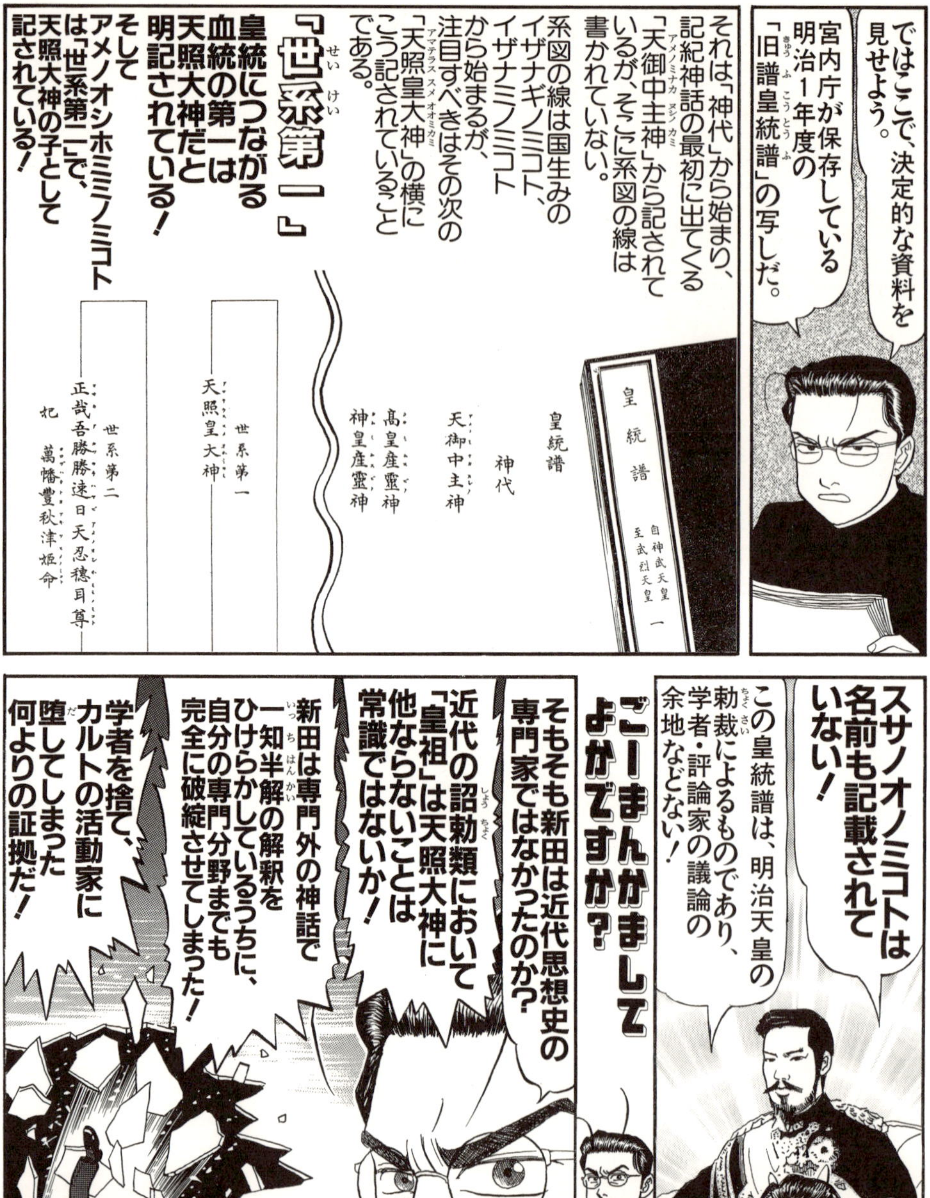

ではここで、決定的な資料を見せよう。
宮内庁が保存している明治1年度の「旧譜皇統譜《きゅうふこうとうふ》」の写しだ。
皇統譜
自神武天皇
至武烈天皇
一
それは「神代」から始まり、記紀神話の最初に出てくる「天御中主神《アメノミナカヌシノカミ》」から記されているが、そこに系図の線は書かれていない。
系図の線は国生みのイザナギノミコト、イザナミノミコトから始まるが、注目すべきはその次の「天照皇大神《アマテラススメオオミカミ》」の横にこう記されていることである。
『世系《せいけい》第一』
皇統につながる血統の第一は天照大神だと明記されている！
そしてアメノオシホミミノミコトは「世系第二」で、天照大神の子として記されている！
皇統譜
神代
天御中主神
高皇産霊神
神皇産霊神
世系第一
天照皇大神
世系第二
正哉吾勝勝速日天忍穂耳尊
妃
萬幡豊秋津姫命
スサノオノミコトは名前も記載されていない！
この皇統譜は、明治天皇の勅裁《ちょくさい》によるものであり、学者・評論家の議論の余地などない！
ごーまんかましてよかですか？
そもそも新田は近代思想史の専門家ではなかったのか？
近代の詔勅《しょうちょく》類において「皇祖」は天照大神に他ならないことは常識ではないか！
新田は専門外の神話で一知半解《いっちはんかい》の解釈をひけらかしているうちに、自分の専門分野までも完全に破綻させてしまった！
学者を捨て、カルトの活動家に堕《だ》してしまった何よりの証拠だ！

第29章 渡部昇一氏への回答

『WiLL』平成22年7月号において渡部昇一氏がわしに公開質問状を出しています。それに細かく答えることも可能ですが、質問事項が専門的要素を含んでいるため、かえって読者に議論がわかりにくくなるおそれがあります。

渡部さん、もっと読者にわかりやすい議論をしませんか？ 皇位継承問題は、そんなに難しい話ではありません。

①皇籍取得してもいいという旧宮家子孫は実在するのか？

男系継承論者が主張する唯一の方策は、旧宮家子孫の男子に皇籍を取得させ、新宮家を創設することです。竹田恒泰氏は、安定的皇位継承のため4つの宮家創設が必要だと主張しています。これから皇族になってもいいという男性が本当に4人存在するのでしょうか？ いないのであれば男系継承は不可能であり、女系に道を開く以外ありません。

②旧宮家子孫の皇籍取得を国民が認めるか？

仮に4人の旧宮家子孫が立候補したとしても、全くの一般人が皇位継承資格を持つという前代未聞の事態を国民が認めるでしょうか？ 女性皇族がそのような政略結婚を受け入れますか？ 国民が認めなければ実現は不可能です。なぜなら国体とは「君民一体」、天皇と国民の双方によって成り立つからです。

③側室なしで男系継承が続くか？

さらに仮に4人の皇籍取得が認められたとしても、側室がなければその「新宮家」もいずれ男系継承は不可能になります。現在の医学では、必ず男子を誕生させることはできません。竹田恒泰氏は、歴代天皇の正室は4分の3の高確率で男子を産んでいると主張していますが、それは男子が生まれるまで5人でも10人でも子供を産むのが当然とされていたからです。今上陛下は、昭和天皇・香淳皇后の第5子です。この晩婚少子化の時代に、皇族にだけ多産を強制するのは無理があります。

①**いない** ②**認めない** ③**続かない**

この三重困難を乗り越える方法は、一切ありません。にもかかわらず、頑迷に、実行不可能な男系継承を主張し続けているのはどういう人々でしょうか。わしには二種類しか考えられません。

①駄々っ子
②カルトの信者

渡部さんはどちらですか。答えて下さい。わしは②だと思っています。まさか子供じゃないんだから、これは狂信でしょう。それを「カルト」というのです。

平成22年6月

小林よしのり

渡部昇一様

ゴーマニズム宣言
SPECIAL
第30章
櫻井よしこ氏、
大原康男氏までもが、なぜ!?
平成22年3月27日、櫻井よしこ氏と大原康男教授による「皇位継承をめぐって」というパネルディスカッションが行なわれた。
神社本庁と全国神社総代会などの神道関係者を含む800人の観客が来ていたという。
継承の危機いまだ去らず」出版記念
しかし、櫻井・大原・茂木貞純氏の共著『皇位継承の危機いまだ去らず』は「有識者会議」やその報告書を酷評し、男系継承を主張しており、すでにわしが『ゴー宣』で論破している内容も少なくない。
そんな中で、いま櫻井・大原両氏は一体何を語るのか?
皇位継承の危機いまだ去らず
櫻井よしこ
大原康男
茂木貞純
何しろ男系固執主義者が、チャンネル桜社長の「皇統断絶発言」「天皇陛下恫喝」「側室復活・人工授精」など数々の暴言で若者の信頼を失い、今やカルト化一直線の様相を呈している今日、櫻井・大原両氏は男系派の良識たりうる意見を聞かせてくれるのだろうか?
人工授精という方法を考えてもいいのではないか!
側室制度の復活も考えるべきだ!
万々が一、天皇陛下が女系天皇でもいいとおっしゃったなら、その時は私も従います。
しかし女系天皇を認めたら皇統断絶です！国体の破壊です！
それでも天皇陛下が皇統断絶、国体破壊を選ぶというのなら仕方がないですけれども！
女系容認は雑系
大儀のない勅命は勅命に非ず

この櫻井・大原氏のパネルディスカッションでは、質疑応答が禁じられていた。司会者が代表して2〜3の質問をするというやり方だった。一名が「動議！」と言って詰め寄っていたが係員に制された。『ゴー宣道場』ではガンガン質問させて、答えきれなかった分はブログで高森氏が答えている。

わしはわしの分身を会場に紛れ込ませた。
結論から言えば、櫻井・大原両氏も男系固執のカルトに堕ちた！
二人ともわしが今まで描いた議論を一切無視して、すでに破綻した持論をただ強弁するだけ。
天皇はどんな時代においても「国民統合の中心」であった。
つまり男系で継承されてきたこと、そのものが「国民統合の権威の中心」だったことは、間違いないのであります。
科学の世界では「なぜそうなのか」why、why、whyで真理が発見されるわけですが、
この場合は、当然そうあるべきであったことが、そのまままきたんです。
「why」はない？
当然そうなってるんだ？
これが学者の言葉だろうか？
理論も思想も一切ない！
完全なる思考停止！
明治の皇室典範制定時も、戦後の典範改定時も、「女系天皇を認めるべき」という意見があり、「なぜ男系なのか」が真剣に議論されて、一応の回答が出されている。
それならば、当時「男系でなければならない」とされた理由が、今の時代も有効であるか否かを問うのは当然ではないか！
なぜ明治や昭和に議論されていた「why」が、平成には許されないというのか⁉
こういうところが、保守言論から「思想」が消滅して劣化が進んでいる証拠なのだ。

Y染色体説は元々、八木秀次が拡めたトンデモ説だが、これを男系派は信じ込んでいた。わしがこんな説は不敬だと言うと、男系派も公言するのは控えていたが、実はいまだに新田均を筆頭にY染色体にすがっている。性の決定遺伝子が「SRY遺伝子」であることは、マウス実験で繰り返し証明されてるのに、カルトにつける薬はない。
しかも大原氏は続けてこうまで言った。
我々の父祖たちが自明のこととしてですね、よく言われる「Y遺伝子」ですか、そういうことを知らない時代から伝えられてきた。その重みをまず我々は受け取ることが大事なのだと思います。
なんと大原氏は、「Y染色体論」なんてトンデモ学説をまだ信じている!!
そして櫻井氏もこの発言に理屈抜きで賛成するのだ!
すでに描いたが、男女の産み分けを決定するのは「SRY遺伝子」である。
マウス実験では、メスになるはずの受精卵に「SRY遺伝子」を組み込むと、オスのマウスが生まれることも確認されている。
性の決定は「SRY遺伝子」である!
ところが残念ながら、生物のオス・メスを決定する要因は、単純に「Y染色体」とは言えないものだった！
その決定は、実はY染色体の端に近いところにある「SRY遺伝子」によってなされていたのだ！
つまり「Y染色体をもつ女性」も、「X染色体しかない男性」も、ある割合で生まれているのだ!!
Y染色体を持つ女性もいるし、X染色体しか持たない男性もいる。
「Y染色体=男性」なんて、生物学の世界では通用しない!
Y染色体のSRY遺伝子を含む部分が欠けるか、SRY遺伝子が異して活性を失った場合に生まれる。
「XX男性」は、X染色体の上にSRY遺伝子を含むY染色体断片がくっついて生まれる。
X染色体とY染色体の先端部分が似ているため、その部分が組み換わることがあるのだという。
ここで櫻井氏は、昭和天皇の例を持ち出した。
今上陛下がお生まれになる前、4人続いて女子が誕生した時に昭和天皇は養子をとることの可否を検討してほしいと元老に指示を出された。決して娘を皇位につけようとは考えなかった。
私たちの本当になじみ深い、国民に親しまれ尊敬された昭和天皇様が、ご自分のお嬢様を次の天皇にしようというお考えがなかった。つまり女帝とか女系天皇ということが全くご念頭になかった。
そのお考えはずっと長い、二千数百年の歴史を貫いてきた日本の価値観の真髄《しんずい》でありますから、それを無闇に私たちの世代で変えることは非常に慎重でなければいけません。
何を言ってるんだ?
その時、昭和天皇が女帝の可能性を考えなかったのは、まさに時代の問題である。
当時の天皇は、陸海軍を統帥《とうすい》する大元帥《だいげんすい》だったのだ!

とうとう男系に固執してた自分が間違いだったと謝罪する手紙が来るようになった。そういう人たちはりっぱである。間違いを認めることは誠実なことであり、「思想」している証拠だ。「イデオロギー」化してないのだ。わしも以前は男系がいいと思っていたのだから。

あの弱肉強食、軍国主義の時代に、女性の大元帥など、国民感情としても認められなかったのである!
現代とは全く異なる時代背景を無視し、自分の主義主張のため、「昭和天皇様のお考え」を都合よく振りかざし、「男系が日本の価値観の真髄」とまで言い出すのだから、全くたちが悪い!
男女平等の世の中に、皇室のみ男系を重んじるのはいかがかという意見について、女性の立場からぜひ。
茂木貞純
この質問に、櫻井氏は日本と欧米の「男女平等」の違いを考えるべきだと言った。
以前話題になった本『武士の家計簿』によると、幕末ごろ、加賀百万石のエリート武士の家計を、妻が牛耳《ぎゅうじ》っていたことがわかる。
一方、明治時代に貿易商と結婚して渡米していた杉本鉞子《えつこ》の自伝『武士の娘』には、米国の婦人は大事にされ、権利があるように見えるが、家計は完全に夫が握っていて、妻は5ドルのお金も自由にできないというエピソードがある。
これは現在も同じで、日本では妻が、欧米では夫が家計を握っているのが一般的だと櫻井氏は言う。
承の危機いまだ去らず」出版記念
男女平等というのはどこで計るのか難しい問題だと思います。お金の使い道というものが、誰が一番強い力を持っているかを示すものですから、私は軽々にですね、女性天皇を認めないから、男女平等とか男女同権に反するとは言えないと思います。その文化、文明の中で判断することだと思います。
ナニコレ???
日本は女が財布のヒモを握ってるから男女平等にも男女同権にも反しない?
それがなぜ「女系」天皇を認めない言い訳になるのか?
そもそも日本には「女性」天皇(女帝)は8人もいらっしゃるのだぞ!
櫻井氏の言い訳は「女帝」はよくて、「女系」がダメな理由になってないじゃないか!

男系固執主義者の議論は
もはや「女性天皇」と「女系天皇」の
区別をつけているのかも怪しく
なっていて、
悠仁《ひさひと》さまという正統な方がいらっしゃるのに、小林よしのりは愛子さまを皇位につけようとしている！
などと言ってる始末だ。
愛子さまは「男系」であって、しかも「直系」だぞ！
なんで正統ではないと言えるのだ!?
とにかく男系固執派は知識がないし論理がムチャクチャ！
そもそも皇位継承問題で議論する資格のない奴が多すぎる。
この際、断言しておくが、「女系」天皇を否定してきた理由は、紛れもなく「男尊女卑の国民感情」のせいである。
男を尊び、女を卑むの慣習、人民の脳髄を支配する我国に至ては、女帝を立て皇婿を置くの不可なるは、多弁を費すを要せざるべし。
この件に関しては第24章で証明した通りだ。
大原氏は明治の皇室典範制定時の議論についてこう言った。
明治までは明文で定めた皇位継承法はなかったんですね。男系とか女系という言葉が一般に使われるようになったのは明治になってから。①
この皇室典範の議論が民間でも結構盛んになってから、「女系」という言葉も出てきたわけでありまして、②
我が国においてですね、こうした古い法を研究する学会においては、女系なんていう考えは毛頭なかったんです。そういう概念からなかった。③
大原氏の話は少しずつ「ゴマカシ」が始まっている。
「男系」という言葉も「女系」という言葉も使われるようになったのは、明治から。
明治まで「男系・女系」という概念すらなかった！
だから大原氏の①の話は理解できる。
だが②ではすでに「女系」という言葉だけが明治初の言葉になってしまっており、
③ではなんと「女系」という考え、概念だけがなかったとされてしまっている！

さらに大原氏は、このように言うのだ。
しかし明治になって、やはりこのような皇室典範を決めるにあたり、我が国のこうした長い歴史・伝統に基づくこと、それから一般の共感を得るようなものである、3つ目は諸外国と比較をして、いろんな議論があり、伊藤博文ですら最初女系を認めておったのですが、
最終的には、歴史を振り返ってみれば男系である。
従来の女帝もみんな男系であるということから、伊藤の下でまとめられた典範は、男系っていうことで決着がついたわけです。
なんという強引な論理展開！
歴史的には「男系・女系」という概念は明治になって出てきたもののはずなのに…
最終的には歴史的見地から、男系に決まっただって？
明治典範の制定過程については第24章に詳しく描いたが、「男系男子」に限定された決め手は「歴史と伝統」ではない。
「男尊女卑の国民感情」だ！
さらに大原氏は見逃せない嘘をついている。伊藤博文の名義による公的注釈書「皇室典範《こうしつてんぱん》義解《ぎげ》」の一節を、こう言ったのだ。
「蓋（けだし）皇室ノ家法ハ祖宗ニ承ケ子孫ニ伝フ、既ニ君主ノ任意ニ制作スル所ニ非ス」
つまり皇室の家法は祖先から、子孫に伝えていくものであって、天皇の個人的見解において、もはや任意に変えたりすることはできませんとまで言ってる。
しかもこれは伊藤博文が個人で書いたものではなく、出版する前に明治天皇にその案を呈して、天皇もそれをご了承済みであるわけです。としますと、天皇自身の個人的な見解でも変えられない、その一番中心はまさに、男系主義であると言わざるをえない。
ぼー
ぜん…
大原先生ともあろう人がそんなインチキなことを言うなんて…

大原氏が引用した文章は、皇室典範を変えてはならぬという意味とは全く違う。
そのちょっと前にはこう書いてあるのだ！
「将来已ムヲ得サルノ必要ニ由リ其ノ条章ヲ更定スルコトアルモ亦帝国議会ノ協賛ヲ経ルヲ要セサルナリ。蓋皇室ノ家法ハ祖宗ニ承ケ子孫ニ伝フ、既ニ君主ノ任意ニ制作スル所ニ非ス」
つまり、将来、典範を改正せざるを得ない場合には、帝国議会には諮《はか》らなくていい。
祖先から受け継ぎ、子孫に伝える家法である以上、時の天皇が、勝手気ままに変えてはいけない。
つまり改定するなら慎重にせよと言ってるだけで、決して変えてはならぬとは言ってないのだ！
そもそも皇室典範そのものに改正条項がある。
典範の改正がありうるというのは当然の前提だったのだ！
「第六十二条　将来此ノ典範ノ条項ヲ改正シ又ハ増補スヘキノ必要アルニ当テハ皇族会議及枢密顧問ニ諮詢シテ之ヲ勅定スヘシ」
本当に皇室典範が天皇の意思でも変えられないのなら、男系主義者が主張する「旧宮家の復帰」だって皇室典範の改定が不可欠なのだから、これも不可能になるではないか！
大原氏、完全に破綻している！
このデマは渡部昇一も言っていた。おそらく『ゴー宣』も読まずに、宮内庁や渡邉前侍従長の言葉から天皇陛下の意思を拝察することも一切せずに、
たとえ天皇の意思であっても皇室典範は変えられないという理屈をひねり出すべく、「典範義解」をつまみ食いし、曲解したのだろう。
「天皇の言うことも聞かないぞ！」という「国民主権」のイデオロギーが見える。

その先の、櫻井・大原両氏の意見はもう目も当てられない。
有識者会議は「現行憲法を前提」としているんです。現行憲法はGHQが6日間で作った、およそ日本人とは程遠い価値観で書かれている。そんなバカバカしい憲法の枠の中で皇室典範を変えていこうという考え自体が、本末転倒なんですね。
現行憲法がバカバカしいものだってことくらい百も承知だ。しかし法制上の問題なんだから、現行憲法を前提にするしかないのは当然ではないか！
さもなければ憲法改正してから行なうしかない。
それとも、現行憲法がバカバカしいからといって、憲法を無視して法律を改正する手段があるとでも言うのか？
有識者会議の報告書には「伝統とは必ずしも不変のものではなく、各時代において選択されたものが伝統として残る」つまり伝統というのはくるくる変わるものだと書いてある。
くるくる変わるものは伝統ではなく、流行というんです。
まったくあきれる！櫻井氏は「伝統」が絶対不変だと思っているのか？
皇后陛下は「伝統」は時代と共に変化すること、形骸化した伝統が社会の進展を阻んだり人を苦しめたりすることがあると語っておられる。これこそが「伝統」の真の捉え方である！
「伝統」が、くるくる変わる流行のはずは、当然ない。
「伝統」とは、エートス（魂）を中核に残しながら、時代に適応して外貌を漸進的に変えていくものである！
「制度として安定したもの」として有識者会議の方たちは女系をOKしたわけですけれども、
女系であって本当に制度が安定するのか大いに疑問でありまして、
だからこそ今日、私たちはここに集って、いかに男系で続くのが大事かということをお話ししております。
もうデタラメ！これがあの櫻井よしこか？
男系に固執する者は、全員、思考が劣化していくな！

「必ず男子が生まれなければならない制度」と、「男女どちらでもいい制度」の、どちらが安定しているかなんて、小学生でもわかるではないか！
だがなんと、この発言で、満場の拍手が起きている！
ええっ!? 神道関係者ってこんなレベルか!?
有識者会議は数学みたいな計算をして、現世代に5人の男系男子がいれば、現在の出生率1・29を前提にすれば、子供の世代では3・23人、孫の世代では2・08人、ひ孫の世代では1・34人しかいなくなる。それで滅びますよと言っているんですが、このままの計算式通りにいくかどうかはわからない。子供の数が増えることだってありうる。
そのうち出生率が上がるかもしれないから、現在の出生率を前提に、シミュレーションしても意味がないというのだ。
それなら年金も、現在の出生率を前提に心配する必要はないのか？
将来の不安に対して真面目に制度設計しようという意識が皆無で、「神風が吹くのを待っていればいい」と言ってるだけじゃないか！
さらに二人で、近代医学が進歩して乳幼児の死亡率が格段に低くなったから、側室がなくても男系は安泰だというトンチンカンな話を延々と力説！
一夫一婦制の今の時代においてはですね、むしろ！医学の進歩によってですね、かつてよりもですね、皇位継承者を確保するのは、ある意味では容易というか、少なくとも側室制度がなくなったから困難とは言いきれない。
だったらなぜ今、現実に皇族方の中で、男子が41年間も生まれず、皇位継承の危機が訪れているんだ!?

医学の進歩で「生存率」を上げても、何の意味もない！
「側室」は「生存率」を上げるためにあったのではなく、「男子」を産むための制度なんだから！
医学の進歩では、まだ男女の産み分けはできない。
「側室」なしで、一夫一婦制で、男系を維持するのは不可能である！
そして、危機を克服する方策は「長い歴史から学ぶべき」という。
そういう場合は、傍系から天皇を戴いた。最も古いところでは第26代の継体《けいたい》天皇。最も新しいのは明治天皇から3代前の光格《こうかく》天皇。かなり離れていたりするんだけれど、やはり神武《じんむ》天皇以来の男系の方、その中で適切な方でしのいできた。ですから今日の皇位継承の危機もこうした先人の英知に学ぶ、そういうことが一番大事だと思います。
それで具体策はというと、結局は「旧宮家復活」を言い出すのだ！
皇位継承権をお持ちの方が、皇籍を離れられた後に皇族に復帰して、皇位に就かれた方がお二方いらっしゃいます。
平安時代初期の宇多《うだ》天皇と醍醐《だいご》天皇。極めて少ないですけれども、例外的に認められた。
やはり男系の原則を守る方法で、過去にあったことが他にないかという時に浮かぶのが、昭和22年に皇籍を離脱された元皇族と言われる方々のご子孫の中から、適切な方に皇籍を取得していただき、宮家を新たに作っていただく方法があるわけです。
過去には例は少ないけどあった。男系主義を守るという意味では、そういう過去にあったルールを採用して未だかつて例のない女系天皇を導入するという冒険を冒さないで、かろうじて皇位継承の原則は守れるのではないか。
「傍系継承は前例があるが、女系天皇には前例がない。だから旧宮家復活」
これは男系主義者の決まり文句だが、デマに等しい。

第一に、傍系で最も血が離れた例は
継体天皇で、応神《おうじん》天皇の5世子孫。
これが唯一の例外であり、それ以外は全て3世（天皇のひ孫）以内である。
ところが「旧宮家」の子孫は、北朝第3代崇光《すこう》天皇の20世以上の子孫だ。
北朝
南朝
ここ！ここから別れたのが旧宮家。
こんな前例は全くない！
第二に、宇多天皇が即位前に皇籍を離れていたのはわずか3年、
醍醐《だいご》天皇はその3年の間に生まれた宇多天皇の子である。
「旧宮家」のように60数年間も皇籍を離脱してから復帰した前例も、一切ない!!
これでも「前例がある」と言い張れるぐらいなら、
むしろ女系天皇の方が立派に「前例がある」と言える。
第38代、天智《てんじ》天皇と第44代、元正《げんしょう》天皇である。
天智天皇は母親の斉明《さいめい》天皇から、元正天皇は母親の元明《げんめい》天皇から、皇位を継いでいる。
お二方とも、父親が天皇もしくは皇子なので現在は「男系」に分類されているが、大原氏も理解しているように、明治以前には、「父親が天皇だから男系」なんて概念がない。
母から子に直接、皇位が継承されているのだから、これは「女系継承」と言えるではないか！

しかも、古代から前近代まで最高法規として存続していた「養老令」の「継嗣令《けいしりょう》」には、こんな令文がある。
「およそ皇の兄弟、皇子をば、みな親王とせよ。（女帝の子もまた同じ）」
「親王」とは皇位継承資格を有する者を指す。
（女帝の子もまた同じ）つまり、「女帝の子は男系でなく、女系として皇位継承資格を持つ」ということ！
法的にも女系継承が認められていたことになるのだ！
女帝
女帝の子（男）
大原氏はこの令文について、女帝が即位前の、内親王時代に産んだ子に限り、即位後は親王とするという意味であり、女系継承を認めたものではないと反論したが、それは古い学説である。
令文には「内親王時代の子」に限るとする根拠はどこにもないのだ！
しかも「女帝の子もまた同じ」という注記は、養老令の手本となった唐の令には存在しない！
シナの制度ではありえない特例を、日本で独自に規定しているというのが、決定的に大事なことなのだ!!
彼らはもはや『ゴー宣』で描いている事実には「見ざる・言わざる・聞かざる」を決め込んでしまったようで、誰も「旧宮家」の子孫は600年も血が離れているということには触れない。
それは会場に来ている人々には、なるべく知られないようにした方がいい情報だからだろう。
この会場は「閉ざされた言語空間」なのだ！
天皇論

櫻井氏は「GHQの陰謀」がなくても、旧宮家は「皇族降下準則《こうぞくこうかじゅんそく》」で皇籍離脱していたはず、という事実を知らんのか?
GHQが皇室を弱体化させるために11宮家を皇室から離脱させた。であるならば、日本が日本たる価値観に基づいて作られていた時代の社会に我々は原状復帰しなければならない。
その意味で皇籍に復帰していただく、新たに取得していただくということが非常に有力な案だと思います。
ここで、またもや拍手が起こる!
パチパチパチ
パチパチ
大正9年の「皇族降下準則」により、天皇の4世子孫までが皇族、5世以降は臣籍降下のはずだった。20世以上である「伏見宮《ふしみのみや》系」は特例で、邦家《くにいえ》親王の4世子孫まで、各宮家の長男の系統のみ認められた。そういうことを彼らは誰も知らない!
例えば竹田恒泰氏などは、GHQの政策がなくても完全に、平民として生まれた世代だということだ。
大原氏も櫻井氏も、平気で「皇籍取得」という言葉を口に出す。
皇籍って「取得」できるような軽いものなのか?
皇籍
皇籍とは望んで得られるものではない。
厳粛に守らねばならぬ「君臣の分義」というものがある!
しかし二人とも皇籍を国籍か何かと大差ないものとしか考えてないようだ。
皇籍
戸籍
60数年も皇族でなくなっていた人たちを今さら戻しても、誰もそんな人々を尊敬しないという意見もあるにはあるんですけれども、旧皇族の方々、非常に真っ当な暮らしをされている方が多数いらっしゃる。
悠仁《ひさひと》さまが天皇になられるまでまだ数十年間ありますから、その間皇族として国民全般に公平な慈愛の目を向け、それを活動に表してくださるということを30年40年50年60年とお続けになれば、当然国民の間にも皇族としてなじむことが可能でありますし、皇室の長い伝統・歴史の中で言えば60数年間というのはあっという間にすぎないと思います。
国民に皇族として認めてもらえるまで50年でも60年でも、ひたすら国民のための活動をさせる?
これからそんな忍従の人生を送ろうなんて人がどこにいるんだ?

まずその見たこともない600年血の離れた男を連れてきて記者会見でも開いたらどうだ?
宇宙人がいると主張されても、わしは見たことない!
「いるいる詐欺」はもうよしてくれ!
そして仮に皇族になる者がいたとしても、
「側室」を置かなければ、結局は先細りして消滅するのだ!
「側室」なしの男系継承は無理!
医学で男系継承ができるとか、「Y染色体」の継承が伝統だとか、あまりに迷信・妄信の類にすがりつく者が多すぎる!
日本が戦争に敗けたのはこういう非科学的な純粋日本主義の者たちが多すぎたからだろう。
「承詔必謹《しょうしょうひっきん》」すらないがしろにして徹底抗戦を唱える連中が多すぎる!
そして質疑応答を封じた代わりに、茂木氏がこんな質問をした。
日本でも最も尊い神様、皇祖《こうそ》天照《あまてらす》大神《おおみかみ》は女神である。だから女系に道を開いてもいいんじゃないかという議論についてお願いします。
来た!来た!どうせなら「小林よしのりが『天皇論』で描いた」と言ってほしいよな。
ご皇室はですね、非常に多くの面で神話を伝承していることはあると思いますけれども、かといって天照大神が女性の神様であられるということと、天皇が女性でもいいということは全く別の話でありまして、天照大神様は太陽の神様で、あまねく人々を照らす、そして豊かな国土を私たちに与えてくださり、子孫までずっと繁栄していく、我々をお守りくださる女性の神様でいらっしゃいます。
それは女性が持つ包容力といいますか、新しい命を生み出すという意味での偉大なる力を象徴しているものであって、
それがご皇室のあり方、女性天皇ということになるのとは、全く別次元の話だと思うんですが、いかがでしょうか?

なんとこれに、満場の拍手が
沸き起こった！
ここには神主が
いるはずだ！
その神主が、天照大神を
「皇祖神」とする皇室のあり方を
否定する意見に拍手している！
「皇祖神」は女性なのに、
女性天皇（女系天皇）は認められない
という意見に、神主が同意した！
これは「三種の神器」という
皇祖神から授けられた
天皇の証しも否定したことになる！
「三種の神器」の登場とは、
人間の歴史の中にはない。
神話から登場するのだ！
皇統を語るのに、
神話と歴史を切り離すことはできない！
だから日本の皇室はすごいのだ!!
櫻井氏は、天照大神が
「皇祖神」であるという認識が
全然ない！
単に「女性の包容力」としか
思ってない！
その無知の上に立って
神話と皇統が
「全く別次元の話」と切って捨てた。
これは天皇の権威の根源を
否定した発言に他ならない！
何かにつけ「GHQの陰謀」を
口にし、占領政策の残滓《ざんし》を
一掃して日本人の精神を復興
せよと唱える櫻井氏が、
GHQのお先棒を担いで
神話と天皇を分断しているのだ！
繰り返すが、神主さんが
集まるシンポジウムで
神話と歴史の分断工作に
万雷の拍手が起きた！
マルクス主義者よ
喜ぶがいい！

櫻井氏は「男系絶対」の
寛仁《ともひと》親王（ヒゲの殿下）と対談し、
その影響を受けた。
神社本庁も日本会議も
その影響下にある。
竹田恒泰も同様である。
『承詔必謹《しょうしょうひっきん》』
詔《みことのり》を承《うけたまわ》りては必ず謹《つつし》む、
果たして彼らは天皇陛下のご真意を
拝察する気があるのか？
それともヒゲの殿下を陛下以上の存在
として崇め奉っているのか？
皇位継承についての天皇陛下のご意思が、
現行憲法上、公にできず、
この憲法の欠陥を利用して、保守系の
言論人が「陛下のご意思を忖度《そんたく》するな」
と言いつのる中で、
一皇族がこうして異様なまでに
多くの保守系の言論人や団体と
接触し、多大な影響を与えて
しまっていることは、果たして
健全なのか？
わしはつくづく
疑問を覚えるのだ。
しかし神主までが、
天照大神と皇統との
切り離せぬ関係を
否定するとは、
完全な自己冒瀆《ぼうとく》では
ないか！
ごーまんかまして
よかですか？
いざとなればわしは
皇族にも踏み込んで、
批判を行なわねば
ならなくなる！
わしにそれを
させないで
ほしいのだが！
いいかげんに
気づいてほしいのだが！

ゴーマニズム宣言
SPECIAL

第31章 男系よりも直系である!

最近、「もう皇統問題の議論は勝負がついたんじゃないか」とあちこちの編集者から言われる。
確かに、もはや男系固執論者から聞こえる声は、完全に無意味な観念論ばっかりだ。
小林よしのりは近代合理主義者だ!
共産党・社会党の論理だ!
文明と文化の戦いだ!
アホらしい。わし個人をどんなに罵ってレッテル貼りしたところで、それで皇統が安泰になるわけではない!
彼らはもう、皇位継承が史上最大の危機にあるという事態にすら関心をなくしているようだ。
本当に皇位継承の安泰を願うなら、あなたたちの主張する「旧宮家」子孫を出せといくら言っても、それがいるかいないかの確認すらしない。
「法整備ができてから探す」などと子供っぽい言い訳で逃げを打つ。

左下の表で、「男子の数は多いじゃないか」などという馬鹿がいる。「男子の数」は問題ではない！正妻が男子を産むか否かが問題であって、男系絶対なら一代でも産まなければ、そこで断絶するのだ！6人もの正妻が男子を産めなかったということは、側室なしならもう6回も断絶したのだから話にならない!!
慰安婦問題で左翼が「情報公開されれば強制連行の証拠は出てくる」と逃げを打ったのと全く同じ手口だ。
情報公開されればな～っ
証拠は出てくるぜ～っ
おぼえてやがれ～っ
本当は強制連行の証拠なんかない！
本当は皇族志願の「旧宮家」子孫なんかいない！
存在しないものを存在すると言い張って、証拠を出さない口実を探すだけ！
今や保守系知識人のほとんどが、皇統問題に関しては沈黙してしまった！
大原康男 櫻井よしこ両氏からも反論はない。
多分もう『ゴー宣』を読んでわかったのだろう。
男系論の火付け役として責任があるはずの八木秀次氏も一切ダンマリを通している。
側室がいても男系継承は困難だった。
ましてや側室がいない一夫一婦制では男系維持は不可能だ！
この定理はくつがえせない。
ただ、ごく少数の頭の悪い連中が、まだ騒いでいる。
男尊女卑の化石脳で、男の血しか認めんぞと吠えている。
伝統を原理主義と勘違いしてる連中だけが吠える吠える…
その連中の奇弁の支柱となっているのが新田均・竹田恒泰であるが、彼らの主張はこうだ。
江戸時代に「四世襲親王家」といわれた4つの宮家のデータを見れば、正妻が十分男子を産んでおり、幼児死亡率が下がった現在なら、宮家が4つあれば側室なしでも男系でつなげると言うのだ。
そして、こんな面白い表を掲げてきた。
読者しょくん！この表をじ～～～～っくり見てくれ！
■正妻を持った当主／男子を生んだ正妻／誕生した男子の数
伏見宮 十六人 十人 三十一人
有栖川宮 八人 三人 四人
閑院宮 六人 二人 四人
桂宮 四人 一人 四人
わしはこれを見たときは思わず我が目を疑った。
やつらはこれで「男系は安泰だ」と主張しているのですよ！

しかし「史料検証」ができない学者がいるとは！奴の著作のすべてを疑わざるを得ない。男系派というのはこういった調子で、学術的にお話にならない低レベルなのだ。慰安婦強制連行説と同じだよ。逃げのためのペテンと詭弁だらけ！
最も多い伏見宮《ふしみのみや》でも、16人の正妻のうち、10人しか男子を産んでいない！
6人の正妻は男子を産めなかったのだ!!
有栖川宮《ありすがわのみや》は8人の正妻のうち、3人しか男子を産んでない！
閑院宮《かんいんのみや》は6人の正妻のうちたった2人！
桂宮《かつらのみや》に至っては4人の正妻のうち、1人しか男子を産んでないのだ！
トータルでも34人中16人、
男子を産んだ正妻は半分もいない！
幼児死亡率の問題以前に男子が生まれてないじゃないか!!
伏見宮
有栖川宮
閑院宮
桂宮
しかもこれは、男子を産むまでなるべくたくさん子供を産み続けるのが当然とされていた時代のデータだ。
それでさえこうなのだからこの晩婚少子化の時代に一夫一婦制（正妻のみ）での男系継承は絶対に無理ということが、この表で証明された。
そもそも、この4家のうち、3家は大正時代までに廃絶している！
側室があった時代なのに！
残った伏見宮（現・伏見）家も現在は女子しかなく、男系断絶が確定。
伏見宮から分かれた「旧宮家」も、現在、男系男子がいるのは5家、さらに次世代の男の子供がいるのはわずか2家である！
伏見宮
山階
閑院
東伏見
伏見
久邇
賀陽
朝香
東久邇
北白川
竹田
梨本
これでも「男系で安泰」と言い張る新田・竹田は、左翼にとってオイシイ存在である。
左翼は今や「天皇制廃止」を叫ぶ必要はない。保守のふりして「男系絶対」を唱え、女系天皇を潰せば、皇室が消滅に向かう可能性が飛躍的に高まるのだから！
おそらく、もう匿名性の高いネットなどには、保守を装った極左の工作員が大量に入りこんでいるはずだ。
日本の伝統
男系天皇を守れ!!
女系は皇統断絶!!

ここまで説明しても
「男系絶対」を唱えている者は、
根っからのバカか、
密かに「天皇制廃止」を企む
確信犯しかいない。
ところで新田は第19章で描いた
大正9年の「皇族降下準則《こうぞくこうかじゅんそく》」について、
これは自動的に皇籍離脱させるのではなく、
対象者が満15歳の時に皇族会議で
正式に決まる規定だったから、
GHQによる11宮家全員一斉の
皇族離脱がなければ、
男系男子皇族が少なくなった状況を受け、
宮家に残った人もいたはずだと言う。
さらに大正9(1920)年に
「皇族降下準則」を制定!!
否応なく臣籍降下が
行なわれる制度を作った。
ところが「準則」による皇籍離脱の
最後の対象者、東久邇《ひがしくに》盛彦氏が
15歳を迎えたのは今から28年ほど前だ。
皇太子殿下が22歳、
秋篠宮殿下が16歳で
共に未婚、
他の宮家にもまだ
男子誕生の可能性があった。
寛仁《ともひと》親王殿下(ヒゲの殿下)の第二子、
瑶子女王が生まれたのがこの翌年だが、
寛仁殿下は当時の心境をこう仰っている。
「皇太子さまも秋篠宮さまも健康で
いらしたから、次々と男子がお生まれに
なると思っていました。
私達は傍系だと判っていましたから、
娘が二人で、満足していました。
男系は万々歳だと思っていたのです。
私のみならず、誰も予想しなかったで
しょうね。私の弟達もいましたし」(『皇室と日本人』147P)
この時点で、600年離れた傍系を
残そうなんて思った人などいるわけがない!
皇室と日本人
寛仁親王殿下
それはそうと、寛仁殿下のご発言は
どうも腑に落ちない。
殿下は「男系絶対」「旧宮家復活」を
唱え、櫻井よしこ氏、小堀桂一郎氏や
神社本庁、日本会議などに
決定的な影響を及ぼされた。
そして、こう仰っている。
「やはり血統を守るための
血のスペアとして
我々は存在していることに
価値があると思います」
(前掲書75P)
皇室と日本人
寛仁親王殿下

この発言と「傍系だから娘二人で満足した」という発言は矛盾していないだろうか？
「血のスペア」として存在することに価値があるのなら、なぜ男子が生まれるまで子を作らず、娘二人で満足なさったのか？
将来の三笠宮《みかさのみや》家廃絶が確定し、「血のスペア」の役割を果たせなかったという事実をどうお考えなのか？
そもそも寛仁殿下は皇族を辞めたがっておられたし、弟の桂宮殿下からは「皇族が結婚することは苦しむ人間を一人増やすことだから自分は結婚しない」と日頃から聞かされていたという。（前掲書70P）
そんな殿下が、なぜ一般国民として生まれ育った者を皇族にして、「苦しむ人間」を増やすという案を熱心に勧めておられるのか？
それも、ご自身があえて果たされなかった「血のスペア」の役割を負わせるために。
批判したいのではない。ただ、どうしても理解ができないのである。
寛仁殿下のお父上・三笠宮殿下は「建国記念の日」の制定の時に強硬な反対運動をなさった。
そのために、左翼学者にまで電話をかけたり、自筆書簡を郵送したりされていたのだ。
これに「諫言《かんげん》」したのが里見岸雄であり、田中卓である。
わしはこの時と似た違和感を寛仁殿下に覚えるのだ。
そもそも現在の皇位継承制度は、125代の天皇の歴史の中でも極めて異例の状態にある。
もともと皇位継承に確固たるルールはなく、その時の事情によってかなり融通がきくものだった。
それが明治の皇室典範で初めて成文法化され、次の条件が規定された。
①皇統に属する
②皇族
③男系
④男子
そして現行の典範ではこの条件が加わった。
⑤正妻の子

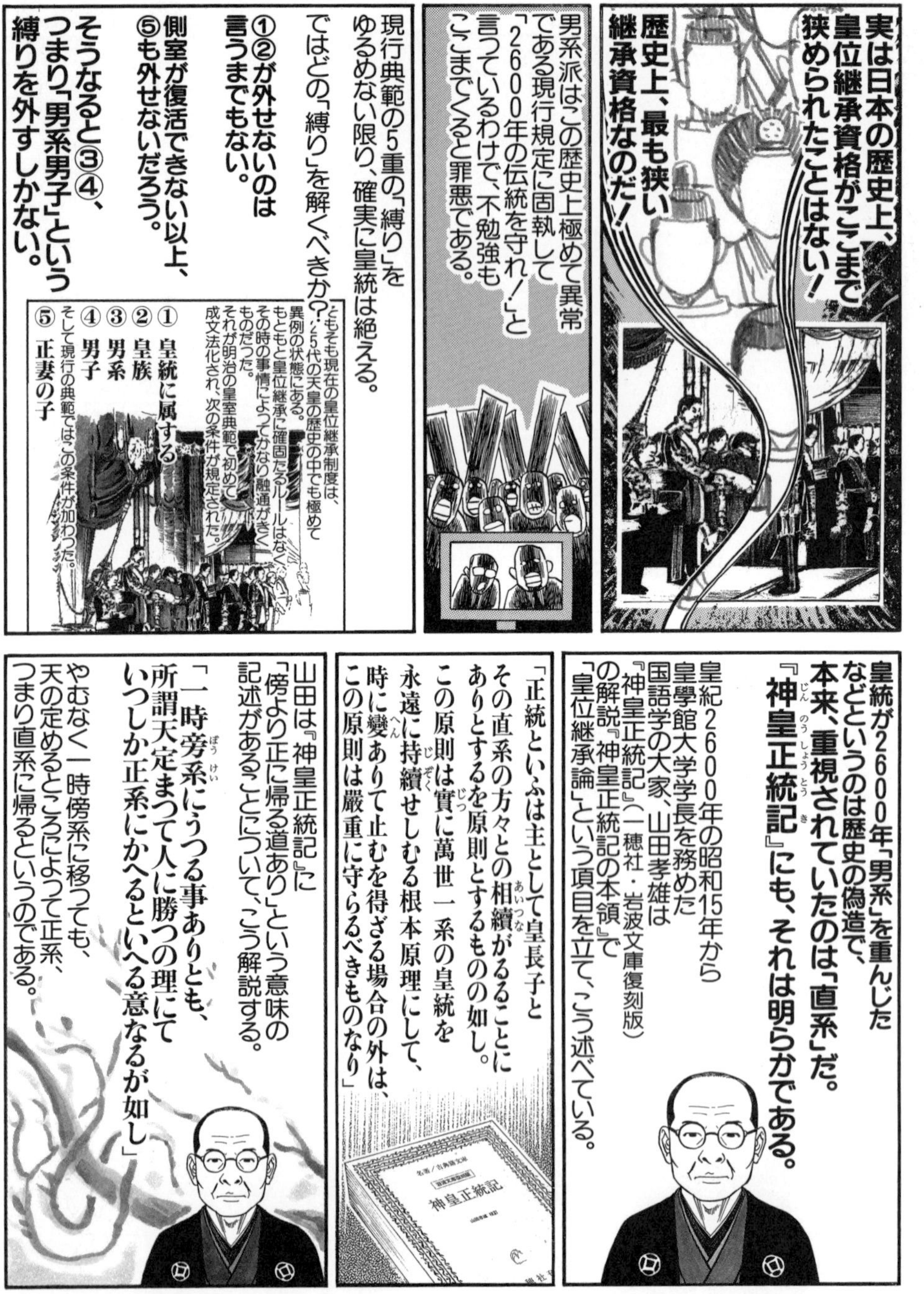
実は日本の歴史上、皇位継承資格がここまで狭められたことはない！
歴史上、最も狭い継承資格なのだ！
男系派はこの歴史上極めて異常である現行規定に固執して「2600年の伝統を守れ！」と言っているわけで、不勉強もここまでくると罪悪である。
現行典範の5重の「縛り」をゆるめない限り、確実に皇統は絶える。
ではどの「縛り」を解くべきか？
そもそも現在の皇位継承制度は、125代の天皇の歴史の中でも極めて異例の状態にある。
もともと皇位継承に確固たるルールはなく、その時の事情によってかなり融通がきくものだった。
それが明治の皇室典範で初めて成文法化され、次の条件が規定された。
①皇統に属する
②皇族
③男系
④男子
そして現行の典範ではこの条件が加わった。
⑤正妻の子
①②が外せないのは言うまでもない。
側室が復活できない以上、
⑤も外せないだろう。
そうなると③④、つまり「男系男子」という縛りを外すしかない。
皇統が2600年「男系」を重んじたなどというのは歴史の偽造で、本来、重視されていたのは「直系」だ。
『神皇正統記《じんのうしょうとうき》』にも、それは明らかである。
皇紀2600年の昭和15年から皇學館大学学長を務めた国語学の大家、山田孝雄は『神皇正統記』（一穂社・岩波文庫復刻版）の解説『神皇正統記の本領』で「皇位継承論」という項目を立て、こう述べている。
「正統といふは主として皇長子とその直系の方々との相續《あいつな》がることにありとするを原則とするものの如し。この原則は實《じつ》に萬世一系の皇統を永遠に持續《じぞく》せしむる根本原理にして、時に變《へん》ありて止むを得ざる場合の外は、この原則は嚴重に守らるべきものなり」
神皇正統記
山田は『神皇正統記』に「傍より正に帰る道あり」という意味の記述があることについて、こう解説する。
「一時旁系《ぼうけい》にうつる事ありとも、所謂天定まつて人に勝つの理にていつしか正系にかへるといへる意なるが如し」
やむなく一時傍系に移っても、天の定めるところによって正系、つまり直系に帰るというのである。

さらに山田は傍系継承のために兄弟間に骨肉の争いが起き、戦乱を招いた歴史上の実例を挙げ、端的にこう結論付ける。
「正統を論ずるものは第一に先づ直系継承を根本義とすべく、その他のものは第二義とすべきなり」
また、山田は日本の皇位の尊厳は
「かの天壌無窮《てんじょうむきゅう》の神勅《しんちょく》によりて明か」
であり、歴代の天皇は
「天照太神《あまてらすおおみかみ》の無窮の延長の其の一節」に存在し、
「天祖の神意を體《てい》してこれを實現《じつげん》せらるべき方々」
であることは明らかであるとして、こう明言するのである。
「ここに於《お》いて正統といふことは血統の上にては天祖の純なる尊嚴《そんげん》崇高なる血脈をうけられ、精神の上には天祖の神意を受けて、これを基として國家を統治せらるべきことをさすといふこと明かなり。ここに於いて正統といふことは、これ天照太神の御本意の發露《はつろ》といふことなり」
正統とは、血統は天照大神の血脈を受け、精神は天照大神の神意を受けたことを言うのだ！
葦原《あしはら》の千五百秋《ちいほあき》の瑞穂《みずほ》の国は、是《こ》れ吾《あ》が子孫《うみのこ》の王《きみ》たるべき地《くに》なり
この日本の国は、私、天照大神の子孫が王であるべき国である！

「側室なしで男系が続くわけない」と言うと、あきれたことに、「だったら側室があれば続くのか？」と言ってる神職の者がいる。「側室があっても続かないのだから、一夫一婦制で続くわけがないじゃないか？」とわしが言ってることくらい自明だろう。極限の阿呆だな。

田中卓先生も、重要なのは「天壌無窮の神勅」であり、「吾が子孫」が国体の根本だと仰っている。
女神である天照大神の血脈と神意を受けることが「正統」である以上、皇統から女系を排除する理由は一切ないのである!!
それなのに男系固執論者は「直系」よりも「男系」を重視し、「男系」のためならどこまでも傍系へ、傍系へ、600年離れた大傍系にまで移そうと大真面目に言う。
「むしろ傍系の方が正統だ」と言い出した者までいる。
そして女神・天照大神が皇祖であることまで躍起になって否定しようとする。
傍系！
ごーまんかましてよかですか？
男系派は、神話にも歴史にも繋がらない、自分たちで勝手に作り上げた「男系神」を信奉し、
神話を踏みにじり、歴史を偽造する。
これを「カルト」という。
彼らは皇統を史上最狭の袋小路に追い込み、やがては断絶させ、国体を破壊しようと企んでいる！
国体護持のために戦うべきは左翼ではなかった！
保守を詐称する男系原理主義者だ!!

ゴーマニズム宣言
SPECIAL

第32章 皇統は「萬葉一統」である

平成22年8月末、久々に伊勢の田中卓《たかし》先生のお宅を訪問した。
ミ〜〜ン
ミンミン
ミィ〜
こんにちは。お久しぶりです。
ああ、いらっしゃい。
田中卓先生は皇學館大学名誉教授で、元学長。
大正12年生まれ、現在86歳。

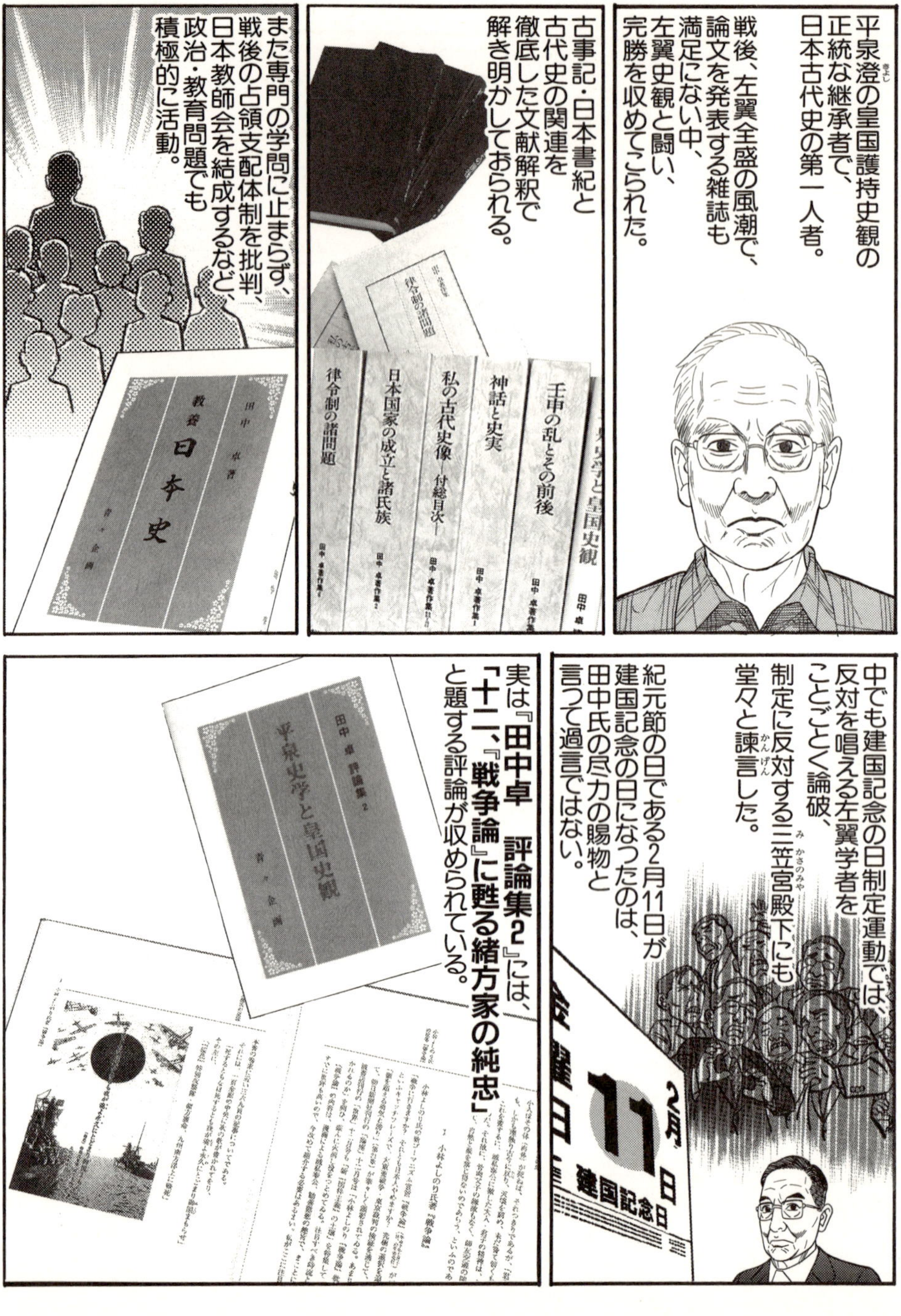
平泉澄《きよし》の皇国護持史観の
正統な継承者で、
日本古代史の第一人者。
戦後、左翼全盛の風潮で、
論文を発表する雑誌も
満足にない中、
左翼史観と闘い、
完勝を収めてこられた。
平泉史学と皇国史観
古事記・日本書紀と
古代史の関連を
徹底した文献解釈で
解き明かしておられる。
壬申の乱とその前後
神話と史実
私の古代史像―付総目次―
日本国家の成立と諸氏族
律令制の諸問題
また専門の学問に止まらず、
戦後の占領支配体制を批判、
日本教師会を結成するなど、
政治・教育問題でも
積極的に活動。
教養 日本史
田中 卓著
青々企画
中でも建国記念の日制定運動では、
反対を唱える左翼学者を
ことごとく論破、
制定に反対する三笠宮《みかさのみや》殿下にも
堂々と諫言《かんげん》した。
紀元節の日である2月11日が
建国記念の日になったのは、
田中氏の尽力の賜物と
言って過言ではない。
2月
11
日
建国記念日
実は『田中卓　評論集2』には、
「十二、『戦争論』に甦る緒方家の純忠」
と題する評論が収められている。
平泉史学と皇国史観
田中 卓 評論集2
青々企画
小林よしのり氏著『戦争論』

わしの魂を震撼させる歌を残した「桜花」特別攻撃隊の緒方襄氏についての評論である。
『戦争論』をきっかけに、田中氏に感動的な評論を書いていただいたことは光栄なことだった。
平泉史学と皇国史観
もう勝負は終わったんじゃないかとは、みんな思ってるんですよね。
だけどね、こんな問題、勝負することじゃないですよ。
それじゃあこれからどうするんだということについては、何も決まってないんですよね。
そうおっしゃる田中先生の手元には、その日発売されたばかりの『SAPIO』が！
我々の到着前に奥さんに買ってきてもらって読んでおられたのだ。
!?
驚いたのは、そこに掲載された『ゴー宣』の欄外にまで、あちこちに赤線が引いてあったことだ！
やば…

あれだけの大権威が、「漫画だから」なんて意識を
微塵も持たず、
片言隻句《へんげんせきく》まで
精読しておられる!
数々の文献の一言一句に秘められた意味を丹念に解読してこられた方だ。
おそらくわしの書いたネームの含意を丁寧に全部読みとって、わし自身の知識のレベルだけでなく、わしの考え方の分析までしておられるのだろう。
これは、全部見ぬかれてるぞ!
そして、こんな言葉にもわしは驚かされた。
現状では、ユージンさんが愛子さんより上になるわけや。
え?ユージンサン?
あっ…
悠仁《ひさひと》さまのことか!

尊皇心を顕示する人の中には、マスコミが「愛子さま」と言うのに憤慨して「愛子さまじゃない、敬宮《としのみや》殿下と呼ばなければいけないのだ!」と居丈高に言う人もいる。
敬宮殿下
確かに本来は「敬宮さま」だということ、「殿下」だということは、知っておくべきなのだ。
だが往々にして、「俺は一般人ができない正式な呼び方を知っているから尊皇者として上級だ!」と自慢したいだけの者だっている。
単なる形式主義者だ。
田中先生の尊皇心を疑う人などいないだろうし、田中先生も場によっては正式な呼び方をしているのは間違いない。
『ゴー宣』を読み、その行間からわしの考え方(形式主義が嫌い等)を分析した上で、相手に合わせて「ユージンさん」「愛子さん」と仰ってるのだろう。
大権威となるとここまで来るのか!
今回の訪問にあたっては、田中先生から事前に質問事項をまとめておくよう言われ、質問状をFAXで送っていた。
ガヒューーッ
わしが思いつく程度の質問ぐらい、その場で即答もできようし、シロウト相手なんだから簡単に答えることもできるだろう。
だが田中先生は、事前に入手しにくい史料まで用意して、正確に教える準備を整えておられるのだ。シロウトといえどナメていない!
明治天皇紀

「双系」という言葉は最近まで使われたことはなかった。
ただ、男系でも女系でもないと言いたいような事実はあるんです。
「ヒコ・ヒメ制」とも言うんですけどね。
確かに昔は女性が優位、と言うたらおかしいけど、男尊女卑じゃないんですよ。
多父
それが男尊女卑になってしもうたのはシナの影響なんで、「殷《いん》」（紀元前17世紀頃―紀元前1046頃）の遺跡の「殷墟」というのが出てきてわかってきたんですが、その甲骨文字の中に「多父」という字があった。
これは珍しい字でね、女性が一人で、父親の方が多いんだよ。
一夫多妻じゃなくて、一妻多夫や。
最近、産経新聞に載ってたけど、その風習はチベットの奥には今でも残ってる。
「夫の数多いほど 生活が楽」
ところが「周《しゅう》」（紀元前1046頃―紀元前256）の時代になると、社会秩序を大事にしようとして、儒教が発達する。
儒教そのものは男尊女卑じゃないんだけど、秩序を立てようとすると、男は外敵を防いで女は内を守るという形にせざるを得ないわけで、結果的に男中心になる。

▲産経新聞　10年4月20日

しかし日本では女性がマツリゴト、政治と祭祀の両方をしている。
その場合は女子が優位で、天照《あまてらす》大神《おおみかみ》が女性なのは、それなんです。
卑弥呼だってそう。あれは女の大将ですよ。女性の方が原始的、と言ったら悪いけど、神に近いわけや。
天照大神といえば、スサノオの尊《みこと》が高天原《たかまがはら》に上ってきた時、男装で迎え撃つ。
あの時の天照大神は立派な将軍やで。それでも別に不思議じゃなかった。
神功《じんぐう》皇后だってそうですよ。
夫にあたる仲哀《ちゅうあい》天皇の方が大事だと男系派は言うけど、そんなことはないです。

韓国を征討しようと言われたのは神功皇后で、仲哀天皇はその神託を疑ったために亡くなってしまう。
そこで神功皇后が韓国を平定される。
実はね、風土記などいろんな文献には神功皇后を「天皇」と書いてある。
だから『日本書紀』は一巻あててるんですよ。
それほどの活躍をされている。
しかし『日本書紀』の編纂の時は律令時代ですからね。
男子優先で天皇から外したんです。
名前は「皇后」に直してしまってるけど、実は『日本書紀』で一か所だけ、私は見つけたんだけど、「天皇」の記述のまま残っているのよ。
そんなわけで、神功皇后も天皇にあてられた時がある。
天皇
日本では儒教を大事な教えとして受け取った。
しかし日本の場合は女性も大事な役割を果たしているわけだから、そこでいろんな悩みがあるわけや。
それが律令の問題に関連があるんです。

男系固執派は口から出まかせでこう言う。
シナの影響なんか受けてない！これは日本独自の男系主義だ！
そこでわしが「その『日本オリジナルの男系主義』なるものは、いつの時代、どこから出て来て、どうやって成立したのか証明しろ」と言ったら…
それなら、日本の男系主義なるものが、シナ文明の影響と全く無関係に、日本オリジナルで成立したと歴史的に証明してもらうしかないな〜〜。
それはいつの時代に、どこから出て来て、どうやって成立したのか？
呆れたことに男系派は「そんな証明はできない！」と開き直った。
「シナの影響がない証明」などできるか！
「ない証明」は「悪魔の証明」といって、不可能なものなんだ！
はあ？
シナの影響はあるに決まってるじゃないか！
かつてカルト教団に「ああ言えば上祐」と言われた男がいた。
何を言ってもへらず口で言い逃れしようとする。
わしは「シナの影響が〝ない証明〟をしろ」なんて言ってない。
「日本独自の男系主義が〝あった証明〟をしろ」と言ってるのだ！
男系派は絶対にそれはできない。
シーン
逆に日本は女性優位の風習があり、それがシナの影響で変化していったという証明は明確にできるのだ。
▲『本家ゴーマニズム宣言』第16話「男系主義がカルトである証明」

今回、田中先生に教えていただきたかったことの一つに『神皇正統記《じんのうしょうとうき》』の解釈がある。
神皇正統記
『神皇正統記』は歴代天皇を「第○代」という「代」数と、「第○世」という「世」数の二つで数えている。
皇太子にさ
城宮にまします。
下を治給こと十二年。七十三歳おまし〳〵
第五十代、第二十八世、桓武《くゎんむ》天皇は光仁第一の〔子〕。御母皇太后高野《たかの》の新笠
例えば桓武《かんむ》天皇は「第50代・第28世」である。
「世」と「代」の数が違うのは、「世」は直系の天皇だけを数え、傍系の天皇を外しているからだ。
安閑
宣化
欽明
敏達
用明
推古（敏達后）
崇峻
○
茅渟王
舒明
皇極・斉明
孝徳
天智（中大兄皇子）
天武（大海人皇子）
持統（天武后）
元明（文武・元正母）
○
光仁
草壁皇子
舎人親王
元正
文武
淳仁
聖武
孝謙・称徳
桓武
わしは『神皇正統記』は〈直系〉を重んじた」と書いた。
皇統が2600年「男系」を重んじたなどというのは歴史の偽造で、本来、重視されていたのは「直系」だ。『神皇正統記《じんのうしょうとうき》』にも、それは明らかである。
紀2600年の昭和15年から
學館大学学長を務めた
家、山田孝雄は
岩波文庫復刻版に収録）
の本領』で
目を立て、こう述べている。
すると男系固執派は女帝が全て「世」にカウントされていないことを挙げ、『神皇正統記』は男系絶対の書だと言い出した。
それに対して意見を伺ったところ…
あんたの書いたので、別に言うことないです。あれでいいんです。
『神皇正統記』の立場は、第14代・仲哀天皇のところに書いてあるように、親子関係で継いでいくのが正しいが、そうもいかん場合もあるというものです。

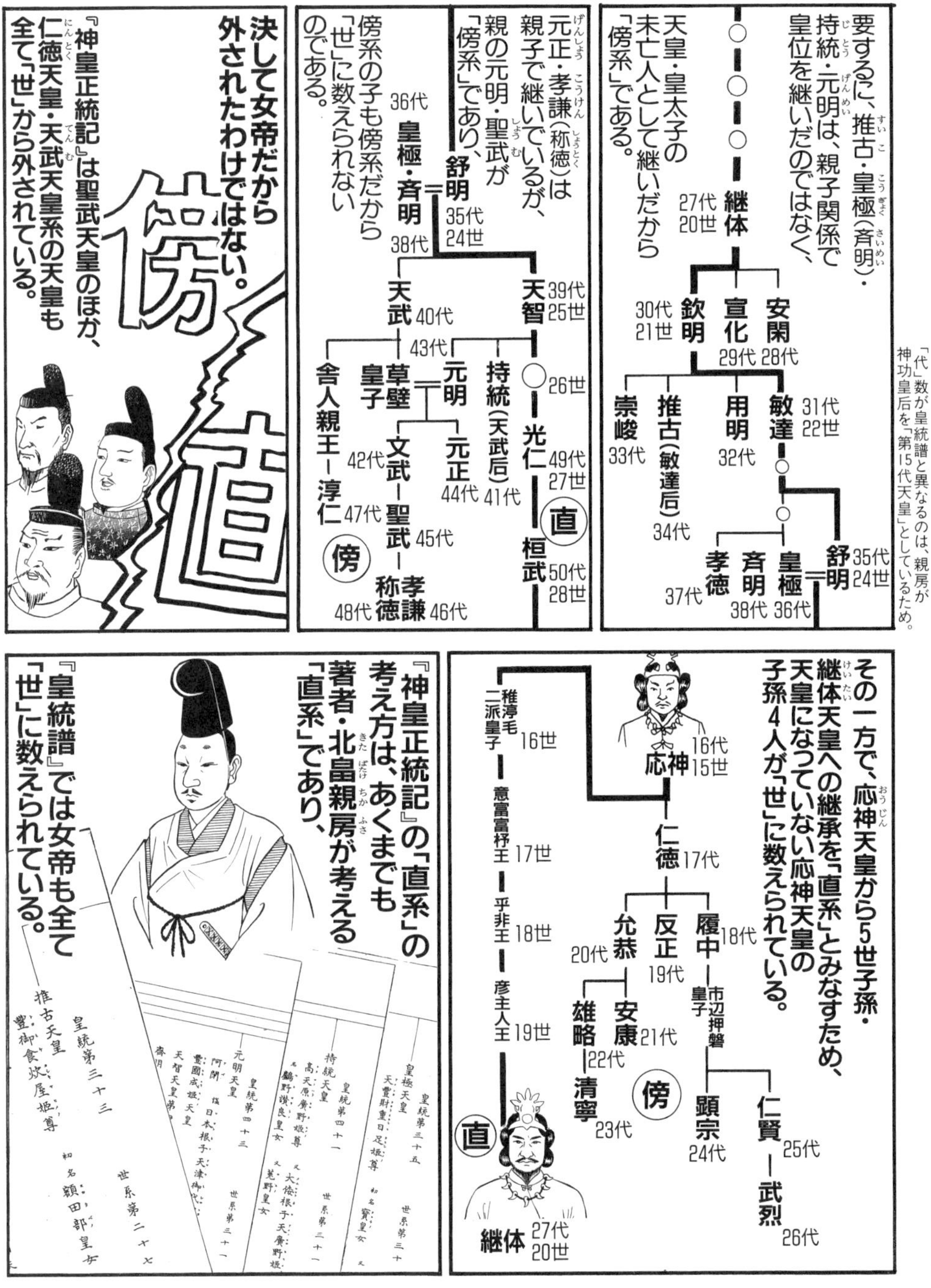
要するに、推古《すいこ》・皇極《こうぎょく》(斉明《さいめい》)・
持統《じとう》・元明《げんめい》は、親子関係で
皇位を継いだのではなく、
天皇・皇太子の
未亡人として継いだから
「傍系」である。
「代」数が皇統譜と異なるのは、親房が神功皇后を「第15代天皇」としているため。
継体 27代 20世
安閑 28代
宣化 29代
欽明 30代 21世
敏達 31代 22世
用明 32代
崇峻 33代
推古(敏達后) 34代
舒明 35代 24世
皇極 36代
斉明 38代
孝徳 37代
元正《げんしょう》・孝謙《こうけん》(称徳《しょうとく》)は
親子で継いでいるが、
親の元明・聖武《しょうむ》が
「傍系」であり、
傍系の子も傍系だから
「世」に数えられない
のである。
舒明 35代 24世
皇極・斉明 36代 38代
天智 39代 25世
天武 40代
持統(天武后) 41代
元明 43代
草壁皇子
舎人親王
文武 42代
元正 44代
聖武 45代
淳仁 47代
孝謙 46代
称徳 48代
26世
光仁 49代 27世
桓武 50代 28世
直
傍
決して女帝だから
外されたわけではない。
『神皇正統記』は聖武天皇のほか、
仁徳《にんとく》天皇・天武《てんむ》天皇系の天皇も
全て「世」から外されている。
傍
直
その一方で、応神《おうじん》天皇から5世子孫・
継体《けいたい》天皇への継承を「直系」とみなすため、
天皇になっていない応神天皇の
子孫4人が「世」に数えられている。
応神 16代 15世
稚渟毛二派皇子 16世
意富富杼王 17世
乎非王 18世
彦主人王 19世
継体 27代 20世
直
仁徳 17代
履中 18代
反正 19代
允恭 20代
安康 21代
雄略 22代
清寧 23代
市辺押磐皇子
顕宗 24代
仁賢 25代
武烈 26代
傍
『神皇正統記』の「直系」の
考え方は、あくまでも
著者・北畠《きたばたけ》親房《ちかふさ》が考える
「直系」であり、
『皇統譜』では女帝も全て
「世」に数えられている。
皇統第三十五 皇極天皇 天豊財重日足姫尊 初名 寶皇女 世系第三十
皇統第四十一 持統天皇 高天原廣野姫尊 又 大倭根子天廣野姫 世系第三十一
皇統第四十三 元明天皇 日本根子天津御代豊國成姫天皇 世系第三十一
皇統第三十三 推古天皇 豊御食炊屋姫尊 初名 額田部皇女 世系第二十七

だが、いずれにせよ親房が『神皇正統記』で「直系」を「正統」として重んじたことに変わりはない。
北朝
南朝
どう間違っても600年以上、20世以上離れた「大傍系」を認めるわけがないのだ。
『神皇正統記』を男系絶対の書と偽り、「大傍系」への継承を正当化するために使うなんてことは完全なペテン！
『神皇正統記』は、「直系」を「正統」としている!!
さらに田中先生は、決定的な指摘をされた。
親房の議論に「男系の」という用語はありません！
男系固執論者は「史料検証」が全然できていない！
専門の学者が一人もいないからだ！
ただドシロウトが「男系」を信仰化して、トンデモ説を次々に捏造している。
近代医学で男系安泰
万世一系のY遺伝子
スサノオも皇祖神
皇籍取得
「Y染色体説」から始まった男系派のトンデモ説は永遠に繰り返されるのだろうか？
男系
男系
男系
男系

田中先生は「万世一系」という言葉は明治に作られたことばで、皇位継承のあり方を正確に表現してはいないと仰った。
これは実に重要なことである。
「万世一系」という言葉ね、これは遡れば幕末、文政9年の『國史略』の序文の「正統一系」が元じゃないかと私は見てます。
それが明治になってから「万世一系」と、岩倉具視《ともみ》あたりが使うんじゃないかな。
それに似た言葉に「萬葉一統《まんよういっとう》」という言葉がある。
これは吉田松陰の有名な『士規七則』、日本の教学を教える時に、一番大事な根本だと私は思ってますが、その中で日本の特徴を述べた所に出てくる。
「萬葉」は「万世」と同じ意味や。けど「一系」ではなく「一統」！
「万世一系」と言うと一本の筋みたいなものを思ってしまうけど、そうじゃないんであって、「帯」みたいなものと思ってください。もっと幅がある。

「ご一統様」って言うでしょう。
直系なら一番いいがそうでなくても資格があればいいという考え方なんです。
考えてみれば、右も左も明治以降に使われたにすぎない「万世一系」という言葉に縛られ続けてきたのではないだろうか?
万世一系
右は「万世一系」をさらに「万世男系」にまで狭めてしまい、皇統を自分の手で断とうとしている。
万世男系
左は「天皇は万世一系ではない」と主張することで、天皇の権威を否定できると思っている。
バカバカしい話だ。
万世
もともと「万世一系」などという細い糸のような血筋で繋がってきたのではないのは当たり前のこと。
本当は「萬葉一統」、皇統に属する者であれば、女系も傍系も含めて、「帯」のような幅で繋がってきたと考える方が自然である。
もちろん、その帯が、600年傍系まで拡がるのは不自然だろうという話だ。
600

気がつけば4時間近く、他にもたくさんのことを教えていただいた。
それは今後に活かしていくことになるだろう。
「万世一系」は疑いようのない言葉だと思っていた。
さすが文献から厳密に研究してきた学者だよなぁ。
皇統は「萬葉一統」である！
田中先生宅をあとにして、わしは年齢と権威について思いをめぐらせた。
最近、保守系の雑誌で、第一線の学者・知識人が高齢化・老化して、その読者も老齢化している。
せっかくの過去の業績に泥を塗る意見表明をする知識人を見ていると、いつかわしもあのようになるのかなと、気が重くなる。
わしは何歳くらいで引退してしまうべきかと考えてしまう。

しかし田中卓氏の、今でも論文を発表するというあくなき追究心、
そしてわしのようなシロウトにまで、学問の成果を正確に伝えようとする「知的誠実さ」を見ると、
歳をとっても脳まで老化しない秘訣が何かあるのかもしれないとわずかながら希望も見えてくる気がする。
言っておくが、わしは「権威主義者」ではない。
権威とされている何かの力を借りて居丈高に振る舞ったり、権威の内実を確認もせず妄信したり、形骸化した権威を崇めるような馬鹿はしない。
そのような者は今まで容赦なく破壊してきた。
ごーまんかましてよかですか?
過去の栄光だけで生きる知識人が多い中で、間違いなく現役の「権威」はいるのだ!
権威は近寄りがたいが実は相手をよく研究して柔軟に対処する配慮すら見せてくれる。
歳をとっても脳が老化しない原因は、知的誠実さを失わない人格のゆえであるように思われる。

ゴーマニズム宣言
SPECIAL

第33章 皇統問題の議論は最終段階に入った

渡部昇一氏原作の漫画『皇室入門』の「まえがき」に、こんなことが書いてある。
「皇位の継承は初代神武天皇以来、皇胤、つまり皇祖の『種』を守ることによってのみ可能とされたことは疑いもない。『畑』では播かれた種次第で、皇統は絶える可能性がある。セイタカアワダチ草の種だって生える可能性があるのだ」
皇室入門
問題は「皇胤（こういん）」という言葉だが、渡辺氏は冒頭でこうも言っている。
「皆さんは天皇の〝血統〟という表現をするが血は父系も母系も同じになるから胤（タネ）と言って欲しい。つまり皇胤なのです」（23P）
なんだこれは？
皇胤《こういん》って「男帝のタネ」の継承ってか？
精子が血に混じって受け継がれるのか？
こんな下品な説、聞いたことない！
みなぼん、こんな妙な説が本当にあるのか田中先生に聞いといてくれ！
はいっ！

▲『皇室入門』（飛鳥新社）

皇統問題について描くとき、わしはまず自分で勉強して描く。
自信を持って発表しても、高森明勅、所功、田中卓先生らから間違いを指摘される時もある。専門家の指摘は大変ありがたい。
ミスはすべて単行本で修正する。
最近、秘書みなぼんがあの大権威・田中卓先生と長電話する仲になっている。
田中卓といえば日本古代史の大権威であり、平泉史学の正統な継承者である。左翼全盛の時も論敵を次々に撃破し、「建国記念の日」の論争では、左翼と共に反対運動をした三笠宮殿下（その息子がヒゲの殿下）に、賛成の論文集を献上して「諫言《かんげん》」したこともある。
まともな歴史家なら恐縮して口もきけないくらいの学者なのだ。
わしは門外漢だから話せる。
わしだって手塚治虫の前に出たら恐縮しただろうがな。
孫みたいな世代のみなぼんは大権威とTEL友になってるが…
渡部昇一氏がそう言ってるんです。
そんなことはありません！
「皇胤」は、天子の子孫つまり「皇裔《こうえい》」の意で、男女の区別自体は問題となりません！
…だって。
やっぱりそうか。渡部昇一氏はシロウトだからな。
わしだってシロウトだけど、少なくとも多くの本を読んで、専門家の意見には耳を傾ける。
皇室の問題を自分の妄想だけで、でっち上げて語るわけにはいかないよ。
さらに渡部氏は皇統について、こんな「種と畑」論を開陳する。
農業国家にとって重要なのは「種」である。作物は田畑に何の種を蒔くかで決まる。（中略）いくら一生懸命に育てても、雑草が稲になることはなく、米も獲れない。ここから「種」こそが最も大切であるという強烈な意識が生まれた。日本の皇室が、男系すなわち「種」を重んずるのは、このためである。それに対し「畑」にはあまりこだわりがない。（154P）

男の「種」こそが貴重で、
女の「畑」はこだわらなくていい?
ムチャクチャな差別観だが
何の根拠もない暴論だろう。
そもそも農業の歴史は土壌改良の歴史と言っても過言ではない。
どんなにいい種子でも、荒れた土地には根付かない。
特に日本のように国土狭小の農業国では、よい田畑を作れるかが死活問題だったのは常識ではないか。
「日本は農業国家だから、歴史的に種を重んじて畑にはこだわらない」なんて事実はないし、
そんなありえない根拠に基づいて「皇室が男系すなわち『種』を重んじた」という事実もない。
こんなものは歴史の偽造、トンデモ説である。
シナ男系主義の圧倒的影響下にある時代に、「胤」という漢字に、種子からの連想で「タネ」という和訓が与えられたからといって、それが明治以降に出てきた皇統の男系絶対主義の補強材料には全然ならない!
胤
渡部氏はハンチントンを引いて「シナ文明から独立した一文明圏」である日本を誇っているのに、皇室を「シナ文明」に閉じ込めようとしているのだから情けない。
さらにその上、渡部氏はナチス・ドイツに表れた危険な優生思想に通じかねない説を唱え始める。
古代の皇室に「近親婚」が多かったことについて、こう語っているのには驚いた。
近親婚は健常でない子が生まれる確率が高くなるので現代では避けられていますが当時の皇室においては事情が違っていました。
まともな医学がなかった時代ですから、虚弱体質の子は育てるのが難しかったことでしょう。心身ともに丈夫な子だけが生き残り、子孫を残すことになります。
近親婚によって、こうした淘汰が何代にもわたって繰り返されると良くない遺伝子が排除されます。
そうなると、むしろ近親婚の方が優秀な遺伝子を残せるということがあったのではないでしょうか。聖徳太子はその典型と思われます。

な…なんじゃこりゃ〜〜〜〜!?
近親婚の方が優秀な遺伝子を残せる〜〜？
話にならん！
やっぱり男系絶対主義者ってカルトじゃないか！
「Y染色体」と言ったり、「男の種」と言ったり、男系絶対主義者は根本的に「男尊女卑」を主張してるだけなのだ！
「天皇」の称号も、「日本」の国号も、伊勢神宮の式年遷宮《しきねんせんぐう》も、大嘗祭《だいじょうさい》も、女帝の時代に成立したことを渡部氏は知らないのか？
「東の天皇、敬みて西の皇帝に白す」
渡部氏は、称徳天皇と道鏡の関係を強調してこう言う。
「詰まるところ我が国の女性天皇が担った役割は男性天皇への中継ぎでした」
そんな説は古代史の専門家の間ではとっくに否定されている。
この本を見る限り、渡部氏は男系論に都合よく、神話も歴史もひたすら手前勝手に解釈してるだけだ。
渡部氏の主張は以前から「男尊女卑」だと批判されているが、それに対してはこう言っている。
皇室は「種」を大切にし、万世一系の男系を貫いてきた。これを「男尊女卑の発想だ」と言う人がいるが、二千六百年余りの伝統を無視し、「男女平等思想」を皇室にまで押し付けるのは暴挙であろう。（160P）
繰り返すが「皇室は『種』を大切にし、万世一系の男系を貫いてきた」なんて話は、渡部氏が創作した「種と畑」の偽史にしかなく、皇室にそんな事実はない。

※これらの女系継承を、父が天皇だから男系というのは後付けの屁理屈である。男系絶対なら、父から息子へ継がせるはずだ。シナ男系主義では女帝が生まれること自体があり得ない。シナから導入された男系主義が、女帝が誕生した瞬間に崩れたのである！
そもそも「男は種で女は畑、種が大事で畑にはこだわらない」＝「精子が大事で卵子は何でもいい」という考えが、「男尊女卑の極み」でなければ、一体何だというのだ!?
女系天皇公認は、単なる「男女平等思想」の話ではない！
シナ男系主義が入ってくる以前の日本は母系も重視した双系社会であり、その伝統に従ってシナでは絶対にありえなかった女帝が登場しているという確固たる日本の歴史に基づいているのである！
推古天皇
（初めて「天皇」号使用）
持統天皇
（「日本」の国号成立）
（大嘗祭・式年遷宮）
皇極天皇
斉明天皇
（日本初の重祚《ちょうそ》）
母から子へ天智天皇への女系継承※
元明天皇
母から娘へ女系継承
元正天皇
孝謙天皇
称徳天皇
（重祚２例目）
この本で初めて知ったが、渡部氏は結婚するまで自分で着替えたことがなかったという。
長男なので「着替える！」と言えば祖母か母か姉が全て着替えさせてくれたそうだ。
まさに明治以来の男尊女卑社会の純粋培養で育ち、終戦時14歳。
その価値観で人格が固まったまま80の歳を迎えたわけだ。
渡部氏は家事を一切しないという。
わしも九州の風土で育ち、今でも台所に立つと叱られるから家事はしないが、着替えくらい幼児の時にできた。
それにしても渡部氏の家事に対する次の発言には圧倒的な違和感を覚える。
文科系の学者は、毎日、学校の研究室に行きません。自宅の書斎で仕事をします。だから家事に手を染めてしまうと、思想や読書の時間を削ることになります。それは、一種の汚職ですから、一切やらないことにしてカミさんに任せた。（179P）
汚職？

わしも自宅の書斎で仕事をし、家事一切を妻に任せているが、
「家事に時間を割くのは汚職と同じ」なんて決して言えない。
家事は生活を支える基盤であり、それを引き受けてもらっているから仕事に集中できると感謝している。
仕事場では男性スタッフ1名が食事を作るが、上手だから作るのであって、秘書みなぼんは作らない。感謝して食べて秘書業に集中する。
「所詮家事は卑しい仕事で、女にやらせておけばいい」という観念がなければ、「汚職」なんて台詞は間違っても出てこない。
「家事は下等」という観念を持っている点では、渡部昇一氏もウーマンリブ・フェミニズムの女も、同じなのだ。
専業主婦を馬鹿にする者たちは、「家事は下等」と思い込んでいるのだから！
ジェンダーフリー!!
JENDER FREE
女性を解放せよ!!
結局、渡部昇一という人は、明治典範で女帝を排除した根拠となった思想、
「男を尊び、女を卑むの慣習、人民の脳髄を支配する我国」
という感覚を持ったまま、21世紀を生きている
「男尊女卑のシーラカンス」なのである。
今や大多数の日本国民に、こんな意識はない。
他ならぬ皇室にそんな意識は全くないはずだ。
渡部氏は「側室」「人工授精」まで言及した挙げ句、やっぱり「旧宮家の復活」を言う。
しかし、その「旧宮家」が現在の天皇と600年も血が離れていることにすら触れず、
そもそも「復活」する人間がいないことも、
さらに、もし「復活」する者がいたとしてもそこに側室を置かなければ男系では続かないことにも触れない。
北朝
南朝

渡部氏は皇統に関する発言を控えてもらいたい。
渡部氏の近現代史の著書には『戦争論』以前、ずいぶん学ばせてもらった。
しかし皇統問題でこんなことを言い続けていては、せっかくの渡部氏の業績が疑われかねない。
わしは渡部氏には敬意を払いたい。
小堀桂一郎氏にも同様の感覚なのだが、やはり「保守＝男尊女卑」の感覚が根強い世代なのだろう。
そんな感覚では皇室の伝統を守れない。
かつて男系絶対を唱えていた保守系知識人の中でも、頭のいい人はすでに沈黙した。大原康男氏も、櫻井よしこ氏も、八木秀次氏も…その他の保守系知識人も、わしが集中的に皇統問題を描き始めて、みんな発声を控えてしまったではないか！
頭が良ければ、『ゴー宣』を読めば勝ち目はないとわかる！
むろん、わしだけのせいではあるまい。羽毛田長官が「女系容認」の皇室典範改正に着手したことに悪意がなかったことが、渡邉前侍従長の「女性宮家の創設だけでも」の発言によって裏付けられたからであり、天皇陛下のご真意を拝察したのだろう。
頭の悪い連中だけがいまだに騒いでいるが、せいぜいわしの理路整然とした女系公認論を「近代合理主義だ！」と見当違いの批判をするしかなくなっている。
では、もう一度、民間人を妃に迎えず、皇族同士の結婚に戻すか？
側室制度を復活するか？
近親婚も認めるか？
伝統と原理主義は違うのだ！

シナ男系主義、その男尊女卑思想は朝鮮半島にも色濃く残る。我が日本にも長くその呪縛は残ったが、元々の日本は母系、双系の国柄。日本はシナ・朝鮮とは違う！崩れかかったシナ思想を今こそ一掃しよう！

伝統とは日本人のアイデンティティーや智恵を、時代に即して保っていくバランス感覚のことである。
日本人の魂(エートス)が継承されていけばよいのだ。
田中先生が、「もう議論の勝負はついてる。小林さんは敵を作りすぎるから、そろそろ落とし所を考えた方がいいね」と仰ってたよ。
う〜〜〜〜ん。沈黙した頭のいい知識人には、武士の情けでいいんだけど、
できれば間違いを認める勇気が見たかったよなあ。
それにまだ描かねばならない論点があるんだ。
わしは最初に、これだけの論点があると列挙して、調べながら一つ一つ描いている。
全ての論点について考え、読者に問題点を伝えたいと思う。
ごーまんかましてよかですか？
これは日本の国体を救う本になるだろう。
もちろん、わしが学んだ多くの学者・研究者への感謝も込めた本である。
そして皇室の弥栄《いやさか》を願う心をなるべく多くの国民に育ててもらうための出発点となるだろう。

ゴーマニズム宣言
SPECIAL

第34章 論争のルールを問い始めたら敗北!

「Y染色体=男系天皇」というトンデモ説を流布させて、保守論壇を男系固執一色にしてしまった張本人・八木秀次が、『正論』2010年11月号のコラムでこう表明した。
Y
一部に私が論争に加わらないことを小林氏の主張に納得しているからだとか、反論ができないからだと見る向きもあると聞くが、そうではない。論争は新田氏にお任せしているからであり、新田氏の主張はお任せするに値するものだと思っているからだ。その辺りを誤解しないようにしてもらいたい。
論争における落とし穴
高崎経済大学教授 八木秀次
ずつるいな〜〜〜っ。
「お任せ」だって!
まさにこれが八木秀次!
小心で姑息なずる!

富岡幸一郎が一水会の新聞「レコンキスタ」にわしを批判してこう書いている。「女系批判をされている方々は、別に男子直系の一辺倒ではなく、様々な議論をされているのですが、どうも小林さんはそれを取り違えている様に思います。」これって何言ってるのですか？

しかし、八木秀次なら書かせると『SAPIO』編集部は言ってるのに、なぜ書かないのだろうか？
若い読者が恐いのか？
なぜ高齢化した部数も少ない『正論』で、弁解なんかしてるのだ？
たとえ「公」のための論争といえども、泥まみれになって戦わねばならぬ局面はある。
その際は、ありとあらゆる批判・中傷・人格攻撃を受けるが、やむを得ない。
論争の中で冷静に論点出し合って、了解できたら納得し合おうという態度そのものが相手に欠けていて、メンツを守るためだけに戦っているという場合が圧倒的に多いのが実情なのだ。
オウム論争
教科書論争
慰安婦論争
イラク戦争の大義論争
皇位継承問題でも、男系派は「側室なしでは、男系継承は続かない」という、どうにもならない真理から必死で目を逸らし、意地でも理解しない。
皇族志願者発表 この４人だ！
「旧宮家子孫を４人も皇籍取得させて、女性皇族方と結婚させるのは不可能」という常識も認めようとしない。
「その旧宮家子孫を出せ」と言っても、探しもしない。
あまりに非常識で、「公」の論争になってないから、口調も激しくなるのだろう。
ヘタレのおぼっちゃま八木は、そういう激しい論争する度胸はない。
お任せ
「手を汚し、傷つく論争は運動家の新田にお任せ」という姑息な手口に出た。
自分で火をつけて、火消しが来たら、自分の犬をけしかけるのが八木秀次なのだ。

男系派が「男子直系の一辺倒」を唱えている？誰がそんな変なこと言ってるのだ？「男子直系」って、「直系男子」のことか？ならば皇太子殿下で終わりだな。男系派の「直系男子の一辺倒ではない様々な議論」って何だ？富岡幸一郎は一体何を言ってるのだ？
「新しい歴史教科書をつくる会」を大きく分裂させたのも、新田に担がれて何一つ決断力を示せないヘタレな八木のせいだということは、多くの人から聞いている。
わしはとうとう、その話を信じるに至った。
例の小林よしのり氏との皇位継承論争で新田均氏は終始冷静さを保ち続けている。
小林氏の大物量のしかも漫画によるイメージ操作での非難にも感情的にならず、終始学問的に反論している。
私は皇位継承問題では男系継承の意義をいち早く唱えた者で、その意味では小林氏との論争に加わっていい者だが、新田氏の主張の仕方や内容を安心して見ており、現在のところ論争に加わる必要を感じていない。
論争における落とし穴
八木秀次
Cross Line
ほお～～～お、新田均が「終始学問的に反論している」ってか！
そしてわしに対するこの「大物量のしかも漫画によるイメージ操作での非難」というレッテル貼り！
強弁にすぎぬ「物語」に読者を誘い込む仕掛けの巧みさ
「小林よしのり」というメディア
図像としての『戦争論』
『戦争論』の手法
漫画というメディア――プロパガンダ手段としての活用
以上のような内容をどのような手法で
映画とか、ドラマとか、
何度も何度も左翼からなされた手口と同じだ！
わしは『ゴー宣』を描いて18年、誰を批判しようが、その表現方法は基本的に何も変わってはいない。
権威よ死ね!!
わしが部落差別や薬害エイズ問題を描いていたころは、左翼やリベラルが寄ってきて、ちやほや褒めあげてきた。

男系派が今唱えているのは「傍系男子一辺倒」だぞ！悠仁様からの旧宮家子孫という「今上陛下から血筋が600年も離れている大傍系へ」というのが、男系派の主張だぞ。男系派は「男子直系」なんか唱えてないし、わしだってそんな説、唱えてない！わしは「直系なら男子も女子も可」と言ってるんだからな。

ところが『脱正義論』で市民運動を批判し、慰安婦論争、さらに『戦争論』でわしを褒めていた祖父の世代を肯定すると同じ人が「漫画でイメージ操作して誹謗中傷するのは卑怯だ」「論争のルール違反だ」と言い出した！
脱正義論
戦争論
左翼運動家から「名誉毀損」で訴えられ、なんと最高裁まで行って、自ら弁論をする体験まで得た。
わしは、ーー やはりここは厳粛な話し方をせねばならぬのかな？
そして逆転勝訴したのである。
小林さん逆転勝訴
著作権侵害」は論評
漫画の「ドロボー」表現は
小林よしのり氏勝訴
あの左翼らと全く同じ手口を、八木秀次が使ってきた！
論争で追い込まれると、必ず論争のルールを問い始める。
そして「大量に売れている」ことを問題にし、「商売で描いている」などとイメージ操作し、
さらには「漫画によるイメージ操作はずるい」という泣きごとに行き着いてしまうのだ！
¥
八木も、そして渡部昇一氏も同じ。いや、これは左右を問わず、敗北一歩前の人間の心理なのだろう。
ザザァァン！
小林さんには、これからもますます活躍してもらいたいと思う。とくに小林さんの場合は、視覚メディアを駆使できるという才能をお持ちなので羨ましい。
これはわしとの対談本で書いていた渡部昇一氏の文章である。

富岡幸一郎は問題の所存が全くわかってない。国体の危機に全然関心がないくせに、男系固執の「世間（コネ）」に絡めとられて「アンチ小林よしのり」になっただけ。狭い狭い「世間」がそんなに大切かね？思想ゲームで現実の危機から逃げてる場合じゃないぞ！
だが、いざその批判が自分に向くとこう言い出す。（『WiLL』2010年11月号）
「こういう思い上がった人を英語でエゴマニアックといいます。もう少し症状が嵩ずると、もっと怖い病名がつきます」
「ピューマに対してスカンクが臭液を放ったようなもの」
「小林さんの臭画あるいは醜画を避けたとしても、小林さんに負けたわけではない」
ピューマに対してスカンクが臭
液を放ったようなものではないでし
ピューマがスカンクから離れて行
っても、スカンクに負けたわけでは
ないでしょう。小林さんの臭画ある
いは醜画を避けたとしても、小林さ
んに負けたわけではないことを小林
さんは知るべきでありましょう。
こういう思い上がった人を英語
ではエゴマニアックと言います。も
う少し症状が嵩ずると、もっとこわ
い名がつきます。
しかしこんな幼稚な悪口を次々に書かれても、何の痛痒も感じないということが、わからないのだろうか？
逆に、そんなにわしの批判が効いたのかと、申し訳ない気持ちになってしまう。
左翼を批判した絵は「羨ましい視覚メディア」。
自分を批判した絵は「臭画あるいは醜画」。
なんというわかりやすい思考パターンか！
じゃ、ちょっと意地悪な指摘をしておくが、渡部氏は「神宮皇學館大学」から「神道の講座」担当の依頼を受けたから、自分は「しろうと」じゃないと言いたいらしい。
十年前、私が上智大学を停年にな
る少し前に、神宮皇學館大学から二
人の方が見えられて、神道の講座を
担当してくれないかという有り難い
まず「皇學館大学」に「神宮」は付かない。
その皇學館に確認したのだが、「神道専門の教授として渡部氏を招くとは考えられない」ということだった。
武烈天皇の姉妹は「記紀」共に6人と書いてあるのに、「少なくとも3人の姉妹」なんて書くレベルの人を「神道の講座」担当にするわけないよ！「しろうと」じゃないか！
皇后とされた。——春日大娘皇女
生まれた方である——。一男六女を産まれ
第三を手白香皇女《たしらかのひめみこ》、第四を樟氷皇女《くすひのひめみこ》、第五
（武烈天皇）という。天下を治められるようになって、
次に和珥臣日爪《わにのおみひつめ》の女の糠君娘《あらきみのいらつめ》が一女を生
また丸邇《わに》の日爪臣《ひつまのおみ》の女
この天皇の御子《すめらみこと》、幷《あは》せて七柱。
この中に小長谷若雀命《をはつせのわかささきのみこと》は、天《あめ》の下治《し》らしめ
こんな風に、論敵の批判は、事実確認に基づいてやらなきゃ相手のダメージにはならないよ。
さて、次ページには八木秀次が「お任せ」した新田均という男が「冷静で学問的」と言えるのかどうか……？
一般読者に審判してもらおうじゃないか！

「やっぱりわしの判断だけが正しいという『わし真理教』なのか」
「自分が崇める教祖(高森明勅氏を指す)の書いたものくらい読みなさい！」
「背骨折れてますけど軽症ですと言ってるようなもの」
「これこそまさに、マンガ！」
(チャンネル桜2010年4月15日放送)
「暴走して横転して、天皇陛下が悲しんでおられるというのは、小林さんのことじゃないのかな」
「この変節は本当に私としても正気の沙汰とは到底思えない」
「公の心の大切さを語る人がそれでいいのかなァ、商売優先でいいのかなァ」
「小林さんの周りはですね、イエスマンとかイエスウーマンしか残らないんじゃないかと」
「よしりん企画そのものが(中略)サティアン化してるんじゃないかなァと、すごく心配になります」(5月20日放送)
「スタッフの力不足は深刻で、彼らが応援すればするほど小林さんの矛盾点が拡大してしまうという状態で、言ってみると弱い味方は敵より怖い。愚かな仲間は敵より危険と、こういう状況になっているんだと思います」
「記憶喪失になったと考えないと理解できないような、倫理的破綻をきたした記述もあるわけですね」
「せめて商売人としての倫理は守ってほしいというのが私の考えで、(中略)欠陥商品は自主的に回収して、修理して、購入者に無料で再配布してほしい」
「売れればいいという考え方は改めてほしい」(7月8日放送)
「こうもおっしゃっています。『わしは勝ち負けよりも真理に忠実でありたい』まあこれも本心ではなくて、読者を欺くための一つのペテンなのかなあと私は思わざるを得ない」(8月12日放送)
「現在の小林さんはゴーマニストと言うよりもですね、権威にコビリスト、大家にタヨリスト、文献はつまみ食いリスト、聞きかじリスト、というような感じになっちゃってる」(9月9日放送)
「もうホント気ィ狂ってんだから仕方ないよっつって相手にしない。大原さんや櫻井さんや八木さんね、もうちょっとはっきり言った方がいいよと私言ったんだけどね、『いやもう言ったってしょうがないですから』というようなニュアンスだからね、別に黙ってるからね、ギャーギャー騒いで大きい声出せば小林さんはみんなに自分が正しいこと伝えられると思うけど、そうじゃないって。分かってる人はみんなもう、まあ、冷やかな冷笑を浮かべてね。またウソをついてるわと思ってるだけなんですよ」(9月9日放送)
「これ学問上の弟子がやったら師匠から破門されても仕方のないようなことだと思いますし、苦しい言い訳もここまで来るとちょっと詐欺に近いかなと、ま、ホントにゴー宣読者をなめんなよと言いたいですね」
「小林さんスカンク扱いされちゃってるんですけど、比喩が的確なだけに、まあ小林ファンとしては非常につらい感じがしますけどね」
「議論の過程で小林さんがどんどん劣化してしまうってことが、ファンだった人間としてはとても残念だという感じがします」(9月30日放送)

しかし保守論壇村の奴らは「陰口」と「嫉妬」が好きだよな。あちこちで"小林よしのりを村八分にせよという「陰口」が流行している。富岡は右翼・民族派団体にも、その「陰口」を拡げたかったか!?まあ、勝手にやってろ。わしは村はずれから公民と共に村を包囲してみせるよ。
膨大な罵詈雑言のほんの一部を紹介した。
一か所だけはさんでるように、実際は新田の言葉に司会がたたみ掛けて悪態をつくから、もっと下品ですごい!
これを八木秀次は「新田均氏は終始冷静さを保ち続けている」「終始学問的に反論している」「新田氏の主張の仕方や内容を安心して見ており」と評すのだから、あきれたものだ。
八木の文章こそが「イメージ操作」ではないか!
おまかせ
論争なんてものは相手を罵倒して溜飲を下げても仕方がない。
だからと言って論争のルールやマナーを批判してもやはり仕方がない。
漫画だからイメージ操作できる。
大物量で描くからダメだ。
商売になる言論だからダメ。
そんなものは全部負けおしみだろう。
ぼくちん、論争は礼儀正しくやるものだと思うの。
ほら、このように新田均は礼儀正しいから安心さ!
だからお任せ!
全く八木秀次ってヘタレで姑息でズルイ小者だ!
このようにわしが八木を戯画化し、悪罵を書いたら、「それは単なる悪口ではないか」と反感を持つ読者もいるのかもしれない。
だが逆に「まさに八木を見事に戯画化し、悪罵も本質を突いている」と評価する読者だっているのである。
どう描こうとどこかに必ず正しく判定する読者はいる!
嫌われる悪罵は当然あるが、
納得してくれる悪罵だってあるのだと、わしは思っている!
そうでなければわしは、とっくに読者から見放されているはずだ。

八木秀次のように、論争を避けて、「漫画によるイメージ操作」などと言い出し、論争のルールを問い始めるのは、敗北宣言に等しい。
八木はもう皇位を男系で継承する有効な方法を国民の前に示し、納得させる自信はないのだ！
600年離れた旧宮家系男子4人を出せない!!
しょせん側室なしで続かない!!
Y染色体説崩壊！
国民が納得しない
お任せ！お任せ〜〜〜っ！
わしはこうして膨大なエネルギーを費やして描き続け、体系立てた一書を完成させた。
新天皇論
男系派も『女系容認は皇統断絶』というタイトルで本を出せばいいと思うぞ。
保守論壇村の中の何％かは買ってくれるさ。
八木や男系固執派に言っておく。
皇室を支えるのは国民なんだ！
決してタコ壺化・老齢化の激しい保守論壇村ではないんだぞ！
ごーまんかましてよかですか？
国語力のある読書家ならば、必ずわかってくれるはずだ！
論争に勝っても皇統が続かなければ何の意味もない。敗北だ！
八木はわしの「大物量」を恐れているようだが、本当に伝えたいことがあれば、机にかじりついてぶっ倒れるまで描いてもいいと思えるもんだ。
八木にはそんな情熱も本気もない！
新天皇論
小林よしのり
わしにお任せ！

第35章 渡部昇一氏への最終回答

『WiLL』平成22年7月号において渡部昇一氏が『小林よしのり氏への公開質問状』を掲載、わしは8月号で『渡部昇一氏への回答』（第29章）を発表しました。渡部氏はその内容を不服として、10月号に『公開質問状2』を書かれましたが、わしは再回答しませんでした。それは、黙殺するのが「武士の情け」だと思ったからです。だが残念ながらその情は通じなかったようで、11月号には『公開質問状3』が載りました。そこで、不本意ながら渡部氏への「最終回答」を書くこととします。

渡部氏からの質問は以下の4項目と、『質問状3』で追加された2項目です。

（1）明治の皇室典範及びその義解についてどうお考えか。
　a　極めて重要で今でも重視すべきである
　b　今となっては考慮するに値しない
　c　右の二つとは違う考え方（もしあれば）

（2）小林さんは「今上天皇は女系天皇に御賛成だ」という御見解のようですが、その陛下の御意見の出所をどこに置いておられるか確認させて下さい。
（3）神武天皇以来、今上天皇に至るまで女系天皇だと小林さんが認められる天皇はどなたですか。
（4）女系天皇に反対の立場の人を、小林さんは「カルト集団」のようだと言っておられます。私の尊敬する小田村先生（四郎元拓殖大学総長）も小堀先生（桂一郎東大名誉教授）もカルト集団の一員ということになります。小林さんの「カルト」の意味は、もとの英語の使い方とは違うユニークなものだと思いますので、是非、その定義を聞かせて下さい。

渡部氏は、わしがこの4つの質問から逃げていると繰り返し詰《なじ》っておられるが、そもそもこの答えは、既に『WiLL』

誌の「本家ゴーマニズム宣言」および『SAPIO』誌の「ゴーマニズム宣言・天皇論追撃篇」で描いております。
(1)『WiLL』平成22年9月号P197(『本家ゴーマニズム宣言』P193)
(2)『WiLL』平成22年5月号P195〜202(本書P151〜158)
(3)『WiLL』平成22年5月号P202(本書P158)
さらに詳しくは『SAPIO』平成22年6月23日号P65〜66(本書P309〜310)
(4)『WiLL』平成22年9月号P193〜200(『本家ゴーマニズム宣言』P189〜196)

『WiLL』だけでも全ての質問に答えていますし、「カルト」の定義に至っては『WiLL』平成22年8月号の回答で答えています(第29章)。渡部氏には、せめてご自身が公開質問状を出された『WiLL』の掲載記事ぐらいは読んでいただきたいのですが、もうそんな「知的誠実」も期待できそうにありませんので、二度手間ですが、補足も交えつつ改めて回答してあげます。

(1)明治の皇室典範およびその義解について

abcのいずれかで答えよと言うのなら、cです。

元来、皇位継承制度は「不文法」であり、その時代ごとの事情により、かなり柔軟に運用されていました。それを史上初めて成文化したのが明治の皇室典範です。しかしこれは、当時の近代化政策のために西欧の法律の影響を多分に受けており、本来の皇室の慣習との間に齟齬《そご》が生じた部分もあります。よって明治典範は「考慮に値しない」とまでは言いませんが、金科玉条にするほどでもありません。より尊重すべきなのは、明治よりずっと遡る皇室の慣習法です。

典範義解については、枢密院の議論も経ているとはいえ、あくまでも半官半民の注釈書という位置づけに止まり、現に公刊の際には伊藤博文の私著という形式にしています。最大限に評価しても「政府見解」程度のものです。

重視すべきなのは明治典範でも典範義解でもなく、2000年来の皇室の慣習法です。そして、皇室の慣習を誰よりも熟知しておられるのは天皇陛下です。つまり、重視すべきものは天皇陛下のご意思だけなのです。

(2)今上陛下の御意見の出所について

前項の通り、皇位継承問題に関して重要なのは天皇陛下のご意思のみです。それゆえに明治典範は天皇陛下のご一存で、議会の承認を必要とせずに改正できました。

ところが占領憲法により、皇室典範は憲法の下の一法律とされ、その改正は国会案件となり、天皇陛下がこれに意見することは「憲法違反」になってしまいました。これが異常極まりない事態であることは、言うまでもありません。よって、法律上は陛下による直接のご発言が不可能でも、何らかの非公式な方法で、陛下のご意向を知ることは必要不可欠です。そして、そのための数少ないチャンネルが陛下の側近の発言です。そして今上陛下に長く仕え、特に信任が厚いと言われる羽毛田宮内庁長官や、渡邉前侍従長が、「私見」とは言っても、陛下のご意思を全く無視して皇室典範改正、まして「女性宮家創設」にまで踏み込んだ発言を行なうとは決して考えられません。

男系論者は「憲法上、陛下は意見を仰らないからご意思はわかりようがない」という言い方をしますが、これは現憲法の異常な規定を盾に、天皇陛下のご意思を蔑《ないがし》ろにしているのであり、一貫して現憲法の無効を主張してこられた渡部氏が、まさかこんな論調に賛同はなさらないでしょう。必死で耳を澄まし、陛下のご意思を拝察する。これが国民の務めだと考えます。

(3)女系天皇について

これは追加質問（6）と重複するので、まとめてお答えします。

（6）本誌[*1]十月号一九三ページに、女系継承の例として、推古天皇以下の女帝をあげておられる。女性天皇と女系天皇を私たちはわけて考えております。小林さんはその区別を立てておられないようですが、「女性の天皇はすべて女系天皇だった」と主張されていると考えてよいか。

＊1―『ＷｉＬＬ』平成22年10月号（本書Ｐ343。註わし、以下同）

この（6）にはもう渡部氏は「読解力」を完全に失ったと判断せざるを得ません。ご指摘の箇所は、推古帝以下6人8代の古代女帝を並べて「シナでは絶対にありえなかった女帝が登場していると示しただけであり、全てを「女系継承の例」として挙げたのではありません。

わしはその上で、斉明天皇のところに「母から子へ天智天皇への女系継承」、元明天皇・元正天皇のところに「母から娘へ女系継承」と書きました。「女系継承」と考えられるのはこの2例です。これを「男系継承」と解釈するのは後付けの理屈であり、当時はあくまでも母から子への継承と考えられていました。後付けの理屈で歴史を解釈するのは、戦勝国の価値観で「日本はアジアを侵略した」と言うのと同じことであり、慎むべきです。

ついでに、ここで追加質問の（5）も答えておきます。

（5）小林さんは「愛子皇太子が誕生した時、それを国民は熱烈に支持し、皇統の安定が約束され、国体はさらに強固になるだろう」（九月号二〇〇ページ[*2]）と書いておられるが、秋篠宮家の親王殿下は、皇位継承の順序において、愛子様より下ると断定してよいか。

＊2―『ＷｉＬＬ』平成22年9月号（本家ゴーマニズム宣言』Ｐ196）

わしが尊重するのは「男系」よりも「直系」ですから、「傍系男子」の悠仁さまよりも「直系女子」の愛子さまの方が上となります。またそれが日本本来の文化とも、現在の国民感情とも合致すると考えます。今や「男尊女卑」の古き陋習《ろうしゅう》に囚われている者はごく一部です。一般庶民で「男系だから皇室を尊敬する」なんて人は、まずいません。皇室が尊敬される根拠は昔も今も「男系」ではなく「直系の血筋」です。

⑷「カルト」の定義について

手元の『広辞苑』で「カルト」を引けば

①崇拝。特に狂信的な崇拝。「――集団」
②少数の人々の熱狂的支持。

とあります。『パーソナルカタカナ語辞典』では

①一般の常識では理解できない信仰・儀礼をもった宗教集団
②一部の熱狂的なファンの支持を得る個性的な映画・小説など

となっています。わしが使っている「カルト」の定義はこの①です。別にユニークでも独自でもない。ごく一般的な辞書に載っている日本語としての意味です。一般常識では理解できない、絶対不可能なことを可能だと狂信する者をわしは「カルト」と呼んでいます。

男系継承を強硬に主張する人々がカルトか否か。まさにそれを判別するために用意した質問が、わしが『回答』で提示した3点なのです。

①皇籍取得してもいいという旧宮家子孫は実在するのか？
②旧宮家子孫の皇籍取得を国民が認めるか？
③側室なしで男系継承が続くか？

この3点のうち1点でも「NO」なら男系継承は不可能。ましてこれは3点とも「NO」なのです。それでも男系継承が可能だと狂信するのなら、それは紛れもなく「カルト」です。

渡部氏は、自分たちがカルトでないというならば、右の3つの質問全てに「YES」と答え、それを実証しなければなりません。ところが渡部氏は『質問状2』で「これには私は答えません」と逃げました。自分はカルトだと認めたのも同然です。

しかもその「逃げ」の口実が卑劣としか言いようがありません。わしが『質問状2』を「武士の情け」で黙殺したのは、これに答えると渡部氏の卑劣さを暴かざるを得なくなるからだったのですが、もう仕方がありません。

渡部氏は、わしが「男系継承では続かない」と議論すること自体、悠仁さまに男子ができない等の不幸な事態を想定しており、「不敬である」という理由で回答を拒否しました。

これは大東亜戦争末期、日本敗戦の可能性を議論することさえ「非国民」と罵って禁じた者と全く同じ思考です。最悪の事態を考え、それに対処するのが責任ある者の務めでしょうに、渡部氏は「最悪の事態を考えるなんて、縁起でもない！」と思考停止する。つまり「何が何でも本土決戦だ！　必ず神風が吹く！」と言っているだけなのです。

あの時本土決戦をしても、決して神風は吹かなかったでしょう。国体は護持されず、今頃「日本」という国はなくなっていたはずです。今度も神風は吹きません。悠仁さまに必ず男子ができ、その後も一夫一婦制で必ず男子が生まれ続けるなんて神風は絶対に吹きません。

本土決戦を唱えた者も、渡部昇一氏も、自分では愛国者の

つもりで、日本を破滅に追い込もうとしているのです。
そもそも、皇室の万一の不幸を想定して対策を考えることが「不敬」であり、議論もしてはいけないというのなら、「元号法」制定のために運動した人々も「不敬」だったのでしょうか？
敗戦時に「元号」を制定する法的根拠が消滅、そのまま天皇が崩御したら「昭和」を最後に元号が制定できない状態のまま年月が経過していました。一刻も早く「元号法」を制定する必要があったのに、これも天皇の崩御という不幸を想定した問題なので「不敬」と言い出す者がいて、なかなか議論にならなかったのです。だがこの頃の保守は「今上天皇百年の後の問題だ」などとごまかすエセ愛国者ばかりではなく、元号法制化のために多くの人たちが動きました。中には大東塾創始者、影山正治氏のようにこれを生涯最後の活動と定め、元号法成立を目前にして割腹自決を遂げた人までいたのです。
渡部さん、あなたは影山氏をはじめ、元号法のために運動した人々は「不敬」だったとお考えですか？これも質問として追加します。答えて下さい。
渡部氏はわしの質問から逃げるために「不敬」と言い、「名誉棄損」もちらつかせました。「不敬」は右翼が、「名誉棄損」は左翼が、それぞれ言論封殺に使う言葉です。左右両方の言論封殺用語を駆使して論争から逃亡しようという醜態は、もう哀れとしか言いようがありません。
以上で渡部氏の質問には全て答えましたが、『質問状3』には他にもわしへの批判や反論が書かれていますので、これも答えなければなりません。
渡部氏は、6世紀初めの武烈天皇から継体天皇への皇位継承について「武烈天皇には少なくとも三人の姉妹がおられた。その女性になぜ皇位を渡さずに、五世も傍系をさかのぼって男子を探さなければならなかったのか。その理由を北畠親房《きたばたけちかふさ》は明記している。すなわち『皇胤《こういん》なき』ためであると」とした上で、この「胤」はタネ、すなわち「男系」に他ならないと主張されています。
この渡部氏の反論、やはり皇室問題の「しろうと」らしく何重にも間違っているので何から手をつければいいのか途方に暮れてしまいますが、順に説明していきましょう。
第一に、渡部氏は武烈天皇の姉妹を「少なくとも三人」と書いておられる。何で三人などと書くのかわかりませんが、実は武烈天皇の姉妹は六人です。姉五人に妹一人。『古事記』にも『日本書紀』にも明確に書いてあります。一体なぜ「少なくとも三人」などと書いたのですか？
第二に、武烈天皇の姉妹は仁賢天皇の皇女ですから、「男系女子」です。仮に渡部氏が言うように「胤」が「男系」を示すとしても、その中には武烈天皇の姉妹は当然含まれるはずです。
武烈天皇の姉妹は、男系・女系に関係なく、女子だから皇位を継げなかったのです。なぜか。その理由はまさに「シナ男系主義の影響」です。
3世紀頃の日本には、卑弥呼や神功皇后に見られるように、女王や女帝の存在は珍しくありませんでした（神功皇后は『風土記』などには「天皇」として記されており、『日本書紀』編纂の時点で天皇から外されたと見られています）。

ところが5世紀頃にはシナ文明の影響が非常に強くなります。雄略天皇など「倭の五王」が讃・珍・済・興・武というシナ風の名を持っていたのはその典型です。そのため、この時代には女帝を立てることができなかったのです。

しかしそれでも、日本では女系を重視する習慣が残りました。継体天皇は武烈天皇の姉である手白髪皇女《たしらかのひめみこ》を皇后として、いわば「入り婿」になることで、ようやく皇位に就くことを認められたのです。

このような下地があったからこそ、6世紀末、シナ文明圏からの離脱が強く意識された時代に推古女帝が誕生し、その女帝の御代に「天皇」の称号が成立したのです。男系継承に固執するのはシナ文明への隷属に等しく、そのような人に「シナから独立した日本文明」を誇る資格はありません。

第三に、ここで北畠親房が書いた「皇胤なき」とは、兄弟姉妹ではなく親子を正統とする「直系正統」論に基づき、「武烈天皇に子がない」ことを指したものです。武烈天皇にはひとりも子供がいなかったから、男女の別は関係なく「皇胤なき」状態だったのです。

第四に、『日本書紀』の継体天皇条に、次のように書かれています。

「武烈天皇は五十七歳で、八年冬十二月八日におかくれになった。もとより男子も女子もなく、跡嗣が絶えてしまうところであった」（講談社学術文庫・宇治谷孟訳／傍線わし）

男子しか跡嗣になれないのであれば、「もとより男子なく」と書けば済むはずなのに、「男子も女子もなく」と書いています。これは、せめて女子一人でもいれば、女系でつなぐこともあり得たという記述と推察されます。

第五に、渡部氏は「胤という字がタネであることには間違いない」と強調しておられるが、渡部氏はどうやら「たね」という訓に「血筋。血統。子孫」という意味があることをご存じないらしい。どんな古語辞典にも書いてあるから、一度くらい引いてみて下さい。渡部氏も以前書かれていたとおり、「血統」ならば「血は父系も母系も同じになる」のです。

もっと詳しく言うと、「胤」は「つぐ」が本来の意味であり、最古の部首別漢字字典である『説文解字』に「子孫相承続也」とあり、この点から「よつぎ」の意となり、さらに「たね、血すじ、すえ」等の意味にも解されるようになったものです。従って「皇胤」は「天子の子孫」つまり「皇裔」と同じ意味であり、本来男女の区別自体は問題とはならないのです。

たった10行程度の記述でこれだけ重ねて間違っているのだから、いくら「皇學館大学（渡部氏は『神宮皇學館大学』と書いているが、誤りです）から神道の講座を依頼されたことがある」と自慢されても、何の説得力もありません。渡部昇一さん、あなたは間違いなく皇室問題では「しろうと」です。

なお皇學館大学からの「神道の講座」の依頼の件も、皇學館の関係者が当時の神道学科教授に確かめて下さいました。それによると、神道学科としては必修科目の「宗教学」の後任を探していたが、「渡部昇一氏の推薦あり」という話は初耳で驚いています」とのこと。常識的に考えても、「宗教学」なら神道以外にもキリスト教、仏教その他の概説を教えるので、博学な渡部氏には適任かもしれないが、神道専門の教授として、実績のない渡部氏を招くことは考えられないそうです。渡部氏は一体、どの学科の何の講座の依頼を受けたのか。何らかの勘違いが生じている模様ですが、少なくとも皇學館大学が渡部氏の神道の知識に「お墨付き」を与えたという話にはなりそうにありません。

また渡部氏は、櫻井よしこ氏らが皇統論を語らなくなった理由は、わしの批判で論破されたからではなく、悠仁さまのご誕生で「みんなホッとして、議論しなくなっただけ」と書いておられるが、これは実に悪質な嘘八百です。櫻井よしこ氏と大原康男氏は平成21年、その名も『皇位継承の危機いまだ去らず』という共著を出版し、「皇太子殿下、秋篠宮殿下の次世代を担う男系の男子は、現在、悠仁親王殿下お一人。決して皇統の危機が解決された訳ではないのが現状です」と訴えていました。ところが翌平成22年、その著書および出版記念のシンポジウムをわしが批判したら、反論もせず、危機は依然続いているのに皇統問題に関する発言を一切しなくなってしまったのです。これはなぜでしょう?

悠仁さまのご誕生で皇位継承の危機が去ったわけではないという認識は、男系・女系の意見の相違を超え、ほぼ全員の論者に共通していたはずです。ところが渡部氏は、悠仁さまの誕生でホッとして議論しなくなったといいます。最初から、皇位継承問題など真面目に考えていなかったのでしょう。

そう言えば渡部氏は『質問状2』で、わしの3つの質問から逃げる言い訳に、「皇統に関してはその質問は本質に関係ない」と言っていましたが、あの3つの質問こそ、答えが「YES」でない限り男系継承は不可能で、男系にこだわれば皇統は断絶するという、まさに皇統に直接関わる質問です。それを「本質に関係ない」と思えるのだから、やはりもともと本気で皇統の行く末など心配していないということでしょう。

その他に『質問状3』に書かれていることは、もう議論にも値しません。『WiLL』平成22年10月号の「本家ゴーマニズム宣言」でわしが描いた批判にも、まともに答えようとしていません。かつて大学のタテカンや朝日新聞の記事に何を書かれたか知りませんが、だからといって「近親婚の方が優秀な遺伝子を残せるということがあったのではないでしょうか」という渡部氏の意見が、ナチス・ドイツの優生思想に通じかねないトンデモ説であるという事実は何も変わりませんよ。ナチスに並べられるのが不快なら、「ルーズベルトの優生思想に通じかねない」と言い換えてもかまいませんが。

ところで渡部氏は『質問状3』で、わしの「現時点の思想を確認」したいと繰り返しておられるが、これは不可解な話です。なぜならこの問題には、わしや渡部氏自身の「思想」など関係ないからです。

わしの「思想」など、どう評価されてもかまいません。それで皇統が永遠に安泰になるのなら。

極端な話、渡部氏が『質問状3』で書いたわしへの評価、わしには単なる誹謗中傷としか思えませんが、それを全部認めたっていいのです。わしは30年以上前の左翼学生の残党に入れ知恵された「ゾンビ」で、「天皇や皇室のことに突然目覚めて商売のタネにする」人間で、「エゴマニアック」で、「もう少し症状が嵩ずると、もっとこわい病名がつ」き、その言論は「ピューマに対してスカンクが臭液を放ったようなもの」で、描いているのは漫画ではなく「臭画あるいは醜画」だと。で、こうして渡部氏の評価を全て受け入れたなら、皇統は安泰になるのですか？

未来永劫、一夫一婦制で必ず男子が生まれるようになるのですか？

わしが守りたいのは自分の面子なんかじゃありません。皇統を守りたいのです。男系継承を固守して、それでも確実に皇統が続くという具体策があるのなら、ぜひ教えて下さい。それさえあれば、わしは「男系固執はカルトだ」という発言を直ちに撤回し、謝罪します。それだけのことです。渡部氏はわしの思想の分析なんかしなくていい。やるべきことは、男系継承を千代に八千代に可能にする具体策を示すことだけです。「皇統の上からは、もっと別の道もあるとし、またあったとだけ言っておきましょう」などと勿体つけず、今すぐそれを提示して下さい。

渡部氏の『質問状3』の後半部分は、ほとんど渡部氏の「自慢話」で埋め尽くされています。よく恥ずかしげもなく、と思いますが、今とは比べものにならないほど左翼が強かった時代に孤軍奮闘してこられた渡部氏の業績には、わしは今でも敬意を感じています。だからこそ晩節を汚してほしくはなかったし、そのために『質問状2』への回答を控えたのですが……残念です。

それにしても、5歳頃から尊皇心を身につけ、中学で『神皇正統記』を学び、占領下に『古事記』の講義を受けて皆出席し、歴史を喪失した戦後の日本人を啓発し続けてきたほどのお方が最晩年に到達したのが、皇統を断絶に追い込むカルト信仰だとは、人生とはなんと皮肉で残酷なものなのでしょうか、嗚呼！

なお、これは「最終回答」です。渡部氏がわしの3つの質問に有効な回答をして、安定的男系継承の具体策を示し、よほど建設的な議論ができない限り、今後渡部氏が何を言おうと一切対応するつもりはありません。わしは歴史を受け継ぎ、現在と未来の日本のために描きたいのです。皇統の弥栄《いやさか》よりも自分の面子を重んじ、過去の栄光にしがみつくだけの人間を相手にしている暇はありません。形骸は、断ずるのみです。

小林よしのり

渡部昇一様

ゴーマニズム宣言
SPECIAL
第36章
皇統を守る
国会議員はいるか

しかし政治家の中で本気で皇統の将来を心配してくれる者はいないのだろうか？
保守系の政治家は、かつて「男系継承」を支持し、「女系」を否定した手前、自分たちが誤っていたかもとは思いたくないのだろう。票になる仕事でもないし。
「国体」を守るために自分の小さな自意識など捨てて立ち上がる政治家はいないのか？
やっぱり「真実」よりも、「天皇」よりも、保守系団体の「世間」を守りたいのか？
今頃、天皇陛下のお傍で仕える者たち、例えば宮内庁長官や侍従長は心配していることだろう。
端的に言えば、愛子さまか、悠仁《ひさひと》さまか、どちらに皇位継承するか早く決めて、帝王教育を始めねばならないだろうし。

陛下にもしものことがあって、今の皇太子が即位されたら、その時「皇室典範」の規定が妨げになって、「皇太子」が空位になってしまう。
皇太子がいなければ、天皇の祭祀の継承もおぼつかない。
女性皇族が結婚適齢期になって今後、続々、民間に降っていかれよう。
皇居に悠仁さま一人しかいなくなる日が近づいている。
圧倒的に皇族の数が減っている中で、民間の女性が悠仁さまに嫁ぐリスクは大きすぎる。
男を産まなければ皇統が絶えるという局面を、一人の女性が引き受けられるか？家族は賛成するか？
美智子妃も雅子妃もバッシングされたという過去があるのに。
悠仁さまが結婚されても男子が生まれなかったらそこで皇統は絶える。
2000年以上続いた天皇の歴史が終わってしまうのだ。
それを防ぐには、女性宮家を創設して、眞子さま、佳子さまに皇族として残ってもらい、直系の愛子さまが皇太子になれるように皇室典範を改正すればよい。
女性天皇も、女系天皇も認めてしまえばいいのである！
ところが「男系絶対！」と言い張る者たちが、これに断固反対する。

男系派は皇統断絶を防ぐために、旧宮家系の男系男子を4人皇族にして、女性皇族と結婚させるとか、養子に入れるとかの奇策を主張している。
だが、そもそも皇族になりたいという4人の男もまだ発見されていない。いるか、いないか、わからないのだ。
そもそも、見ず知らずの男4人と女性皇族を「政略結婚」させようと発表した時点で、国民は「どん引き」だろう。
婚約発表会見
「何が何でも男の血！」「女は男を産む道具であり、男系血脈のいけにえ！」
日本の伝統
男系天皇
愛子さまには絶対皇位を譲らない！
愛子さまは、明治・大正・昭和天皇、今上陛下、現皇太子殿下の直系なのに！
この「男系絶対」「男尊女卑」の感覚は、日本の普通の女性たちが、まず受け入れない！
それは女性週刊誌を見ていればよくわかる。
毎号、毎号、雅子さまと愛子さまの記事ばかりではないか！
母娘の“傷心”！
悠仁さま誕生の時、テレビの特番は愛子さまの時ほど視聴率が上がらなかった。
それは単なる人気投票の話ではない。
無意識のうちに庶民が「直系」の正統性を感じてしまうからだ！

男は「観念」の動物であって、女は「実感」の動物である。
皇室への関心・敬意を男は「日本人だから、保守だから」と理由付きで育てようとする。
だがそんなものは、尊皇心があるフリをしてるだけで、本当は関心なんか持っていない！
女は「実感」で皇室に敬意を持っているのだ！
日本人
保守
女性週刊誌に皇室記事があるのと、ないのでは、売れ行きが違う。
女性たちの、聖なるもの、超越的なものへの直感を見くびってはいけない。
女性たちを無視して皇室は成り立たない！
「君民一体」！これが日本の「国体」である!!
国民が皇室への関心を失ってしまったり、天皇に敬意を感じなくなったら、君・民が離別し、「国体」は崩壊！
「共和制」に移行しようという話になる。
今でも共和制を望む知識人はかなり多いのだ。
『国体文化』（06年4月号）で、三輪尚信氏が次のように書いている。

現在および将来の、皇室の安泰と我が国の健全な在り方を考へる場合、いかに皇室と国民との相互の信頼が重要であるかはいふまでもない。
皇室は国民といふ大海に浮かぶ珠玉の船である。
その海のみが皇室を護るのであり、その船を抱くことこそが海の喜びと誇りなのである。これが我が国体である。
女性誌や、日曜朝の皇室番組を楽しみにしているような女性たちこそが歴史的「国民」に近い。実感として皇室への敬意を抱いているからだ！
女性を無視して「国体」は守れない!!
わしもかつては保守系メディアにだまされて、天皇は「男系」しかないと思っていた。
それは、しょせんが「観念」から入った知識にすぎなかった。
それどころか、九州出身の風土のせいなのか、よくよく自分の心を覗くと、「男尊女卑」の感覚が潜んでいたからだった。
かつて「女系容認」を否定した、政治家たちは、今もまだ「男系絶対」なのだろうか？
近い将来、政治家が判断しなければならない日が必ずやってくる。
わしは「国体」を守るために、国会議員が考えるべきことを、順序立てて描いておこうと思う。

①本来は、天皇陛下のご意思が全てである。

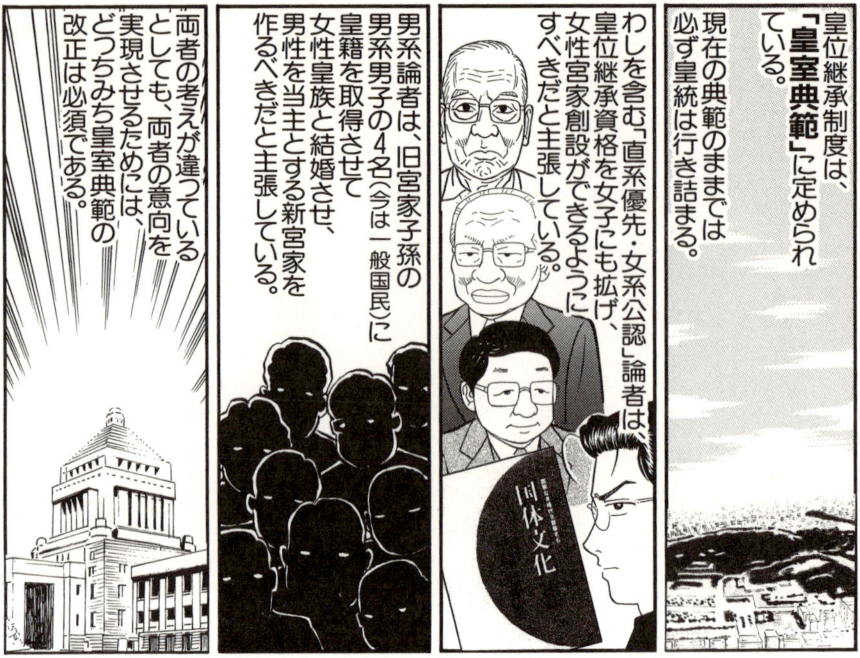
皇位継承制度は、「皇室典範」に定められている。
現在の典範のままでは必ず皇統は行き詰まる。
わしを含む「直系優先・女系公認」論者は、皇位継承資格を女子にも拡げ、女性宮家創設ができるようにすべきだと主張している。
国体文化
男系論者は、旧宮家子孫の男系男子の4名（今は一般国民）に皇籍を取得させて女性皇族と結婚させ、男性を当主とする新宮家を作るべきだと主張している。
両者の考えが違っているとしても、両者の意向を実現させるためには、どっちみち皇室典範の改正は必須である。

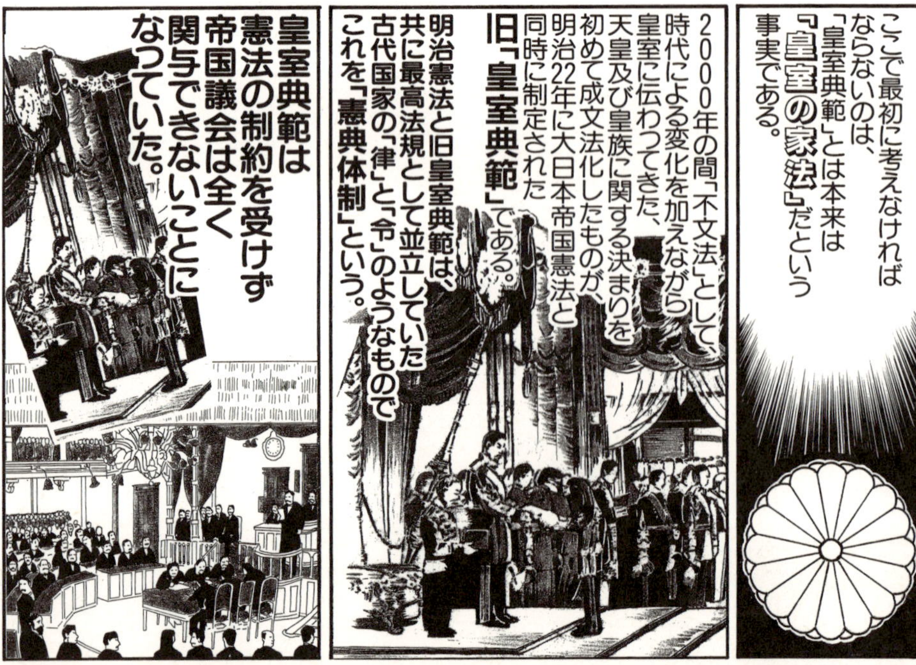
ここで最初に考えなければならないのは、「皇室典範」とは本来は『皇室の家法』だという事実である。
2000年の間「不文法」として、時代による変化を加えながら皇室に伝わってきた、天皇及び皇族に関する決まりを初めて成文法化したものが、明治22年に大日本帝国憲法と同時に制定された旧「皇室典範」である。
明治憲法と旧皇室典範は、共に最高法規として並立していた古代国家の「律」と「令」のようなものでこれを「憲典体制」という。
皇室典範は憲法の制約を受けず帝国議会は全く関与できないことになっていた。

そのため、皇室典範を改正する際も、
帝国議会の協賛は必要なく、
皇族会議や枢密顧問に諮詢《しじゅん》した上で
天皇が勅定《ちょくじょう》すると、
典範自体に規定されていた。
皇室典範
つまり皇室典範の改正は、最終的には天皇陛下がお決めになることだった！
2000年来の皇室の家法であり、天皇陛下は、その当事者でいらっしゃるのだから
当然のことで、国会議員が口をはさむべき問題ではなかったのである。
ところが昭和22年制定の現行「皇室典範」は、GHQの強い意向で日本国憲法第2条
「皇位は、世襲のものであって、国会の議決した皇室典範の定めるところにより、これを継承する」の規定によって
憲法下の一法律に位置づけられ、
その改正は国会の議決に委ねられることになってしまった。
皇室の歴史について何の知識もない国会議員の議論に任された政治案件にされ、皇室の家法にもかかわらず、
天皇陛下がそれに意見することは「憲法違反」ということになっている。
実はこの状態は異常なのである！
本来ならば憲法を改正し、明治典範のように、天皇陛下の勅定の形に戻すべきところだが、現実にはそんな時間はない。
ここは現行憲法に則り、国会議員の責任の下で対処する以外にない。

だからといって天皇陛下のご意思を無視して、国会が決めればいいということでは決してない。
やはりこの問題は天皇陛下のご意思に沿う形にしなければならないのである。
ではご自分の考えを表明することを封じられた天皇陛下のご真意をどう典範に反映させることができるのだろうか？
直接、陛下のご意見をいただくことができない以上、それは「拝察」する以外にないのである。
皇族の立場について男女の差異はそれほどないと思います。
女性皇族の立場は過去も大切であったし、これからも重要と思います。
皇室の中で女性が果たしてきた役割については私は有形無形に大きなものがあったのではないかと思いますが、
皇室典範との関係で皇室の伝統とその将来についてという質問に関しては、回答を控えようと思います。
私の皇室に対する考え方は、天皇及び皇族は、国民と苦楽を共にすることに努め、国民の幸せを願いつつ務めを果たしていくことが、皇室の在り方として望ましいということであり、またこの在り方が皇室の伝統ではないかと考えているということです。
ところがわしが、陛下のご真意を「拝察」して描くと、男系固執派は「憶測するな」「推測で書くな」と言い出す。
男系派は陛下のご真意を無視しろと言うのだ！
天皇陛下、皇太子殿下、秋篠宮殿下は、女系天皇を認める方向であるとしか思えない。
だからこそわしも女系を認める主張をしているのだ！
もっと真剣に陛下のご意思を付度しろ!!
それはおかしい！わしは陛下のご真意は「女系公認」だと思っているが、もし「男系継承」であれば、それに従う。
何か計り知れぬお考えがあってのことだと「拝察」するしかないからである。
現状では、陛下のご真意を「拝察」するには、陛下の会見でのお言葉や、宮内庁や侍従の者たちの発言を参考にするしかない。
彼らは陛下のすぐお傍で働いているのだから、その言葉が重要なのは当たり前である。

陛下の信頼が厚いと定評がある羽毛田長官が、安定した皇位継承のための皇室典範改正を政権に促し、
「陛下の代弁者」とまで言われる渡邉前侍従長が「女性宮家の創設」を唱えている。
これが陛下のご意思に反する勝手な発言のはずがない!
ここで間違えてならないのは、必要なのは天皇陛下のご意見だけであり、
他の皇族の意見を過大評価してはいけないということである。
天皇と他の皇族は全く立場が違う。それは「君臣の別」と言われるほどの差だ。
寛仁《ともひと》親王(ヒゲの殿下)は「男系継承・絶対」の意見を表明し、保守派言論人や団体のほとんどがそれに影響されている。
だが、そもそも天皇陛下が皇位継承問題について発言できないのに、寛仁殿下が平気でこの「政治案件」に口出ししているのはおかしな話である。
そして一皇族の意見はあくまでも一皇族の意見に留まる。
故・高松宮妃殿下は、将来の女帝即位に賛成する意見を表明しておられた。皇族によっても意見は異なるのである。
ヒゲの殿下がどんな意見を言っていようと、それが天皇陛下のご意思と一致しているとは限らない。
端的に言えば有識者会議の吉川弘之座長のように「どうということはない」と無視してもいい。
重要なのはただひとつ、天皇陛下のご意思だけであるから。

②基本的には直系でなければならない。
「愛子さまか？悠仁さまか？」という選択は、単に人気投票の話ではない。
制度上から言うと「直系女子か？傍系男子か？」という選択である。
男系論者は、どこまで傍系に広げても男系優先だと言っている。
「傍系派」と言っていいくらいだ。
これに対して、わしは直系優先である。
「女系派」ではなく、正確には「直系派」である。
男系論者は、600年遡《さかのぼ》らないと現在の天皇につながらない血筋の「大傍系」にまで広げても男系継承を優先すべきだと言っているが、
いくら何でも600年は離れすぎている。
国民に全く馴染みのない男性が突如、皇族になり、女性皇族をのっ取ったような違和感を覚えて反対するだろう。
北朝
ここ！ここから別れたのが旧宮家。
昭和天皇
今上天皇
現皇室典範、旧皇室典範、そしてそれに連なる古代以来の皇位継承の大原則は「直系優先主義」である！
そもそも愛子さまは正式には「敬宮《としのみや》愛子内親王殿下」であり、本当は「敬宮さま」と呼ばなければならない。悠仁さまには「敬宮」のような「ご称号」はない。
直系と傍系は、はっきり区別されているのだ。
宮
だが、そのような知識もなく、「敬宮さま」と呼ぶべきだということも知らない庶民でも、現在の天皇陛下の血筋とお気持ちを直接受け継いでおられるのは皇太子殿下であり、その皇太子殿下の血筋とお気持ちを直接受け継いでおられるのは愛子さまだという、最も重要なことは感得しているのである。

北畠《きたばたけ》親房《ちかふさ》の『神皇正統記《じんのうしょうとうき》』では
各天皇条の冒頭で
「第九十五代、第四十九世、
後醍醐《ごだいご》天皇」のように、
歴代の「代」数と共に
「世」数を記している。
この「世系」は、天《あま》照《てらす》大神《おおみかみ》を
「世系第一」として、親から子への
直系継承を示し、
傍系継承には記されていない。
神皇正統記
そして北畠は
直系を「正統」と呼んで
重んじていた！
このように歴史的に見ても
直系継承が重視されてきた
事実は否定しようがない。
ところが男系派の中には、
「最近ではむしろ傍系こそ
正統だと思うようになってきた」
とまで言い出す者が現れた。
保守を自称しながら、
歴史も伝統も踏みにじってしまう
のでは話にならない。
「国体」が維持できるかどうかが
最大の重要事である。
そして天皇直系の血筋こそが、
国民の関心と敬意を集め、
「君民一体」の「国体」を
形成するのである！

③「皇統＝男系」ではない。

男系こそが皇統だ、などという
馬鹿げた話は、八木秀次という人物が
「歴代天皇は全て神武天皇のY染色体を
受け継いでいる」というトンデモ生物学と
共に流布したイデオロギーであり、
ごく一部の人間が狂信しているにすぎない。
そもそも、現行皇室典範に
こう規定されている。
「皇位は皇統に属する
男系の男子がこれを継承する」
皇室典範
法律の文章は同義反復しない。
つまり「皇統」には、
男系・女系の双方を含んでおり、
そのうち男系男子が皇位を
継承するという規定である。
「皇統」には女系も
含まれている。
仮に典範を
改正し、
女系天皇が
誕生しても
「皇統断絶」では
ない。
これは
前提である。

天皇を支持する国民は、全国民の
9割にも上るが、その中で、
「男系だから支持する」などと
言っている人はほとんどいない。
そもそも男系・女系という知識を
持っている人もそう多くはない。
それでもほとんどの国民は
天皇を敬愛しているのだ。
すでに述べたとおり、
天皇が支持され、尊敬される
根拠はその血筋にあり、
直系継承こそ優先すべき
原則である。
男系に固執する者は、
直系の愛子さまが
いらっしゃるのに、
この方を将来的には
一般国民にしてしまい、
単なる一般国民にすぎない
旧宮家子孫の男子を
皇族にして、皇位継承権を
持たせようとしている。
こんな転倒した
発想があるか？

④現実に男系継承は可能なのか？
男系派は、まず安定した男系継承のためには、旧宮家子孫に皇籍を取得させて、新しい宮家を4つ作る必要があると言っている。
だが、自ら皇族になりたいという「旧宮家子孫」4人の存在は未だに確認されていない。
寛仁殿下は「旧宮家子孫」を皇族にする方法の一つとして、「現在の女性皇族（内親王）に養子を元皇族（男系）から取ることができるように定め、その方に皇位継承権を与える」という案を提唱しておられる。
皇室と日本人
寛仁親王殿下 お伺い申し上げます
要するに内親王、つまり、愛子内親王、眞子内親王、佳子内親王を、それぞれ「旧宮家子孫」の男と結婚させ、婿養子にして、その男に皇位継承権を与えようという話らしいが、今の時代に、そんな「政略結婚」が可能なのか？
愛子さま、眞子さま、佳子さまは、そんな男との結婚を受け入れられるだろうか？
わしは無理だと思う。
国民は、内親王方をそんな「政略結婚」の犠牲にすることを認めるか？
わしは絶対無理だと思う。
しかも、不可解なことに、そのような提案をするのなら、寛仁殿下自身の娘である女王たちを、その「政略結婚」に供する覚悟を示して然るべきなのに、そこは「内親王」に限定し、自分の娘である「女王」を外しておられる。
ヒゲの殿下は、ご自分が皇族の身分をいやになって、皇族から離脱されたがっていたのに、なぜ一般国民を皇族にする案を主張されているのだろう？

仮に国民の違和感を無視して、「旧宮家子孫」を皇族にしても、その新宮家とて、一夫一婦制で必ず男子を儲けない限り、「男系男子継承」は不可能になるのである。
そもそも「男系男子継承」とは、側室なしでは決して続かない制度なのだから！
旧4親王家に「側室」があった時代でさえ、3親王家が断絶しているではないか！
桂宮
有栖川宮
閑院宮
⑤そもそも「男系継承」とは絶対に守らなければならない価値なのか？
現実として今後、男系のみで皇位継承していくことは不可能である。
ここで改めて考え直すべきことは、そもそも皇位継承で「男系」とは、何が何でも守らねばならない絶対的な価値だったのか？…という問題である。
先述のとおり、皇統には女系も含まれているが、皇位継承は男系男子に限られている。
実はこの規定が明治典範で明文化される際も、女系天皇を認めるべきという意見は大いにあった。
過去には10代8方の女帝がおられたし、女王を認める海外各国の法制に倣うべきだという理由からである。
それが結局、男系男子に限られた最大の理由は、当時、根強く存在した『男尊女卑』の国民感情のためだった。
男を尊び、女を卑しむの慣習、人民の脳髄を支配する我国に至ては、女帝を立て皇婿《こうせい》を置くの不可なるは、多弁を費すを要せざるべし。
そこから発生した後付けの理屈で、過去に存在した女帝も全て「男系女子」だったとされ、
皇位は2000年来、一貫して男系で受け継がれてきたという幻想が形成されたのである。

確かに古代以来、皇位継承は
男系継承を原則としてきたが、
これは「シナ宗族制度」の
影響である。
中国・韓国では、現在でも
庶民の家系に至るまで、
厳密な男系継承が行なわれている。
これに対して日本の皇位継承に
おける「男系」の原則は、
度々破られている。
斉明天皇
元明天皇
天智天皇
元正天皇
女帝が存在し、
しかも母が子に譲位する
などということは、
本物の男系主義では
決してありえないのである。
それぱかりか法制上も、
8世紀初頭に完成した「大宝令」の
「継嗣令《けいしりょう》」の冒頭に、
「およそ皇兄弟と皇子、皆、親王と為す」
とあり、そのすぐ後に、
「女帝の子も亦《また》同じ」
とわざわざ「本注《ほんちゅう》」が付け加えられている。
つまり男系を原則としながらも、
「女系」を容認していたのである。
これこそが「唐令」には存在しない
日本独自のものであり、
母系血縁を尊重する日本古来の
風土から生まれたものだろう。
日本の家制度では「婿養子」つまり
女系で家を継ぐことが普通に
行なわれていたことを見ても、
女系を尊重するのが本来の
日本の文化であることは明らかで、
それを端的に表すのが、
皇統の源にある皇祖神が
女神の天照大神であるという
事実である。
側室制度の廃止で、現実に
男系継承が不可能になり、
かつての男尊女卑感情も
ごく一部の人のものとなった現在、
もはや形骸化した男系主義に
しがみつく理由も意義も
失われていると言っていい。

かつて小泉政権の時に、皇室典範改正の法案が「女系容認」で成立しようとしていた。
小泉元総理があの時、法案を通していれば、「国体」を守った総理大臣として、歴史に名を残すことになっただろう。
皇室典範会議が報告書
女性・女系天皇容認
第1子優先が適当
政府 来春にも改正案
大手6金融、最高益
残念ながらあの頃はわし自身も保守系マスコミ知識人に騙されていた。
大した基礎知識もなく、保守なら「男系」だろうと思っていただけなのだ。
わしが本格的に勉強を始めて、『天皇論』を描き上げたのは、あれから4年後である。
天皇論
小林よしのり
自分で調べ始めてから、「男系こそが皇統」などという迷信が解除された。
以前は「皇統の行方」などという応用問題を解くには、まだまだ知識が足りなかったのだ。
間違っていたら認める。保守論壇全てを敵に回しても、「公」のために真実を伝えるのみである。
政治家は今でも皇統についての知識があまりないだろう。
保守であろうとなかろうと、天皇・皇室・国体が続く方が日本人のためにいいのだと直感する者たちは真剣に考えるべきである。
ごーまんかましてよかですか?
わしは漫画家として、国民として、全力で戦っている。
ほんの一部のノイジー・マイノリティーを恐れている余裕はない！
政治家にはいるか？
国体を守った証を残す政治家は出て来ないのか？
▲朝日新聞 05年11月25日付朝刊

ゴーマニズム宣言
SPECIAL
最終章
高千穂・天孫降臨の里へ
スタッフ引き連れて宮崎県・高千穂町に行ってきた。
天孫降臨の地って、宮崎県の高千穂町と、霧島山の高千穂峰の二説あるけど、どっちが本物？
そりゃあ高千穂町の方だろ！霧島は登山しなきゃならんのだよ！
先生が楽な方選んでるだけでしょ！
見ろ、注連縄《しめなわ》だ！正月じゃないのに！

こっちもだ！
あそこも！
さては片づけが嫌いな住民が多いようだな。
ははーん
ちがうよ！高千穂ではどの家でも一年中、注連縄を飾ってるのよ。
なんて自堕落な。
ちがうってば！この町には年中神様がいらっしゃるの！
高千穂峡
太古の阿蘇山の火山活動で噴出した溶岩流が、五ケ瀬川に沿って帯状に流出、急激に冷却されたために柱状に割れ、さらに川が浸食して形成された、高さ80m～100m、長さ7kmにも及ぶ断崖の峡谷。名勝、天然記念物である。
乗船後の事故は 自己責任です
おお～～～っ自己責任だ！
グランドキャニオンと同じだぞ。
国は助けてくれんからなっ！

峡谷には「日本の滝百選」の一つ
「真名井《まない》の滝」が流れ落ち、
ボートで真下まで近づける。
ドドドドドド…
水深が相当深そうだから転ぷくしたら死ぬかもな。
うわあぁぁぁ
広井さんやめて〜〜っ
ドドドドドドド
スイ
うわははは
ポカQかわいいなァ♡
滝に近づかないで〜〜〜っ
「真名井」とは、あの天照大神《あまてらすおおみかみ》とスサノオノミコトの誓約（ウケイ）の時に出てきた「天の真名井」と同じ名だ。
高千穂には「天真名井」というそのままの名の天然湧水もあり、アメノムラクモノミコトという神様が一度、高天原《たかまがはら》に戻って、水種を持ってきたものと伝えられている。

峡谷を見下ろしながら
遊歩道を歩くと、
注連縄をかけた
巨岩が目についた。
「鬼八《きはち》の力石」
という。
この一帯で悪さをしていた
鬼八という鬼が
力自慢をして投げつけた
岩と伝えられている。
この鬼八を退治したのが
神武《じんむ》天皇のすぐ上の兄。
古事記では「ミケヌノミコト」と
いう名だが、高千穂では
日本書紀の「三毛入野命《みけいりのみこと》」
の名で親しまれている。
三毛入野命は、記紀神話では
東征の途中の海上で暴風に遭って
亡くなったことになっているが、
高千穂では、生き延びて
この地に帰還し、鬼八退治などの
活躍をしたと伝えられている。
「ホテル四季見」この宿は、
地元の旬の食材を使用した
「蘇食《そしょく》」というオリジナル料理が
自慢。これが最高に美味い!
うまっ!
さすが
高千穂名物
「かっぽ酒」!
香りが最高
ですよ〜〜♥
あ…
あっしにも
その酒、
かっぽれ
〜〜〜っ!
どーゆう
意味なんだ
それ?
食事の後は、夜8時から
高千穂神社で観光神楽を見る。
高千穂の夜神楽は、
「天の岩戸」の
アメノウズメの踊りが
起源と伝えられ、
毎年11月中旬から
翌年2月まで、各集落
ごとに神楽宿が設けられ、
夜を徹して33番の神楽を
奉納、秋の収穫への感謝と
翌年の豊穣を祈願する。
その神楽のうち、4番を
観光客のために
毎夜公開している。

神楽は天の岩戸の前で
思案するアメノタヂカラオ、
天照大神を誘い出そうと
踊るアメノウズメ、
そして岩戸を取り除いて
天照大神を迎え出す
タヂカラオの舞の順に続く。
そして最後は
イザナギ・イザナミが
酒を飲んで抱擁し合う
少々猥雑《わいざつ》な舞で締めくくられる。
げひっ…
げひひっ…
ピ〜ヒャラ〜〜
フォ〜〜〜
ポカQさん
恐い…
「四季見」の朝食は
「日本一の朝食」と言われる。
これが評判にたがわず
びっくりするくらい美味い！
祖母山まめ
地鶏卵
山女魚の一夜干し
椎茸とモロヘイヤ佃煮
山菜佃煮（山椒 ふき）
そばかゆ
そばフレーク
酒みそ
今日は一日、
地元のガイドさんの
案内で、神話の里を
取材するのよ。
車窓に広がる棚田は、
「日本の棚田百選」にも選ばれている。
少しの土地もムダにせず、
稲を育てる。
この段差のある土地に水を引き、
土地を潤すのは大変なこと
だろうし、大型機械が入らない
から生産コストもかかる。
しかしその手間をかけて
はぐくまれた
田園風景は圧倒的に美しく、
まさにここが「瑞穂国《みずほのくに》」である
ことを実感させてくれる。

最初に立ち寄ったのは「石神神社」。
「石神」といっても石ではなく牛の神社で、別名を「牛神大明神」という。
ご祭神はイザナギ・イザナミより以前に現れたクニノトコタチノ神だが、「三毛入野命」の使牛を社傍に祀ったことから、牛馬の神として信仰されるようになったという。やはり高千穂では「三毛入野命」は特別な存在なのだ。
次に訪れたのは「天岩戸神社」の西本宮。天照大神がこもった「天岩戸」をご神体として祀っているという。
天の岩戸って、高天原にあるんでしょ？
それをご神体にしてるってどういうこと？
社殿からご神体の「天岩戸」を直拝《じきはい》する。写真撮影は厳禁。川を挟み、向こう岸に「天岩戸」があるという。
川向こうは神域で、誰も入れません。
そのため天岩戸の洞窟は修復されずに風雨にさらされ、崩れかかって、わずかに窪みとして残っています。
その窪みも、周囲に草木が生い茂ってよく見えない。
日本では人間が神様になるわけです。例えば徳川家康は死後に日光に祀られて、東照大権現という神様になった。菅原道真は太宰府天満宮に祀られて、天神様という学問の神様になった。そういうふうに、天岩戸も神様の話になったと考えられるわけです。
なんか無茶苦茶な説明だな？

高天原の神話を、徳川家康なんかと一緒くたにしていいわけ？
ここって高天原？
ようするにここは神話のテーマパークみたいなものだと思えばいいんだ！
なるほどテーマパークですか！
なんと天照大神が天岩戸にこもってしまった時、八百万《やおよろず》の神が集まって会議を開いた場所、「天安河原《あまのやすがわら》」もある！
神話の話が全部、地上の話だったみたい。
岩戸地区を後に、「槵觸（くしふる）神社」に向かう。ここが記紀神話の天孫降臨の地であると伝えられる、槵觸峯である。
神社の創建は不詳で、古くは神山として崇められる槵觸峯そのものをご神体としており、社殿は江戸時代の元禄期に建てられたという。
神社から遊歩道が作られていて、槵觸峯一帯の神話にまつわる場所を回れるようになっている。
神社によくありそうな土俵が見えるが、もちろんこれも神話に関係する。槵觸神社にはタケミカヅチノミコトが祀られている。

タケミカヅチがオオクニヌシノミコトに
国譲りを迫った時、これに抵抗した
オオクニヌシの子の一人、
タケミナカタノミコトと「力競べ」をしたのが
相撲の起こりと伝えられているのだ。
さらに行くと、万葉集の
大伴家持《おおとものやかもち》の歌と、
天孫降臨について記した
「日向国風土記」を刻んだ
「高千穂碑」が建っている。
大伴氏はニニギノミコトと
共に天降った
アメノオシヒノミコトを
祖先とするが、
藤原氏の台頭で
衰退の一途をたどった。
碑に刻まれている歌は、
家持が一族に対し、
天孫降臨の神の御代から天皇に仕え、
神武天皇の東征でも勇敢に戦った
大伴氏の由緒を述べ、
誇りを失わぬよう諭すために
詠んだものである。
この碑は岩戸村長や県議を務めた
甲斐徳次郎が提唱し、
昭和41年に建立された。
発起人には瀧川政次郎、
金田一京助、平泉澄《きよし》、
福田恆存《つねあり》、葦津珍彦《あしづうずひこ》、
錚々《そうそう》たる文化人70余名が
名を連ねている。
あっ、田中卓先生の名前もある！
ひさかたの　天の戸開き　高千穂の
嶽《たけ》に天降《あも》りし　すめろきの
神の御代より　櫨《はじ》弓を　手握《た》り持たし
真鹿児《まかご》矢を　手挟《たばさ》み添へて
大久米の　ますらたけをを　先に立て
靫《ゆき》とりおほせ　山河を　磐根さくみて
踏みとほり　国覓《くま》ぎしつつ
ちはやぶる　神をことむけ
まつろはぬ　人をも和《やは》し　掃ききよめ
仕《まつ》え奉りて　秋津島　大和の国の
橿原の
畝傍《うねび》の宮に　宮柱　ふとしり立てて
天の下　しらしめしける　すめろきの
天の日継と　つぎて来る　君の御代御代
隠さはぬ　明《あか》き心を　すめらへに
極め尽くして　仕へ来る……

う〜〜ん、感動するな〜〜〜〜。
さすが大伴家持《やかもち》…
ムカデじゃない？
いやゲジだよこれ！
ゲジだゲジだ
きゃ———っ
やかもち———っ!!
さらに行くと、天孫降臨後、諸神がここに立ち、高天原を遥拝《ようはい》されたと伝えられる高天原遥拝所、そして神武天皇と3人の兄が誕生した地と伝えられる四皇子峰《しおうじがみね》を拝むことができる。
車で少し移動して荒《あら》立《たて》神社へ。
天孫降臨の際に現れたサルタヒコとアメノウズメは夫婦になり、ここに住まわれたという。荒木を使って急いで宮居を作ったため、荒《あら》立《たて》宮《ぐう》という。
サルタヒコは先導に現れたことから、交通安全や教育の神として、アメノウズメは踊りの名手なので、芸能の神として人気があり、さらにその二神が夫婦になったことから、ここは夫婦円満、縁結びの神社となっている。
ちょうど運よくご開帳していたので、アメノウズメノミコト、サルタヒコノミコトの像を見ることができた。荒立神社らしい素朴な木像だった。
この板木を木槌で7回叩くと、商売繁盛、縁結び安産長寿など、7つのご利益があるそうです。
ほ〜〜〜〜おそうですか。
うお〜〜〜っ広井さん本気だぜ〜〜〜っ！

それから車は細く急な山道を登る。路肩には柵もなくかなり怖い。
ブロロロ
着いたのは二上《ふたがみ》神社。男岳、女岳の双峰に分かれた「二上峰《ふたがみのたけ》」の中腹にあり、イザナギノミコト、イザナミノミコトを祀っている。
「古事記」では久士布流多気《くじふるたけ》が天孫降臨の地だが、「日本書紀」の一書ではこの二上峰が天孫降臨の地となっている。
日本の神話は「古事記」と「日本書紀」で細部にかなり違いがあるし、「日本書紀」には「一書に曰《いわ》く」として、多くの異伝を併記している。
地元の「日向風土記」における天孫降臨神話は、稲作神話ともいえる。
ニニギノミコトが二上峰に天降られた時、空は暗く、昼夜の区別もつかず、物の色さえよく分からなかった。
そこに土地の豪族である大鉗《おおくわ》・小鉗《こくわ》が現れ、手に握っている稲千穂を籾《もみ》にして蒔くように言う。
ニニギノミコトがその通りにすると、空は明るく晴れ、無事に地上に降りることができたという。
天の神が子孫を地上の統治者として降らせるという神話は、東アジアによく見られるが、
稲との関わりを強調するのは日本の神話だけらしい。

そもそも「ニニギノミコト」という名前も稲穂が豊かに実って「にぎにぎしい」様子を表しているというし、「瑞穂国」というように、稲作によって日本の国はできたと見ることもできる。稲作の伝来は古代人にとって、神が天降ることと同じくらいの意味があったのだろう。
帰りは境内の階段を歩いて降りることにした。
しかしこの階段が狭くて、急で、そしてものすごく長い！
この前、80歳過ぎのおじいさんがここをどうしても歩いて上ると言って、家族に付き添わせて1時間半かけて上ったんですよ。
うわ〜〜〜っ迷惑なじじいだけど、すごい根性やねえ！
ポカQは怖がってついに下りられず、一人で車に乗って降りてしまった。
高千穂観光は、阿蘇のついでに数時間で済ましてしまう人が多く、一日かけて回る人は少ないようだ。
高千穂には八十八社といわれる神社があり、本当なら一日でも回りきれないのに、数時間で通過するなんてもったいない。
もっと多くの人が、じっくり高千穂を巡ればいいのに。
最後に訪れたのは「国見ヶ丘」。
東征の後、神武天皇の孫建磐龍命《タテイワタツミノミコト》が九州平定のために高千穂に寄り、国見をした場所と伝えられている。

絶景だった！
東には五ケ瀬川清流に沿って高千穂盆地や四皇子峰。
西には、お釈迦様が横たわった姿に似ていることから「阿蘇の涅《ね》槃《はん》像」の別名を持つ阿蘇五岳。
北には祖母山の連峰。
そして南には二上峰に続く山々を見渡せる。

古い歴史を持つ民族は、必ず固有の神話を持っている。
神話とは、人の一生でたとえれば2〜3歳児の記憶のようなものだ。
幼児の記憶も、ある意味、非合理的な混沌《こんとん》の中にある。
しかし「三つ子の魂百まで」と言うように、この時期に形成された魂が人の一生を決定づける。
それと同様に、神話の中には民族性を決定づける魂がある。

ここは雲海の名所なんですよね。秋の冷え込んだ無風快晴の早朝には、この山々の間に真綿を敷きつめたような、ものすごい神秘的な光景が見られるそうですよ。
神々が高天原から天降ってくるとかそういうイメージが古代の日本人に湧いてくるのがよくわかるね。
丘には大鉗・小鉗を従えたニニギノミコトの大きな石像が建っている。

3日目、取材最終日、高千穂神社に行く。
高千穂八十八社の総社で2000年に近い歴史をもつ。
後藤俊彦宮司に昇殿参拝をさせていただき、社務所で歓談した。
神道というのは、自然との関係を大事にしなければならないと思うんですよ。
神道なんてなんも教義もないですからね。
このあたりは皇室に対する崇敬心はみんな自然に持ってますよ。
神楽とか、神話の中から、天照大神様とか、天皇とかに対する思いは、みんなある。
世界にはギリシャ神話、ローマ神話、ゲルマン神話、エジプト神話など、多くの神話がある。
そしてこれらの最高神は全て男性であり、男性原理で神話が成り立っている。
しかし日本では、皇祖神は女神の天照大神であり、女性原理で神話が成り立っているのである。
女神の孫が天降り、その子孫が天皇なんだ。

天照大神は地上へ降りる
ニニギノミコトに
「天壌無窮《てんじょうむきゅう》の神勅《しんちょく》」を授けた。
「葦原《あしはら》の千五百秋《ちいほあき》の瑞穂《みずほ》の国《くに》は、
是《こ》れ吾《あ》が子孫《うみのこ》の王《きみ》たるべき地なり。
宜《よろ》しく爾《いまし》皇孫《すめみま》就《ゆ》きて治《しら》せ。行《さきく》ませ。
宝祚《あまつひつぎ》の隆《さか》えまさんこと、
当に天壌《あめつち》と与《とも》に窮《きわ》まり無かるべし」
日本の国は、
私、天照大神の子孫が
王であるべき国である。
皇統であるあなたが
君主となり治めなさい。
さあ、行きなさい。
天照大神の系統を継ぐ
皇位の栄えることは、
天地が永遠に存在するのと
同じように、
終わることはないであろう。
「皇統」も「国体」も、
この「天壌無窮の神勅」
によって成立しているのだ。
天壌（あめつち）無窮（きわまりなし）
日本は天皇が治める
べき国であり、
皇統が
「天壌《あめつち》とともに窮《きわ》まり無く」
栄え続ける。
これが日本国体の原理である。

この国体の原理は
女神の言《こと》挙《あ》げによるもので、
皇統とは、女神・天照大神の
子孫のことを言うのである！
神話から続く「君民一体」
「一君万民」そして、
天照大神の子孫である
天皇が「治す（シラス）」
＝「支配なき自己統治」、
これこそが国体である。
それが守られれば
男系でも女系でも
何も変わりはしない。
念を押しておくが、
「国体」は天皇だけでも
完成しない。
国民（公民）と一体で、
完成する。
ごーまんかまして
よかですか？
将来、女系天皇が
誕生しても、
高千穂の里は
今と変わらぬ光景が
広がっているだろう。
そして日本の国も、
天地と共に
永遠に続くことだろう。
完

あとがき

皇統問題に関してはもう論じ尽くした。
皇室の弥栄《いやさか》を願う一国民として、もう十分責任は果たしただろう。
男系に固執する保守系の論壇村からは、わしは陰に陽に危険人物あつかいされるようになり、まるで村はずれの狂人だ。
わしが言論人の集まる会合や集会に参加しない個人主義的な人間であるため、誹謗、中傷もまかり通る状況になっているが、村の同調圧力などわしには一切効き目はない。
『ゴー宣』読者と国民から見れば、論壇村なんてものは八つ墓村と変わらないくらいマイナーな存在でしかないのだが、案外これが保守系の政治家とコネを作っていて、今でも「万世男系」の迷信に囚われたままの政治家は多い。
産経新聞も「男系固執」「万世男系」派から方針を転換できないでいる。
しかし皮肉なことだ。
皇統を絶やそうとする勢力は、「天皇制、打倒」を叫ぶ左翼だと思っていたのに、保守論壇だったとは！
だが美智子皇后が民間から皇太子妃として嫁いでこられた時も、これに激しく抵抗した勢力はむしろ保守派だったことを考えれば、また因習に囚われる八つ墓村的な体質の者らが騒いでいるに過ぎないとすぐ気づく。
あの時も国民は美智子妃殿下を圧倒的に祝福したのだった。
あとは政治家の出番だ。
本書を読んで行動してくれる本物の保守政治家がいるか？
伝統とは何かをわかっている政治家がいるか？

わしはそれをじっと待つしかない。
この問題には先行する多くの学者、研究者たちの仕事に学ばせてもらった。参考文献の一覧に掲載した書物の著者には大変感謝している。
所功氏にも助言や励ましをいただいた。
高森明勅氏には『天皇論』『昭和天皇論』に続き、締め切りギリギリになって最終的なチェックをお願いしたが、快く引き受けていただいた。ありがとう。
そして田中卓氏に会って、話を聞く機会を得たのは、人生の収穫だった。氏が作成された武烈天皇の姉妹の、記紀による書きわけ表を見た時には、この分野にはとんでもない頂《いただき》があるのだなと驚愕させられた。
わしの単行本は鈴木成一氏に装丁をお任せしているが、絶対に期待を裏切ることはない。何度でも感謝する。
新しい担当編集者の中澤廉平氏は、わしの単行本としてはこれが初仕事だ。優秀すぎると思っていたが、漫画になる間抜けな失敗をしてくれてありがとう。
本書がいつか必ず、国体を救うために描かれた邪念なき作品だったと、評価される時が来るだろう。

小林よしのり

平成22年10月29日

参考文献

●浅見雅男『闘う皇族　ある宮家の三代』角川選書
●浅見雅男『皇族誕生』角川グループパブリッシング
●荒木敏夫『日本の女性天皇』小学館文庫
●伊藤博文『憲法義解』岩波書店
●井戸田博史・他『氏と家族―氏(姓)とは何か』大蔵省印刷局
●上田正昭監修　千田稔著
『平城京の風景　古代の三都を歩く』文英堂
●大橋信弥『継体天皇と即位の謎』吉川弘文館
●奥富敬之『名字の歴史学』角川選書
●奥富敬之『日本人の名前の歴史』新人物往来社
●小田部雄次『皇族―天皇家の近現代史』中公新書
●笠原英彦『象徴天皇制と皇位継承』ちくま新書
●笠原英彦『女帝誕生―危機に立つ皇位継承』新潮社
●北畠親房　山田孝雄校訂『神皇正統記(岩波文庫復刻版)』一穂社
●後藤俊彦『神と神楽の森に生きる』春秋社
●酒井信彦「女系天皇こそ日本文明に適う」『諸君!』2006年10月号
●坂田聡『苗字と名前の歴史』吉川弘文館
●櫻井よしこ　大原康男　茂木貞純
『皇位継承の危機いまだ去らず』扶桑社新書
●ベン=アミー・シロニー　大谷堅志郎訳
『母なる天皇―女性的君主制の過去・現在・未来』講談社
●高千穂町商工観光課監修『高千穂の神社 神々の坐す里』
高千穂町観光協会
●高森明勅『天皇から読みとく日本―古代と現代をつなぐ』扶桑社
●瀧浪貞子『女性天皇』集英社新書
●武光誠『名字と日本人―先祖からのメッセージ』文春新書
●武光誠編『古代女帝のすべて』新人物往来社
●田中卓「女系天皇で問題ありません」『諸君!』2006年3月号
●田中卓「〝女系天皇〟の是非は君子の論争で」『諸君!』
2006年5月号
●田中卓著作集3『邪馬台国と稲荷山刀銘』国書刊行会
●田中卓評論集2『平泉史学と皇国史観』青々企画
●所功『皇位継承のあり方―〝女性・母系天皇〟は可能か』PHP新書
●寛仁親王　加瀬英明　小堀桂一郎　櫻井よしこ
『皇室と日本人―寛仁親王殿下お伺い申し上げます』明成社
●中川学『近世の死と政治文化―鳴物停止と穢』吉川弘文館
●中野正志『女性天皇論―象徴天皇制とニッポンの未来』朝日選書
●成清弘和『女帝の古代史』講談社現代新書
●仁藤敦史『女帝の世紀―皇位継承と政争』角川選書
●丹羽基二『日本人の苗字―三〇万姓の調査から見えたこと』光文社新書
●秦郁彦『昭和天皇五つの決断』文春文庫
●福岡伸一『できそこないの男たち』光文社新書

●保坂智『百姓一揆とその作法』吉川弘文館
●保阪正康「新宮家創設八人の『皇子候補』」『文藝春秋』2005年3月号
●水谷千秋『謎の大王 継体天皇』文春新書
●水谷千秋『女帝と譲位の古代史』文春新書
●吉田孝『歴史のなかの天皇』岩波新書
●渡部育子『元明天皇・元正天皇―まさに今、都邑を建つべし』ミネルヴァ書房
●渡部昇一原作 こやす珠世漫画『皇室入門(マンガ入門シリーズ)』飛鳥新社
●『古事記』次田真幸訳注 講談社学術文庫版
●『日本書紀』宇治谷孟訳注 講談社学術文庫版
●報告書「皇室典範に関する有識者会議」

初出一覧

●第1章〜第8章、第11章〜第14章、第16章〜第28章、第30章〜第32章――『SAPIO』(小学館)09年9月30日号〜10年11月24日号
●第9章――『女性セブン』(小学館)09年8月6日号
●第15章、第29章――『WiLL』(ワック出版)10年5月号、8月号
●第33章〜第35章――『WiLL』10年10月号、12月号、11年1月号
●第10章、第36章〜最終章――描き下ろし

著者紹介　小林よしのり

昭和二八年福岡生まれ。昭和五一年、大学在学中に描いたデビュー作『東大一直線』が大ヒット。以降、『東大快進撃』『おぼっちゃまくん』などギャグ漫画に新風を巻き起こす。平成四年、『SPA!』（扶桑社）にて『ゴーマニズム宣言』（幻冬舎文庫①～⑨）を連載開始。その後、平成七年から『SAPIO』（小学館）に戦いの場を移し、『新・ゴーマニズム宣言』①～⑮『ゴー宣・暫』①～②を経て、現在は原点回帰して再び『ゴーマニズム宣言』を強力連載中（単行本は『ゴーマニズム宣言NEO』①～②が発売中）。スペシャル版として〇九年に刊行した『天皇論』がベストセラーに。その他、スペシャル版に『パール真論』『平成攘夷論』『沖縄論』『台湾論』（以上、小学館）、『昭和天皇論』『いわゆるA級戦犯』『靖國論』『戦争論』①～③（以上、幻冬舎）。その他の近刊に『世論という悪夢』（小学館101新書）、『希望の国・日本』（飛鳥新社）、『ゴーマニズム宣言PREMIUM修身論』（マガジンハウス）、『本家ゴーマニズム宣言』（ワック）。責任編集に『国民の遺書「泣かずにほめて下さい」靖國の言乃葉100選』（産経新聞出版）がある。

スタッフ

構成　時浦兼・岸端みな

作画　広井英雄・時浦兼・岡田征司・宇都聡一

ブックデザイン　鈴木成一デザイン室

編集　中澤廉平

装画　今野可啓「斎庭の稲穂」（神宮徴古館所蔵）

カバー写真　©SUMIO KUMABE /SEBUN PHOTO/amanaimages

ゴーマニズム宣言SPECIAL

新天皇論

二〇一〇年十二月二〇日　第一刷発行

著者　小林よしのり

発行者　森　万紀子

発行所　株式会社小学館

〒一〇一―八〇〇一

東京都千代田区一ツ橋二―三―一

電話　編集〇三―三二三〇―五八〇〇

販売〇三―五二八一―三五五五

印刷所　共同印刷株式会社

製本所　株式会社若林製本工場

 ISBN978-4-09-389733-4